丛书主编◎ 刘兴云 汪平

山东财经大学公司财务研究中心学术丛书

资本成本、价值创造与经济附加值研究

The Cost of Capital, Value Creation and Economic Value Added

汪 平 主编

经济科学出版社

Economic Science Press

图书在版编目（CIP）数据

资本成本、价值创造与经济附加值研究／汪平主编．
—北京：经济科学出版社，2013.12
（山东财经大学公司财务研究中心学术丛书）
ISBN 978 - 7 - 5141 - 4017 - 0

Ⅰ.①资… Ⅱ.①汪… Ⅲ.①企业管理 - 经济评价 -
研究 Ⅳ.①F272.5

中国版本图书馆 CIP 数据核字（2013）第 274452 号

责任编辑：柳 敏 段小青
责任校对：杨晓莹
版式设计：齐 杰
责任印制：李 鹏

资本成本、价值创造与经济附加值研究
汪 平 主编
经济科学出版社出版、发行 新华书店经销
社址：北京市海淀区阜成路甲 28 号 邮编：100142
总编部电话：010 - 88191217 发行部电话：010 - 88191522
网址：www.esp.com.cn
电子邮件：esp@ esp.com.cn
天猫网店：经济科学出版社旗舰店
网址：http：//jjkxcbs.tmall.com
汉德鼎印刷厂印刷
华玉装订厂装订
710×1000 16 开 16.75 印张 300000 字
2013 年 12 月第 1 版 2013 年 12 月第 1 次印刷
ISBN 978 - 7 - 5141 - 4017 - 0 定价：52.00 元

丛 书 序 一

　　学术的发展与人才的培养是高等教育的两大使命。学术发展是人才培养的基础，没有高质量的学术研究，就不会有高质量的高等教育，也就培养不出高质量的人才。在这个人们热切呼唤"大师"的时代，我们尤其需要高质量的学术研究。

　　长期以来，公司财务理论以及相关的专业教育无论在学者眼中还是在教育者的眼中，其面目都是模糊不清的。从学术上看，我们至今未能从经济学、金融学的高度来认识公司财务理论，更多的是拘泥于一些现状的分析与论证，使得我国的公司财务理论研究越来越落后于国际先进水平。从专业教育的角度看，长期以来，财务专业往往是从属于其他的强势专业，比如会计专业、金融专业甚至是财政专业。虽然经过了十几年的发展，但是公司财务专业的教育教学水平始终不尽如人意，难以满足社会日益增长的公司财务人才方面的需求。

　　早有学者断言，21世纪是属于金融学的世纪。在这个新的百年里，经济金融化必将进入到一个更高的层面。在新的历史时期，不仅仅是企业管理、政府管制，即使是人们的日常生活，也会面临许多的金融（财务）问题，这就决定了人们需要更多、更科学的金融理论与技术来应对越来越复杂的客观环境。公司财务理论作为现代金融理论的有机的组成部分，在公司治理、企业管理中的作用将愈加明显。不了解现代公司财务理论，不必说具体的公司财务管理，即使是宏观经济中的一些重大举措比如国企分红问题、高管的薪酬设计问题、经济附加值（EVA）考核问题等，我们也将难以获得深切而科学的认识。根据有关资料可知，在工商管理硕士（MBA）的教育中，公司财务（Corporate Finance）方面的学识已经成为这类人才知识架构中最为核心的内容。

　　对于任何一所高校来讲，学术的积淀都是其质量提升的基本保障。一流的人才终将诞生于一流的学术氛围之中。大学应当尊重教师们的学术志趣，从各个方面创造条件，支持教师进行纯粹的、基础性的学术研究。不经数年，教师的学术成就必将转化为高水平的教材以及高质量的教学活动，培养出一流的人才。山东财经大学致力于打造国内一流的财经大学，必然在学术研究方面仰视新的目标，迈出更大的步伐。公司财务研究中心建立的宗旨就是期望在公司财务理论与财务政策研究方面有所作为，有所创新。我们也希望各位学界、企业界同仁积极地与我们联络，共同开展相关的研究工作。

　　这套丛书是山东财经大学公司财务研究中心从事学术研究、实证分析成果的集中体现，希望能够对我国公司财务理论的发展产生有益的影响。

刘兴云教授
山东财经大学校长、博士生导师
2013 年 10 月 28 日

丛 书 序 二

　　自从 1958 年莫迪格莱尼（Modigliani）教授与米勒（Mmer）教授提出他们的资本结构无关理论以来，现代公司财务理论已经经历了半个多世纪的演变发展。如今，很多财务理论的应用范围已经突破了公司这一微观领域，在诸多方面体现了不可替代的作用。

　　半个多世纪以来，公司财务理论实际上是沿着两条路径发展的：

　　第一条路径，就是著名的 MM 理论的财务理论研究路径。MM 理论对于资本成本、企业价值、资本结构、投资决策等概念进行了科学的分析，并开创了"无套利证明"的分析方法，为后续财务理论乃至整个金融理论的发展奠定了扎实的基础。在 MM 理论的基础上，学者们对于各种财务决策（政策）比如投资决策、融资决策、股利政策等进行了深入、系统的分析，为公司财务行为的科学化与理性化提供了强大的理论支持。

　　这条路径也可以被视为金融学发展路径。现代金融学由资本市场理论、投资理论与公司财务理论三个部分组成。20 世纪 50 年代到 70 年代，是投资理论发展的黄金时期，各种资产定价模型的相继出现，将现代金融学推向了一个新的高度。资本成本是公司财务理论的核心概念，也是沟通资本市场理论、投资理论与公司财务理论之间关系的一个重要概念。资产定价理论与模型的发展极大地推动了公司资本成本理论的完善，同时，这也标志着公司财务理论日益趋向成熟。

　　第二条路径，主要是 20 世纪 90 年代以来，伴随着公司治理理论的发展，公司财务理论出现了新一轮的研究热潮。从历史上看，公司治理领域的研究与公司财务领域的研究在股东财富及其最大化这一点上早就实现了一致的共识，这是二者研究融合的基础。与上一路径不同的是,这一阶段的公司财务研究主要是基于股东利益保护的角度而展开的。代理成本、股权结构、控股股东、高管薪酬、股东利益等构成了新的历史条件之下公司财务理论发展的核心概念。新的研究视角将股权结构、控股股东等公司治理要素与公司财务领域的问题比如资本成本、投融资决策、股利政策等有机地结合在一起,为公司财务的研究带来新的气象,有助于各种复杂环境下财务政策以及财务行为的理性化。

文献的无障碍交流提高了学术研究的国际化。但是,不可否认的是,与国际先进水平相比较,我国公司财务理论的发展尚有极大的差距。从实践上看,国有经济以及国有企业构成了我国经济发展的主要特色,这与工业发达国家形成了鲜明的对比,也产生了许多新的、亟须解决的财务问题。无论是学术上还是实践上,都要求我们高质量地展开公司财务理论的研究。

山东财经大学公司财务研究中心致力于高品质的公司财务理论与财务政策的研究,尤其是关注我国现实经济环境中企业财务问题的分析与解决。我们将充分凝聚团队合作的力量,发挥团队研究的力量,为我国公司财务理论的发展做出努力。公司财务研究中心近期的研究重点主要包括:(1)资本成本理论与估算技术的研究;(2)中国上市公司、国有企业资本成本估算的研究;(3)资本成本在宏观经济比如政府规制中的作用的研究;(4)基于资本成本的公司财务理论结构的研究;(5)我国国有企业及其改革进程中的财务问题的研究等。

山东财经大学公司财务研究中心将不定期地出版高水平的学术著作,包括学术研究型专著、研究报告型著作、编译型论著以及硕博士研究生用教材等。

汪平博士
山东财经大学兼职教授
山东财经大学公司财务研究中心主任
首都经济贸易大学教授,博士生导师
2013 年 10 月 28 日

前　　言

　　本书的宗旨不是在技术上对经济附加值（EVA）指标的计算进行研究，而是基于资本成本、企业价值等概念对经济附加值在公司治理、公司管理中的作用与地位进行探讨。

　　经济附加值（EVA）指标是基于价值的企业管理模式之下的一种绩效评价方法，该指标的诞生、应用与股东利益至上观念紧密相关，与公司治理的逐步完善是同步的。

　　公司治理与公司管理（包括财务管理）是两个不同性质的领域，与之相对应，董事会与管理高层也是两套虽紧密关联、但责任义务迥异的机制，在企业的发展过程中，各自起着不同的作用。

　　公司治理的目标就是保护投资者利益，尤其是保护股东的利益，进而实现股东财富最大化的目标。股东与债权人是企业的两类投资者，但他们二者在对企业未来时期现金流索偿权的权益上却有着重大差异。债权人的索偿权通常事前约定，同时受到法律的保护，尽管这种保护的程度会在不同的国家与地区有所不同。股东则是企业剩余收益的所有者，也是企业最终风险的承担者，这就决定了股东难以获得索偿权的事前约定，法律保护也只能局限于知情权的范围。从历史上看，公司治理就是着眼于股东利益保护的一套系统，其核心机制就是董事会。站在董事会的视角，也就是站在公司治理的角度，一个企业的最终绩效就是满足了股东对于报酬率的最低要求。一个无视股东利益的董事会，必将导致公司治理的失败，企业的可持续发展也就失去了基础。

　　与董事会的职责不同，管理层之于企业在于充分地发挥其管理才能，创造出足够多的企业价值，为股东财富最大化目标的实现奠定价值基础。如何把企业这个"饼"做大，自然也就成为考核管理层绩效的基本着眼点。从这个意义上讲，不适合于作为公司财务目标的利润最大化完全可以作为对管理层进行绩效评价的一个重要方面。

　　公司治理层面的绩效如何评价，这是一个见解纷纭的课题。上面提到的人们从会计绩效逐渐向市场价格表现的转移，其实就透露出了对于公司治理绩效评价的关注。

股东财富最大化目标实现的标准就是股东的实际报酬率（$\bar{r}_e$）等于或者超过了股东的要求报酬率，而股东的要求报酬率就是公司的股权资本成本（r_e）。换言之，只有当 $\bar{r}_e \geq r_e$ 时，股东利益得以保护，股东财富才能够实现增长。

只要管理层所创造的企业价值能够保障董事会通过合理、科学的股利政策使得股东获得较高的实际报酬率，这一实际报酬率至少要等于其所要求的报酬率水平，公司治理也就在经营绩效的基础上达到了预期的目标。

很清楚，在公司治理绩效的评价当中，股东的要求报酬率——股权资本成本成为一个不容忽视的核心因素。但是，遗憾的是，和经营费用不同，资本成本是一个机会成本，它与企业的现金流动往往并不一致，不具备历史成本的基本特征，这也就决定了难以在财务会计系统中对股权资本成本进行确认和计量。

经济附加值（EVA）指标通过将财务会计系统所反映的经营绩效与股权资本成本结合在一起的方式，为公司治理绩效与公司经营绩效的综合评价提供了一个工具。

简要地看，经济附加值的计算过程（不考虑所得税）如下：

经营收益

－经营费用（不含利息）

经营利润

－资本成本

＝经济附加值

经营利润的多少反映了经营效率的高低，也反映了管理层的绩效。管理层的管理才能在这个领域可以获得最大程度的释放。董事会在对管理层进行绩效评价并在此基础上进行薪酬设计的时候，应当将经营收益、经营费用以及经营利润视为关键的几个因素。在经营利润的基础上，扣除全部资本成本就可以得出经济附加值。

考虑到债权人与股东不同的特征，资本成本的扣除可以分两个部分分别进行：

经营利润

－利息（债务资本成本）

企业净利

－股权资本成本

＝经济附加值（EVA）

　　基于事前约定以及可验证等特征，作为债务资本成本具体形式的利息通常在会计系统中予以确认和计量。需要注意的是，利息是对投资者之一的债权人的要求报酬率满足的一种方式，是企业资本成本的重要组成部分，不应与经营费用和成本混为一谈。在会计系统中，企业净利是利润表编制的最后一栏。按照现代会计理论，财务信息就是提供给投资者尤其是给股东的。企业净利是一家企业经过生产经营活动为股东所创造的所有会计利润，在企业没有合适的资本投资机会的情况下，应当全部地分派给股东。就是说，如果我们将股东视为企业的自然所有者，那么，作为对企业经营绩效的评价，"企业净利"指标完全可以满足需要。

　　企业净利扣除股权资本成本之后的余额，表示企业生产经营活动所创造的现金流在弥补了经营费用和所有投资者所要求的资本成本之后的剩余，是超过投资者预期的价值创造。在一个有效的资本市场上，这种超过预期的价值的增加会提升公司市值，从而进一步增加股东财富。

　　本书是集体研究的结晶。从得到教育部立项开始，课题组定期举行研讨会，对于课题中涉及到的理论问题、数据处理等等进行分析和论证。最后的课题报告分为九章，各章的最初的执笔人分别为：第1、2章，汪平；第3、4章，邹颖；第5章，黄丽凤；第6、9章，李阳阳；第7章，王雪梅；第8章，张军华。无论是在研讨过程中还是在研究报告的撰写、修改、完善过程中，课题组全体成员都做了大量的工作，他们的细致、耐心与勤奋在很大程度上提高了这本书的质量。我对所有参与课题研究的人员表示衷心的感谢。本书最后由汪平总纂定稿。

　　感谢教育部人文社科规划基金（2010年度，10YJA630146）对于该项研究的经费支持。同时，还要感谢如下人士对于我们研究工作所提供的大力支持：刘兴云教授，山东财经大学校长；王爱国教授，山东财经大学会计学院院长；朱德胜教授，山东财经大学会计学院副院长；胡元木教授，山东财经大学会计学院；张涛教授，山东财经大学教务处处长；刘惠萍博士，山东财经大学会计学院副教授；等等。该项研究在我们的"米勒沙龙"中进行了多次的研讨，参加研讨的很多教师以及硕士生、博士生都为该课题贡献了自己的真知灼见，在此一并表示感谢。

汪平博士

财务学教授，博士生导师

2013年9月10日，北京

目　录

第一章 投资者、管理者与企业绩效评价

　　企业绩效的考核历来是学术界与企业界高度关注的前沿课题之一。从历史上看，绩效考核的原理与方法经历了一个漫长而复杂的过程。不可否认的是，企业绩效考核是一个具有历史性差异的概念，就是说，在不同的历史发展时期，人们对于企业绩效的理解与认识以及评价与考核存在重大的差异。但深究下去不难发现，这种差异实则体现了人们对于企业及其投资者、管理者内在性质的认识上的差异。同时，技术上的不断演进也加深了人们对于这种性质上的理解。财务绩效是企业最为根本的绩效，而舍弃了投资者进行的绩效评价终将被证明为片面而短视的。真正的企业绩效必然是满足了投资者所要求的绩效。鉴于管理者在公司治理中作用的日益加强，管理者对于绩效创造、利益分配的影响不可忽视地成为绩效研究领域中的重要内容。

一、投资者、资本投资与企业发展

　　投资者是企业投资行为与经营活动所需资本的投入者，是企业理财的重要利益关系人。不深入地了解投资者的性质，将很难科学地认识财务管理的性质，也很难深入地理解公司治理的实质。

　　按照对于投资者利益保护机制的不同，企业的投资者一般被划分为股权资本投资者与债务资本投资者两类，企业的资本自然也划分为股权资本与债务资本两类。股权资本投资者，又称股东，是法律意义上的企业的所有者，既是企业剩余收益的所有者，又是企业风险的最终承担者。债务资本投资者，又称债权人，是借助于法律契约的形式，向企业投入债务资本的投资者，其权益受到法律的保护。

　　除了投资者投入的资本之外，企业所有资金中还有另外一部分，那就是流动

性的资金来源，比如短期银行贷款、应付账款、应付票据等。这些在财务会计上被称为流动负债的资金借还期较短，一般与投资者没有关系，通常是由与企业有经营业务往来的政府、企业甚至个人来提供。比如，企业欠政府的税金，欠职员的工资，欠供货商的采购款，等等。无论是对于企业还是对于提供这些资金的机构或组织来讲，这些资金不宜被用在资本投资项目上，否则，必将造成严重的财务困难。因此它们与企业的资本投资活动无关，进而与投资报酬率无关。对于这些短期性质的资金来源，人们关注的通常是企业资产的流动性是否足以满足对于这些债务的清偿，也就是企业资产是否具有充足的流动性以使得企业保有足够的偿还能力。

资本投资是企业对资本性项目的投资，而所谓的资本性项目一般是指那些较长时期的、能够为企业创造现金流的投资。最为典型的资本性投资是指企业的固定资产投资，此类投资决定了企业的经营规模和经营方向，从根本上决定着企业创造现金流量的实力。这类投资具有投资金额巨大、投资期限较长、难以进行投资调整等特征，因此资本投资项目决策一旦做出，往往无法收回，决策的失败通常是一个企业最终走向衰败的重要原因。

在投资者的投资行为中，报酬率无疑是一个最为关键的因素。将投资者投入的资本用在资本投资项目上，并带来一定水平的报酬率，用于满足投资者所提出的报酬率要求，是公司财务的基本理念和重要活动。也就是说，"投资者—要求报酬率—资本投资—资本投资报酬率—投资者报酬率的满足"构成了公司财务活动的基本循环。

作为投资者的一个类型，债权人与被投资公司之间的关系通常情况下是非常明晰的。债权人经过协商，将资本借予企业，并和企业在利率、本金偿还等方面达成严格的法律协议，形成契约，固化债权人对于企业未来现金流的索偿权。债权人一般不参与企业的经营管理，对于公司治理的影响也是外在的。但是，按照国际惯例，一旦公司违约，不能按期足额支付利息和偿还本金，债权人也将参与到公司治理中，发挥重大的作用。

股权资本投资者即股东，是企业真正的所有者。从公司财务的角度讲，股东既是企业剩余收益的唯一索偿权持有者，也是企业风险的最终承担者。既然如此，股东对于企业的报酬率要求就不可能像债权人那样提前予以约定和固化，只能根据企业的运营和发展而获得自身财富的持续增加。公司治理失败和经营失败会造成股东财富的减损，这自然也是股权资本投资风险的一种体现。

虽然同是投资者，但债权人与股东各自利益保护的机制却是完全不同的。债权人的利益受到法律的保护，股东的利益则受到公司治理的保护。世界各国的法律机制有差异，实施质量也存在诸多不同，因而在不同的国家或地区，投资者保护的力度也是不同的。拉波塔、西拉内斯、施莱弗和维什尼（La Porta, Silanes, Shleifer & Vishny，本书以下各章中将这四人组合简写作 LLSV，1998）研究表明，英美等普通法系国家通常对投资者有最强的保护，法国法系国家通常最弱，德国法系国家和斯堪的纳维亚法系国家通常居中。从法律实施质量上看，德国法系和斯堪的纳维亚法系国家有最好的法律实施质量，法律实施质量在普通法系国家也很强，然而在法国法系国家最弱。[1]

保护投资者权利是国家法律制度和公司治理的基本使命，也是维系经济安全、资本市场稳定的基础。前已论及，债务资本投资者即债权人的利益保护主要通过法律手段来实现的。股权资本投资者即股东的利益保护则主要通过公司治理机制来达到。公司治理的健全需要一个历史的过程。我国的公司治理尚处于基本建设期，很多问题没有得到明晰。在为数不少的上市公司里，甚至还没有建立起保护投资者利益的基本理念。但是需要明确的一个命题是，保护投资者利益绝对不是一个国情的问题，任何国家、任何地区，都必须将保护投资者利益放在经济系统建设和市场体系建设的第一位，这是经济发展的基础，也是市场繁荣的前提。无视投资者利益，等于放弃了经济的未来，放弃了国家的未来。

维护投资者的收益权与知情权是投资者利益保护的重点。图 1－1 显示了不同性质的投资者——股东与债权人——的这两项权利的保护机制。投资者进行投资的最根本目的在于获得收益，收益权是进行资本投资的基本权利，也是第一位的权利。知情权是收益权衍生出来的一个权利，为了实现投资者利益的保护，法律机制对于投资者的知情权予以了严格的约束，要求公司及时、全面地披露真实、可靠、合规的信息，这是保护投资者利益的一个基本措施，是为了保障收益权的实现而加于公司董事会、管理层的一项法律义务。公司有义务向投资者适时地提供准确、全面的信息，以有助于投资者对于自身的投资行为进行分析和判断。财务信息通常是这种信息的主体内容，其中最为主要的就是公司的报表信息，比如资产负债表信息、利润表信息和现金流量表信息等。近年来，企业向外提供的非财务信息越来越受到欢迎，比如公司治理信息、社会责任信息、环境治理信息等等。但是，无论将来有多少非财务信息得以披露，财务信息都将是企业向投资者依法提供信息中的主体内容。只有在财务信息分析的基础上，才能够有效地发挥非财务信息的作用。

从财务管理的角度讲，资产负债表是最为重要的一张报表，也是历史最为悠久的一张报表。资产负债表反映了企业自诞生以来投资者投入的资本及其使用状况，是企业财务状况的集中表现。按照市场估价观念，任何一个企业创造价值的

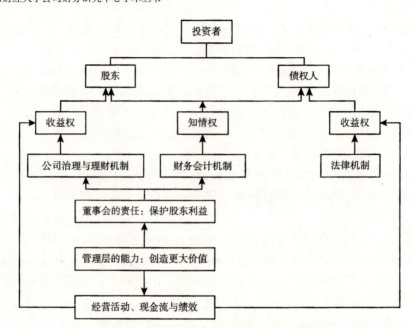

图 1-1　股东、债权人的收益权与知情权

实力均可以通过资产负债表得到体现。价值创造实力越强，未来发展的潜力越大，资产负债表中项目的市场价值与账面价值之间的比值（即市账比）就越高，意味着该企业就是一个好企业。以托宾 Q 指标反映企业的绩效高低的做法也是基于这一原理。但是，我国企业界对于资产负债表的强大功用显然认识不足，分析的深度和科学性也远远地没有体现出该表的真实价值。在财务报表体系中，资产负债表毋庸置疑地属于第一报表。财务人员更应当通过资产负债表，全面地了解企业自诞生以来财务政策的实施情况及其结果，为未来合理、科学的财务政策的制定提供依据和奠定基础。利润表反映了按照权责发生制之下企业经营的效率及绩效水平，一般而言，管理水平越高，企业的营业收入以及利润额就越多。但由于会计技术等原因，利润表所反映的财务信息往往受到人们的质疑，直接导致了传统的绩效评价指标的失宠。但在可以预见到的未来时期，基于会计技术的绩效评价数据以及指标仍然是绩效评价系统中的主流方法。现金流量表是一张较新的报表，其核心在于反映企业经营活动创造现金流量的实力。现金流量越多，企业价值越大，这是投资者利益得以保护的基础和前提。需要注意的是，现金流量表中的经营活动现金流量与投资活动现金流量、融资活动现金流量有着本质的区别，应当予以明确区分。

企业的财务报表是基于历史成本的信息，按照现代投资理念，历史成本属于沉没成本，与投资者的投资行为是不相关的，因为投资者关注的是未来的、预测的信息。为了提供更加相关的财务信息，会计学界对于未来信息、市场信息等非传统财务信息在财务报表中的反映进行了多年的研究。但从目前的情况来看，这种努力可能是没有太大价值的。财务会计的价值就在于它能够系统地反映历史的、可验证的信息，无论其他形式的信息多么重要，通常也是建立在这些历史数据的基础之上。没有扎实的、系统的历史信息，其他形式的各种信息都将难以发挥作用。维护必要的传统，正是维护财务会计信息权威的基础。没有扎实基础地加入各种信息，无助于财务信息功能的更好发挥。

对于投资者来讲，之所以要对财务信息进行分析，究其实质就是要对投资的报酬水平进行评价和预测。因此，所有的财务信息都应当围绕着这个核心点展开。有助于投资者做出科学而合理的报酬率预测的信息，有助于投资者对所获得报酬率水平进行评价的信息，都是有用的信息，企业应当予以提供；反之，则是无用的、没有价值的信息，企业可以不予提供，从而节约信息生成和发布的成本。实证会计数十年的发展正是在这个领域做出了很大的贡献。

二、投资者财富与企业绩效

作为投资者，债权人在企业中的利益，已经通过契约的形式予以明确的界定。换言之，对于被投资企业而言，债权人的收益与风险是业已确定的。在企业未来实现的现金流量之中，属于债权人的那一部分是确知的和稳定的。在这种状态下，债权人一般不会介入到企业的公司治理与管理活动当中，除非债权人的利益受到了伤害，比如债务人不能如期偿还本金和利息。当然，从公司财务的角度讲，过高的负债率也可能会使债权人的性质发生某种程度的变化，比如倾向于股东性质的变化。负债率提高，不仅股权资本成本会提高，债权人的要求报酬率——债务资本成本也会随之提高。当负债率提高到一定程度之后，债务资本成本会越来越接近于股权资本成本。

与公司治理、与公司财务管理紧密相关的投资者是股权资本投资者——股东。毫无疑问，投资者财富的增加源自于良好的企业绩效。但我们需要搞清楚的是，投资者财富与企业绩效毕竟是两个性质完全不同的概念，制约它们的机制也是完全不同的。简单来讲，投资者财富尤其是股东财富是一个公司治理问题，是董事会的问题，而企业绩效尤其是经营绩效（这也是人们在通常情况下提到企业绩效的主要含义）则是经营管理问题，是管理层的问题。

简要而论，企业绩效首先表现在经营活动创造的现金流量上，现金流量越多，绩效水平也就越高。就价值创造而言，现金流量至高无上（Cash Flow is King)！传统上人们一般是以经营收入扣除相关费用之后实现的盈余来判断绩效水平的。由此，可以把企业绩效的实现划分为如下三个层次：

第一层次，补偿所有的生产经营费用，主要是指生产消耗费用、人力费用与必要的管理运作费用。这是企业绩效实现的基础。

第二层次，满足债权人的报酬要求。按照我国目前的会计准则，债权人的报酬——利息费用是经营费用的一个组成部分。

在经营收入中，扣除如上两项之后，就形成为会计利润，这也是财务信息中报告绩效的主要方式。无论是经营费用还是债权人报酬，均属于依法扣除的项目。传统的财务会计对于企业绩效信息的提供仅限于此，这与财务会计的历史计量特征是吻合的。

按照传统的绩效评价方法，会计利润以及与此相关的大量的利润比率构成为绩效评价的主要方法体系。这种绩效评价着眼于企业经营效率的提高，从价值创造的源头上入手，保障了价值派（Value Pie）越做越大期望的实现。即使在新的以股东财富预期实现为核心的绩效评价体系中，对经营效率的评价也是至关重要的一个环节，因为经营活动是现金流量创造的根本环节。没有价值的创造，再好的价值分配方案也是无济于事的。

成本会计与成本管理基本上是属于第一层次的内容，通过降低消耗，在收入既定的情况下，可以提高经营利润的水平。严格而论，成本会计与管理既不属于财务会计的内容，也不属于财务管理的内容，这是一个独立的作业、控制与管理系统。从企业管理的角度讲，应当高度关注成本会计与管理系统的设计，因为这是提高绩效水平的基础。在传统行业当中，固定资产的消耗可能构成生产经营成本的主体，但在一些新兴的、高科技企业中，管理费用、人力成本可能占据了更大的份额。

债权人的报酬——利息属于投资者的一种报酬，在性质上与第一层次的生产经营费用迥异。从会计处理的角度看，应当将负债利息与其他的生产经营费用完全分开，区别对待，这对于科学地进行财务信息分析具有重要的意义。按照国际上分段式的利润表的结构设计，利息不是经营费用，而是从纳税付息前利润（EBIT）中扣除的。从财务理论的角度看，利息则与股东报酬在性质上是一致的，都属于投资者的报酬率要求，都有资本成本问题，自然也都与企业的资本投资有着紧密的关系。债权人与股东之间的区别就是利益保护机制的差异。

第三层次，满足股东的报酬要求。这又可以划分为两个部分：（1）向股东的现金股利支付；（2）留存盈利，借以增加股权资本。

在传统的财务会计处理中，股东的报酬是不计入费用并在收入项目中直接扣除的。因为从法律意义上讲，股东是企业的所有者，是企业剩余收益的所有者，股东的报酬在性质上不可能等同于一般意义上的费用，不宜在收入中直接扣除，只能作为最终收益——一般是税后净利——进行处理。但伴随着两权分离现象越来越严重，中小股东对于公司的所有者义务逐渐被淡化，这种处理方式也日益受到投资者的质疑。因为，理论上属于股东所有的全部净利事实上是被控股股东和管理层所控制。越来越多的股票投资者希望公司能够提供有关股东报酬能否实现的信息，于是经济附加值（Economic Value Added，EVA）等绩效评价指标应运而生，满足了人们对绩效评价的新的需求。但是，经济附加值指标的计算并没有改变股东报酬的基本性质，因而在报酬率要求方面同样存在诸多的困难，使得这一指标只能作为绩效评价的一种方式，而难以作为股东利益保护以及财富分配的客观依据。

以上所述第二层次与第三层次均与企业的资本成本紧密相关，资本成本成为企业绩效的负向影响因素。这是与投资者相关的成本，投入的资本越多，针对投入资本要求的报酬率越高，这两部分的资本成本也就越高，在其他绩效影响因素既定的情况下，企业的最终绩效水平也就越差。简要而论，大凡与生产经营消耗相关的费用或成本，一般都与企业的管理行为紧密相关，而与投入资本相关的成本即资本成本，则属于公司治理的范畴。与经营管理相关的费用或成本，其管理的着眼点在于通过科学的管控，尽力降低消耗，减少浪费，达到最大程度地降低成本的目标。而属于公司治理范畴的资本成本，其治理的着眼点则主要不是如何降低之，而是如何最大程度地使资本成本在生产经营过程中获得抵补，从而满足投资者的报酬率要求。作为股东的代表，董事会不应致力于降低资本成本，但从管理层的角度，通过适当的行为比如稳定未来的现金流量，提高财务信息披露的质量等等达到降低资本成本的目的，则是一种理性而合理的选择。

资本成本问题是公司治理与公司管理相重合的一个领域。债务资本成本更多的是管理问题，通过管理层的努力，争取到更加有利的债务契约，得到最低水平的利率。最大限度地降低债务资本成本是管理的目标之一。股权资本成本则与之有着显著不同。股权资本成本问题首先是一个公司治理问题，然后才是管理问题。董事会作为股东的代表，没有权力也没有义务降低股东的要求报酬率，因为保护股东利益、实现股东财富最大化目标才是其基本的职责。将降低股权资本成本作为董事会的努力方向显然有悖这一宗旨。但从管理层的角度来讲，通过适当的管理行为，降低企业经营的风险，借以降低股权资本成本水平，应当是一个合理的选择。资本成本越低，在现金流量既定的情况下，企业价值越大，越有助于股东财富的持续增加。

以上三个层次的绩效究其实质都是基于企业经营活动所创造的现金流量的多少，具体言之，也就是企业产品或服务所实现的营销收入的多少。营销收入越多，在各项成本与费用既定的情况下，企业的绩效水平也就越高。基于此，经营活动现金流量便成为至关重要的绩效指标。同时，经营活动现金流量的波动决定了企业的风险水平。在现金流量持续增长的时期，无论是经营风险还是财务风险都可以控制在一个适当的范围之内，不会影响到企业的可持续发展。而一旦现金流量出现下滑，各种隐含的风险因素就会变成现实的风险，对企业的收益水平形成直接冲击，乃至于影响到企业的生存。"现金流量至高无上"的提法之所以风行全球企业界，正是因为人们看到了现金流量在价值创造过程中的奠基性作用。

股东的报酬源自于企业现金流量的创造，源自于企业价值的创造。但是，股东报酬率要求的满足却不是简单的价值创造问题，这里涉及复杂的治理问题，甚至涉及董事会与管理层对于公司未来发展的判断。换言之，股东利益的保护以及相关的股东要求报酬的满足就不是一个简单的财务政策所能解决的问题了。20世纪90年代以来，大量的文献对公司治理问题进行了全方位的分析和研究，其核心命题与股东利益的实现与保护紧密相关。

企业的最终绩效是在股东利益得以保护的基础上实现股东财富的最大化，经营活动的绩效水平则是实现最终绩效的前提和基础。

综上，可以从如下两个角度对企业绩效有一个认识：经营活动现金流量的实现是创造企业绩效的基础，是起点，也是企业最终绩效实现的前提；股东财富最大化的实现则是企业最终意义上的绩效的体现，也是企业之所以存在的根本价值。从这个意义上讲，无论是关注于市场价值的绩效评价，还是关注于股东财富的绩效评价，都是对企业存在价值的更深层次的认识。但是这种认识的深化并不意味着传统的以营销为基础的绩效评价技术的没有价值。相反，无论是董事会还是管理层，都应当高度关注这些所谓的传统意义上的绩效评价方法。因为没有基于营销效率的企业绩效的实现，没有经营活动现金流量的创造，投资者的利益保护将失去保障，股东财富最大化目标的实现更是无从谈起。

从目前的文献以及企业界的现状来看，人们对于董事会与管理层之间职责、义务的差异并没有引起足够的关注。但这种忽略既无益于公司治理质量的提高，也无助于管理行为的合理化。

三、绩效评价：股东（董事会）视角与管理视角

企业绩效评价是一个极其复杂的学术问题，更是一个亟须解决的现实问题。数十年以来，人们基于不同的学说，着眼于不同的角度，甚至出于不同的目的，设计出了众多的绩效评价理论与方法。然而不容怀疑的是，没有任何一种绩效评价方法可以满足所有的要求。基于会计数据的绩效评价方法体系可谓这个领域中经久不衰的英雄，并会在将来继续发挥其不可替代的作用。但伴随着资本市场的发展与完善，尤其是伴随着投资者投资理念的不断科学化与理性化，企业绩效评价的市场化趋势日趋显著。人们越来越清晰地认识到，绩效及其评价问题绝非简单的结果评价，而是事关公司治理与企业管理的方方面面。

（一）股东、董事会与股东财富

身份的不同对于企业绩效评价的要求自然也会存在差异。股东及股东财富是公司治理体制中的核心概念，而保护股东利益、实现股东财富最大化目标也是公司治理的主旨所在。

董事会是全体股东的代表，体现着股东的意志，在公司治理中发挥着核心的、决定性的作用。董事会的基本职责就是通过对管理活动施加合理的影响与约束，在经营效率提高、企业价值最大化的基础上，最大限度地实现股东对于财富增加的预期。能够实现股东财富最大化目标的董事会是优秀的董事会，相反，没有实现这一目标的董事会就是失败的董事会。

企业绩效实现的基础是企业经营效率的提高。董事会对于企业经营可以采取两种不同的机制：（1）董事会直接参与生产经营管理活动，将管理权掌握在自己的手中；（2）董事会聘请管理者，出让管理权，由管理层代理行使管理权。

董事会直接组织管理活动，可以按照股东的意愿来管控经营活动，不存在代理冲突问题。但在董事会管理才能受限的情况下，企业经营的高效率难以确保，高水平的绩效也就难以产生。考察中外众多的家族公司不难发现，很多管理者来源自家族内部。在董事会没有办法很好地掌控管理层的情况下，公司宁愿忍受较低的绩效水平，也不会轻易地让渡管理权。对于中国的国有企业来讲，政府也会通过董事会和管理层来施加影响，这种情形的大量存在已经严重地制约了国有企业效率的提高。

当公司发展到一定的规模之后，或者董事会有足够的能力掌控管理者，再加上有一个良好的、健全的职业经理人市场，董事会就会聘请职业管理者来运行公司的经营活动，借以提高绩效水平，为股东财富的增加创造更加有利的条件。这就会形成所谓的"两权分离"的格局。优秀的董事会不仅始终高效率地掌控着管理层的行为，而且还牢牢地掌握着公司重大决策的权力。重大的财务政策比如投融资决策、股利支付决策等等的决策权在董事会，而不是在管理层。

无论是直接掌控企业的生产经营活动还是向管理层让渡经营权，董事会的使命都是明确而不可更改的，那就是保护股东利益，追求股东财富的最大化。违背了这一使命，或者没有实现这一使命的基本要求，都意味着董事会工作的失败。除了这一基本使命之外，一流的董事会还应当具备如下特征，就是董事会所代表的是所有的股东的利益，而非一部分股东的利益。具体言之，董事会不能为少数股东尤其是大股东或者控股股东谋取私利，且这种私利的谋求会伤害到其他一般股东的利益。对于一流的董事会来讲，所有股东利益的地位都是均等的，没有差异的。"同股同权，同股同利"是所有企业的公司治理的基本法则。在这种情况下，大股东或者控股股东不能通过操纵董事会和管理层达到获取非正常报酬的目的，中小股东的利益也由此得到保护。一旦出现了控股股东或者高管比如 CEO 等操纵董事会和管理层的情形，说明公司治理出现了失效状态，必须予以及时校正。但实证数据显示，无论是国内企业还是国外企业，股权结构内部的冲突都是制约公司治理质量的一个主要因素。即使是在法律机制极为健全、严格的英美等国，大股东对于中小股东的利益侵害现象也是层出不穷，甚至成为影响整个经济安全的不稳定因素。在我国，由于国有企业的核心地位始终在强化，政府股东对于被投资企业的非财务制约力量非常强大，以至于严重影响到国有企业自身竞争力的提高。与此同时，政府股东的单纯的利益保护也并没有引起国家相关部门的重视。在这种体制之下，我国整体经济实则是依靠国有企业的总体力量在支撑，而非效率的因素。

（二）管理层与经营效率

董事会与管理层在使命职责上有着明确的区分，这是发挥他们各自职责的重要基础。董事会负责企业发展的方向，而管理层则负责企业发展的效率。董事会着眼于股东利益的保护以及股东要求报酬率的满足，而管理层则应当致力于生产经营效率的提高与更多价值的创造。利用公司财务领域常用的术语，可以做如下描述：管理层负责把企业这张"饼"（Pie）做大，但如何分好这个"饼"则是董事会的职责。从根本上讲，董事会决定着企业的发展方向，并对管理层职能的发挥起到极大的引导和约束作用，这就要求董事会具备较高的治理水平。董事会在聘请管理层的时候，要求管理者具备超乎一般水平的管理才能，这是缔造超水平企业的前提。

管理者的创新能力是其开展工作的基础，甚至可谓是创造企业价值的直接推动力。在价值的创造过程中，管理者始终关注着现金流量及其风险程度。经营效率提高的直接结果就是不断地增加现金流量，并在一定程度上降低其风险程度，其综合结果就是企业价值的最大化。

人们很早就开始关注管理层与股东之间的代理冲突问题。在公司治理不健全的情况下，管理层的不当行为可能会极大地减损股东的利益。这种不当行为未必都是出于管理层自利的考虑，比如管理层对于企业规模的偏好，这其中隐含的因素是极其复杂的，不是简单的自利原因就可以完全解释的。在中国，改革开放30多年以来，国有企业尤其是大型国企中诞生出了一批新型的企业家。这些人既是企业家，又是中国一个重要的政治阶层。在国企企业家的经营理念中，政治因素可能是一个极其关键的因素。

如何解决管理层与股东之间的代理冲突问题，可以有两个极端的选择：（1）通过内控等手段严格管控管理层的行为，按照股东至上原则强力纠正管理层的不当行为；（2）给管理层以足够的经营权力，但设定严格的绩效评价标准以及苛刻的薪酬计划，迫使管理层在管理活动中充分地尊重股东的意愿以满足股东的利益需求。

在第一种选择中，董事会基于股东利益至上的治理原则严格控制管理层的行为，可以在很大程度上防止造成股东财富的管理性损害。但是，在这样的一种机制下，公司治理行为与公司管理行为往往会交叉在一起，其后果就是管理者的才能难以得到高水平的发挥，使得管理层的管理效率低下，制约企业的长远发展。而且，如果董事会对自己的管理才能非常自信的话，完全可以自行实施管理行为。

在第二种选择中，管理层可以充分地发挥其管理才能，但由于公认的原因，管理层会较多地考虑自身的利益，按照自身的偏好来实施管理。为了有效地校正管理层的行为，需要设计一些严格的绩效评价标准和薪酬激励标准。为数众多的国外公司会选择股票价格作为对管理层管理绩效的评价指标，即：如果股票价格提升，表明管理行为高效；如果股票价格降低或者未出现预期中的增长，表明管理行为失当。股票价格的涨跌在很大程度上代表了股东财富的增减，因而实现了管理绩效评价与股东财富的一致性。但由于股票价格受制于多方面的因素，特别是一些宏观经济的外在性因素超越了管理层的控制范围，会给管理层造成较大的压力。同时，在股票市场效率较低的情况下，股票价格也难以客观、准确地反映企业真实的价值。

无疑，一般的公司治理情形介乎于如上两个极端选择之间，因此合理的状态应当是:既要最大限度地发挥管理者的管理才能，通过最佳的管理活动，为企业创造最大的价值，又要确保股东利益不受损害，实现股东财富最大化的目标。

管理者的才能越大，其管理质量越高，企业价值提升的可能性也就越大，与此同时管理者在公司治理中的负向作用可能也会越大，这就需要董事会进行很好地掌控与调整。而企业价值的最大化并不意味着股东财富的最大化，在这个差异中，董事会的作用是极其关键的。高管薪酬计划是约束管理层行为、发挥管理层作用的一项重要机制。如何设计出合理的高管薪酬计划既事关公司治理的质量，也直接影响到公司经营的效率。为了实现最佳结果，应当以满足股东利益为原则来设计高管的薪酬计划及其动态调整机制，实现管理者薪酬的升降与股东财富的增减高度统一、协调一致。

职业经理人的缺乏是我国企业界管理质量难以提高的一个重要原因。这又涉及两个方面的欠缺:一个是职业经理人市场的欠缺，一个是职业经理人职业精神的欠缺。没有一个健全的、发育良好的经理人市场，使得经理人难以获得足够的流动性,企业对合格经理人的选择也面临诸多的困难。经理人职业精神的核心在于其对于商务活动的创新精神以及对于所服务的股东以及董事会的忠诚精神。合格的经理人应当明确自己在公司治理和公司管理中的合适的地位，尽其责但不越其位，不介入到公司治理的纷争事务。伴随着股票期权数量的不断增加，顶级高管所持有的公司股份也会越来越多。但即使如此，高管也应当清晰自己的身份与地位，这是培育优秀公司治理以及一流公司管理的关键所在。

一个好的、优秀的董事会，可以确保企业发展具有正确的方向;一个好的、水平较高的管理层，可以确保企业发展有更强的动力和更高的效率。只有二者的最佳组合，才能够创造出一流的企业。

（三） 终极绩效评价——股东财富最大化

前已论及，企业绩效的评价可以划分三个层次，其中股东财富最大化的实现是企业最为终极的目标，而经营费用的补偿以及债权人报酬的满足则是实现这一最终目标的前提。从企业绩效评价方法演进的历史来看，人们最初关心的是企业直接的经营效率的提高，这从科学管理的革命可以清晰地看出来。经营效率的提高可谓是一切绩效产生的基础，但是这毕竟不是企业存在的根本价值之所在。伴随着股份公司的发展以及股票市场的不断完善，市场价值逐渐受到投资者的关注，这也就将绩效评价的关注点逐渐引向了股东方向。经济附加值（EVA）指标的产生及其大量的使用，更是将股东财富最大化目标与绩效评价指标有机地结合在一起,使得公司绩效评价进入到一个新的历史发展时期。

信守并强调公司以“股东财富最大化”为财务目标，有助于培养公司对于股东即广大投资者的亲和力，以求得投资者的认可。股票投资者可以通过股票的买卖行为，来表达自己对于公司管理与发展的意见，向公司管理层传递相关信息。

一个公司要想增加股东的财富，根本的途径主要有两种：一是支付给股东的股利，二是提高股票的市场价格。在任一时点上，股东财富可计算如下：（1）将当期每股股利乘以持有的股份数；（2）将当前股票价格乘以持有的股份数；（3）就上面计算的股利额与股票市场价值加总即可得股东财富的价值。

股利又被称为“当期所得”，是源于公司内部税后净利的分派，是公司现金的流出,是财富自公司向股东的转移。在公司财务学中，人们认为，唯有股利所得才是股东财富的最初的源头。当前股票价格乘以持有的股份数为股东所持股票的“市场价值”，后期市场价值扣除最初的市场价值就是资本利得，反映了股票价格的涨跌以及与此紧密相关的股东财富的变化。与股利直接来源于公司内部的现金流不同，股票价格的波动以及由此所决定的资本利得虽说在理论上决定于公司未来时期的股利流，但在实践中，资本利得的产生往往并不完全取决于公司自身的生产经营活动。比如，杠杆重组可以直接影响股票价格，从而形成资本利得，增加股东财富。但杠杆重组显然与生产经营活动、与企业内部的现金流量有着明显的区别。“大量的学术研究表明，杠杆重组为股东创造了巨大的财富，同时增进了公司绩效。在这些研究的基础上，哈佛大学的迈克尔。詹森教授做出了一个保守的估计，即 1976 ~ 1990 年，股东从兼并、接管、剥离、换股分立以及杠杆收购中得到了 6500 亿美元的价值。”① 这种不是基于公司的资本投资、经营活动现金流量的投资者收益，而是基于股权结构的改变、公司证券的市场交易的投资者收益，属于我国常说的“资本运营”收益。严格而论，对这种性质的投资者收益的研究已经明显地有别于传统的公司财务理论研究。

在本书中，假设股票资本利得仍然是源于公司股票投资者未来时期所获得的

---

① 转引自小唐纳德. H. 丘，斯腾斯特公司主编，朱辇等译，新公司金融：理论与实践第三版，北京：中信出版社，2007：2。

股利收益，是股利的延续给投资者带来报酬的一种方式。换言之，在本书的定义中，即使是资本利得，也与单纯意义上的所谓的资本运作无关。①

投票投资报酬率的计算方法如下：

$$股票投资报酬率 = 股利收益 + 资本利得$$

$$股利报酬率 = \frac{本期每期股利}{期初股票价格}$$

$$资本利得报酬率 = \frac{期末股票价格 - 期初股票价格}{期初股票价格}$$

通常情况下，当股利报酬较大时，资本利得会减少，因为公司将更多的税后利润用于向股东分派股利，用于公司内部的投资资金就会减少。资本利得报酬率则是公司理财活动中必须密切关注的一个指标，股票投资者的资本利得——源自公司将税后利润留存于公司中进行再投资并通过公司收益水平的不断提高来逐渐提升公司股票的价格——是股东财富的市场体现。对于股东而言，获取股利是一项直接的现金收益，而资本利得是通过留存利润提高公司股票市价以使股东获取长期财富并使股票投资更加具有长期投资的特征。

股东的实际报酬率水平与公司股利政策紧密相关，同时也受到股票市场价格波动的巨大影响。董事会应当密切关注股东报酬率的波动，并通过必要的公司政策来影响股东的报酬率，尽力实现股东财富的不断增加。比如，在股票市场牛市的情况下，股票投资者可以通过股票价格的上涨轻易地实现一定水平的报酬率，董事会就应当适当地降低股利支付，将更多的净利留存在企业内部，谋求企业价值的增加。但在熊市的情况下，由于股东难以获得必要的资本利得报酬，为了维护股东的利益，公司在可能的情况下，应当适时地提高股利支付，甚至可以通过特别股利等方式，来对股东的实际报酬予以必要的补偿。董事会必须明晰一点，股东的实际报酬的高低绝非一个单纯的市场问题，它与公司的治理质量和管理效率是紧密相关的。

---

① 莫迪格莱尼和米勒（Modigliani & Miller，本书以下各章中将这二人组合简写作 MM，1958）定义的股利就是公司向股东支付的净现金（这也是最为普遍的关于股利的定义）；艾伦（Allen）、米夏埃利（Michaely）、朱武祥等认为股利总额应当包括现金股利，回购以及收益流向私人部门的购并行为。有关内容详见朱武祥，蒋殿春，张新，中国公司金融学，上海：上海三联书店，2005：350。但需要明确的是，真正学术意义上所谓的股利，就是公司税后净利的一种分派形式，是源自资本投资、生产经营活动所创造的现金流。这是股东财富增加的最具实质性的来源。股票回购可以视为现金股利的一种替代，但购并行为中由于市场因素所造成的利益的重新分配并不属于公司盈余的一种分派。股东财富的增加是一界定极为清晰的概念，即一定要源于资本投资、经营活动所创造的现金流量。

（四）财务目标与资本成本

资本成本（Cost of Capital）是现代公司财务理论的第一概念。总结长期以来人们对于该概念的分析，在公司财务领域，资本成本的核心内涵有：（1）资本成本是投资者提出的（或者应该得到的）、与其承担风险相对称的报酬率要求；（2）资本成本是企业资本投资必须达到的最低报酬率水平，从而吸引更多资本的投入和增加；（3）资本成本是董事会、管理层有义务、有责任通过公司治理与管理活动使企业必须具备的价值创造能力，以此阻止股票价格的下跌，保护股东利益。

资本成本是投资者基于其承担风险而提出的要求报酬率，实现投资者的这个报酬率要求，是公司财务管理的基本目标。科学的财务政策指导理性的理财行为，而理性的理财行为则是能够实现股东财富最大化的理财行为，换言之，那些能够为股东带来所要求的报酬——资本成本——进而增加股东财富的理财行为才是理性的理财行为。毋庸置疑，在"财务目标～财务政策—理财行为"这一链条中，资本成本成为公司财务目标能否实现的一个核心数量约束。

获得与承担风险相称的报酬率是人们进行投资的基本动力，也是公司财务管理的出发点。因此，投资者要求报酬水平的满足是企业股东财富最大化财务目标是否实现的科学判别标准。在管理层创造足够多价值的前提之下，董事会需要在满足股东报酬率要求与确保企业的长远可持续发展两个方面进行权衡；''这种权衡的结果将在股利政策等重要的财务政策中得以体现。股东报酬率要求的满足是最高层次的企业绩效，同时，对于整个资本市场乃至于整个经济系统的稳定都有着奠基性的作用。因此，董事会需要对此有足够的关注。

公司的财务管理行为究其实质就是为股东理财，为股东财富的最大化而工作。股东财富最大化目标绝对不意味着支付给股东的现金股利越多越好，它必须在股东当前的现金所得与企业未来的发展潜力之间进行很好的权衡。为了获得更多的未来收益，股东宁愿放弃当前的现金股利，将更多的税后利润留存在公司内部，增加股权资本。这里的前提条件是企业确实存在着较为理想的投资机会。只要股东的实际报酬率等于或者超过了其所要求的报酬率水平，就意味着股东财富最大化目标得以实现。

股东财富最大化目标实现的标准就是股东的实际报酬率（$\bar{r}_e$）等于或者超过了股东的要求报酬率，而股东的要求报酬率就是公司的股权资本成本（r_e）。换言之，只有当 $\bar{r}_e \geq r_e$ 时，股东利益得以保护，股东财富才能够实现增长。这是企业终极绩效评价的核心内容。

作为公司财务理论的核心内容，以科学的方法与模型估算股权资本成本进而保证其估算值的合理性自然会受到人们的高度关注。客观合理地估算股权资本成本，是实现以股东财富最大化为财务目标的、科学理性的企业理财行为的前提条件。资本成本的估算是企业一切财务管理活动的技术起点。

四、国有企业、政府股东与财务目标

在世界各国中，国有企业都是一种重要的企业组织形式，在我国尤其如此。改革开放数十年以来，中国的经济体制改革取得了举世瞩目的成绩。国有企业改革作为经济体制改革的核心内容，为整个国民经济的健康稳定发展发挥了积极的、不可替代的重要作用。然而，在这一历史进程中，至今尚有诸多疑问始终困惑着我国学术界和企业界。国有企业的性质是否有异于其他的非国有企业？政府股东在国有企业究竟发挥什么作用？国有企业的财务目标是什么？政府应当以什么作为基准对国有企业实施规制行为？等等。这些问题得不到科学地解决，将严重阻碍现实的改善与理论的发展。

（一）国有企业与政府股东

所谓国有企业，一般是指那些第一控股股东是政府股东的企业，或者是政府独资控制的企业。了解政府股东的性质就成为了解国有企业的第一步。与其他工业发达国家不同，我国国民经济是以国有企业为基础的经济。新中国成立半个多世纪以来，国有企业从无到有，从弱到强，为中国国力的强盛做出了重大贡献。20 世纪90 年代以后，绝大多数上市公司是在国有集团公司的基础上诞生的。即使经历了后来的股权分置改革，政府股东控股依然是很多上市公司的股权结构的基本特征。除此之外，仍有相当数量的未上市国有企业。这些未上市国有企业有的是因为具有明显的公益性特征，有的则是由于其他方面的原因。相对于那些国有上市公司，这些非上市国有企业无论是在公司治理、信息披露还是在管理水平等各个方面均存在着严重的欠缺，是下一步国有企业改革的重点领域。

政府股东，又称国家股东，是政府或者政府机构对企业进行股权投资所形成的一种投资者身份。鉴于政府自身的特质及其功能，政府股东自然形成了迥异于其他性质的股东的特征，在我国，这些特征已经严重地影响了国有企业的公司治理以及管理活动。抛开我国特有的政治制度，政府作为投资者大比例地对企业进行股权资本投资，主要是基于如下几个方面的考虑：（1）国有资本的保值增值；（2）特定行业的管制或监控，比如公益性企业的管制，诸如电力公司、公交公司、电信公司、自来水公司、油气公司等等；（3）特定时期对于某些重要企业的救援，比如对于陷于破产境地的公司施与援手。其中，出于国有资本保值增值目的进行的投资更加接近于一般投资者的投资行为，应当按照一般意义上的公司财务原则来运作。而其他的政府投资行为会掺杂较多的非财务因素比如政治考量等，单纯的财务分析恐难达到理想的效果。

控股股东是指拥有控股权的股东，控股权比例指持股比例超过一定界限，控股阈值一般界定在 20% ~ 25%。里奇和莱希（Leech & Leahy, 1991）通过分析认为，如果第一大股东的持股比例超过 25%，那么它在表决权争议中就比较容易赢得大多数其他股东的支持，处于优势表决权地位。[2] LLSV（1999）认为当控股比例超过 20% 时，就实际拥有了对上市公司的控制权。[3]

根据控股股东的所有权性质，我国对股本类型的统计按照国有股和境内法人股进行划分，其中，国有股分为国家持有和国有法人持有，境内法人股分为境内非国有法人持股、境内自然人持股。但是这种分类方法受到了学界的质疑，比如刘芍佳等（2003）认为这种分类方式是针对其直接持股人而言的，其中难以区分法人股的股权属性，同时不能明确这些上市公司最终被什么类型的控股股东控制。[4] 尽管如此，多数学者（夏立军和方轶强，2003；[5] 叶勇等，2005；[6] 甄红线和史永东，2008[7]）都是按照股权性质首先将所有者分为国有和非国有。这种分类原则和方法无疑与我国企业所有权的基本特征是相吻合的。

在上述分类的基础上，对国家控股股东进行内部细分主要是按照控股的政府机构所处的位置即政府层级进行划分的。比如何威风（2008）将国有控股的上市公司分为中央政府控股和地方政府控股；[8] 甄红线等（2008）将国家这一终极所有者区分为国务院国资委、国有企业、地方国资委、机关事业单位；[7] 刘星和安灵（2010）进一步将国家控股分为中央、省级、县级控股等；[9] 刘芍佳等（2003）将国家控股公司细分为政府控股的上市公司、国有独资公司、政府控制的非上市公司；[4] 叶勇等（2005）将国家控股分为政府部门或机构、政府控股的上市公司、国有独资公司、事业单位等。[6] 在这些分类中，中央政府控股与地方政府控股受到了更多的关注与分析。

对于非国有企业，就一般意义上进行分类，大概可有个人控股、法人控股、家族控股、机构控股等等。我国的情况要复杂一些，刘芍佳等（2003）将其分为非政府控股的上司公司、未上市的集体企业与乡镇企业、未上市的国内民营企业、外资企业等;[4]叶勇等（2005）将其细分为非政府控股的上市公司、未上市的集体企业和乡镇企业、未上市的国内民营企业和外资企业。[6]

与非国有企业相比，政府股东所拥有的用于对国有企业进行股权投资的数额之巨大不言自明，因此由政府股东投资并控股所形成的国有企业的规模便是其他股东性质的企业所不能比拟的。在通常情况下，巨大的国有企业的规模必然伴生独特的国有企业的作用。在我国目前的政治体制下，完全忽略国有企业的独特功能无疑是失当的。因此在我国国有企业问题的现实研究中，我们发现，作为投资者的政府除了报酬追求之外的特质受到了人们的高度关注，这种关注甚至掩盖了政府作为股东对于投资报酬I的天然的追求。体现在现实的国有企业治理中，政府股东可能只是就某些社会性的、重大的目标对国有企业提出要求，以在政治、社会方面发挥更多的作用，比如在社会稳定方面承担更多的责任，而将其最为基本的报酬谢率要求放置在最后。

在财务理论中，人们一般假设股东是一般意义上的股东，这种股东是理性的，能够在股票市场上进行充分组合，并谋求获得正常报酬的股东。由于股票市场的存在，这种投资者的投资行为通常具有极强的流动性。以此为基础，企业界才有理论依据按照资本资产定价模型（CAPM）等资产定价模型来估算股权资本成本。个人股东和机构股东在很大程度上接近这种股东的性质和特征，但是政府股东的问题显然要复杂得多。一个最为突出的问题就是，政府股东极有可能兼具投资者和政府管理者的双重身份，而且会以政府管理者的身份为重，这种双重身份对股权资本成本肯定会造成显著的影响，但学术界对于这种影响的研究是远远不够的。作为一个普通投资者，政府股东可以像其他类型的股东一样来确定其要求报酬率，进而决定被投资企业的股权资本成本。作为一个政府管理者，其功能的发挥可能会涉及如下两个方面：一方面是要求被投资企业承担比一般企业更多的社会责任，比如公益性企业，这种社会责任在很多情况下可能很难通过财务的形式来体现；另一方面，就是政府对经济的调控功能的发挥，比如对一些行业的刺激发展，对另外一些行业的限制发展等等。这些政府管理功能可以通过很多方式来实现，其中就有一种财务的方式。比如，对于那些需要刺激发展的行业来讲，可以通过降低政府股东要求报酬率的方式来降低它们的资本成本水平，资本成本水平的降低既可以增加企业价值，又可以减少利润分红，促进企业的发展。相反，对于那些需要限制发展的行业，则可以提高政府股东在这些行业投资的报酬率要求。目前的文献对于政府股东如何通过调整其要求报酬率进而影响被投资企业的资本成本的问题的研究是极为欠缺的。

国有企业改革与国有资本投资机制的改革应当同步进行。最理想的状态是，将国有资本投资划分为财务目标型投资与社会目标型投资两类。对于财务目标型的国有资本投资，严格按照公司财务管理规律进行管控，在提出明确的报酬率要求的前提下，通过国有企业董事会督促国有企业合理、高效地运用这些资本，并通过合理的股利政策或利润分红政策，实现政府股东对于报酬率的期望。接受这类国有资本投资的国有企业实现公司治理优秀的前提就是政府股东与其他类型的股东在权利、义务上一视同仁，没有股权结构内部的纷争，尤其是要避免政府股东对于其他中小股东的利益侵害。对于社会目标型的投资，政府股东需要与被投资国有企业的董事会进行良好的协商，在实现最低限度的社会职能的情况下，避免资源的浪费，并保护其他类型股东的基本权益。在对这类社会目标型企业进行政府规制的时候，资本成本无疑将成为极为重要的规制参数。

国有资本管理部门应当对被投资企业的董事会机制进行详尽的调研分析，优化其治理行为，这是我国国有企业能否获得健康发展的关键之所在。

（二）国有企业财务目标

股东财富最大化是国际上通用的企业财务目标，追求股东财富、以股东财富最大化为财务目标并非完全意义上的董事会或者管理当局的主观选择。[①] 从根本上讲，一个企业的诞生，无论是在法律意义上，还是在厂商理论的意义上，都源于初始投资者——一般为股权资本投资者——对于创建企业的热情和信心。因此，股东财富最大化这一财务目标是企业内生的一个目标设定，是企业本质属性在管理系统中的反映，也是企业本质属性对于公司治理机制以及管理行为进行约束的控制力量。这一目标不仅与企业自身的性质与特征无关，而且与股权资本投资者自身的性质与特征同样没有关系。更进一步而言，企业的财务目标体现了企业的根本性质就是为所有者创造财富，它与企业的控股股东性质、企业经营特征乃至于与不同国家的政治特征或经济特征之间没有任何关系！换言之，理财的根本目标是所有股东——无论是控股股东还是中小股东，无论是家族股东还是政府股东，无论是机构股东还是个人股东等等——财富的最大化，这是一个极为纯粹、最为根本的目标假设。一旦做不到所有股东的一视同仁，比如出现了大股东

---

① 理财目标的非主观选择的特质并不意味着任何企业的董事会、管理高层可以完全按照这唯一科学的理财目标来组织管理行为。从某种意义上讲，理财目标对于公司董事会、管理高层而言属于软约束。我国企业包括大量的上市公司，长期以来，就没有意识到股东财富对于企业治理和经营管理的重大约束，而将某些财务指标比如收入、利润等视为评价公司绩效的核心标准。这说明我国企业界对于企业的本质、对于企业经营的核心约束力的认识尚存在根本性的偏颇和错误。

侵占中小股东利益的情形，就意味着公司治理出现了严重缺陷，必须尽快予以修正。从这个意义上讲，与其他股东一样，政府股东之于被投资公司的目标要求应当是没有差异的，同样是追求其股东财富的最大化。

　　企业的财务目标没有时间性和地域性，属于普适性的企业财务目标。我国学界之所以长期以来在财务目标领域存在严重分歧，其实质乃是对这一问题的实质没有一个清晰的认识。尤其是利益相关者学说出现之后，很多人更是主张应当以该理论作为我国国有企业财务目标的理论基础，这事实上恰恰暴露出我国学术界对于公司财务问题认识肤浅这一现实。

　　对于一个企业而言，控股股东的改变可能会改变其公司治理的某些内容，会改变这个企业的管理战略，但企业源自股东而来、为股东利益的持续增加而存在的财务性质不会有丝毫改变。国有企业的财务目标必然是股东财富最大化，而且只能是股东财富最大化，这一点毋庸置疑！企业因股东的投资而生，也会因股东的抛弃而亡。没有股东利益焦点的企业，就是一辆毫无方向感的汽车，只会无序地移动，造成巨大的浪费。

　　在国有企业财务目标问题上，人们最常犯的一个错误就是，将国有企业与国家职能混淆在一起。与家族公司、公众持有公司相比较，国有企业显然会受到较多的政府的干预，这种干预可能是合理的，也可能是不合理的。但是，必须明确的是，财务目标是企业基本的治理目标，它与企业其他的目标是不一样的。即使一家企业承担着较多的社会责任，它的财务目标也依旧是股东财富的最大化，可能这种最大化的幅度与一般意义上的企业会有所区别。比如，有的国有企业仅仅是采纳了企业的这一组织形式，但其实质可能是为政府服务，满足某些特定的社会职能。在这种情况下，政府股东有可能不对这些企业提出报酬率要求，甚至允许其产生一定程度的财富损耗。这种情形的存在，显然也是基于政府股东的需求。当然，从公司财务的角度来讲，国有企业的这种非财务目标需要另行分析，不应与财务目标混在一起。这也是我国国有企业深化改革的一个重要内容。

　　前已论及，对于非上市国有企业来讲，最合理、最优秀的公司治理应当是政府股东只是通过报酬率要求对被投资企业进行资本成本约束，完全与被投资企业的治理行为脱钩，尤其是不干涉企业的生产经营运作。国有企业通过利润分红和可持续发展两种方式来满足政府股东对于企业的财务目标要求。

（三）国有企业的资本成本

　　作为国有企业的投资者——政府股东——的最天然、最基本的要求是满足其投资必要的报酬率。从本质上讲，企业的资本成本是投资者的要求报酬率。政府股东要求的报酬率，就是国有股权资本的资本成本！无论是站在政府的角度，还是站在国有企业理财的角度，国有企业的资本成本都是一个不容忽视的、直接关系到国企理财质量甚至国企改革成效的关键问题。

按照现代金融理论，投资者对于投资的期望是极为单纯的，就是能够获得与所承担风险相匹配的报酬率。虽然股权资本的投资者有个人投资者、家族投资者、机构投资者等等的划分，但他们在风险——收益权衡这一投资铁律面前，基本上是偏好一致的，没有重大的差异，换言之，投资者的其他特征基本上是被忽略不计的。

那么，政府股东的要求报酬率与其他性质的股东是不是有重大差异呢？从我国目前的情况来看，政府股东不是单纯的股东身份，往往兼顾着政府职能的发挥。尤其是在某些特定行业中，比如所谓的公益性企业中，政府可能会要求这些国有企业承担较多的社会责任，而这些社会责任的履行是以价值的非财务意义流出为代价的，无论是政府股东还是国有企业自身，在短期之内都不会产生明显的收益。

从历史上看，我国国有企业曾经有过一段相当长时期没有利润分红的历史。这就意味着政府股东对于被投资企业的要求报酬率为0。相反，如果国有企业将所有的利润完全上缴财政，那就意味着政府股东的要求分红比例为100%，国有企业的利润留存率为0。那么，这些情况是不是有一定的合理性呢？

政府股东要求报酬率为0，并不能简单地理解为政府股东对于被投资企业没有报酬率的要求，而可能是有着更加长远的战略考虑。在要求报酬率为0的情况下，可以有一种解释，就是投资者愿意放弃近期收益而着眼于未来的发展。对于国有企业而言，鉴于改革开放之初各种条件的欠缺，出于所谓的放水养鱼的考虑，政府股东采取了较为宽松的报酬率要求，甚至不惜放弃国企分红以促使其积累资本，谋求较快的增长。当然，这种解释是否与当时的政策制定依据吻合，则是另外一件事情。

与要求报酬率为0形成反差的则是100%的要求分红比例，这在国际上也并非鲜见。要求100%的分红率或者股利支付率，意味着公司将没有任何的利润留存，完全切断了内部股权融资的渠道。这与改革开放前的中国国有企业的利润分配制度是极为相似的。没有内部融资，企业将完全依赖于外部融资来解决企业的融资问题，比如通过财政拨款的方式或者银行贷款的方式向企业注入新的资本。一些国有企业、家族公司，甚至一些子公司来讲，实施此类全分派的股利政策，是将企业的融资政策完全掌控在股东或者上游公司的手中。

　　一般情况下，国有企业的分红比例肯定是介乎于 0～100%，这与政府股东的要求报酬率的高低是紧密相关的。

　　国有企业的资本成本既涉及国有企业的公司治理与财务行为，也事关国有资本的管控机制和投资效率，是一个较为复杂的研究领域。

（四）政府规制与资本成本

　　尽管政府股东等同于一般性质的股东，不以政府职能干扰被投资企业的各项政策，是被投资企业公司治理优化的重要前提条件之一，但客观而论，政府股东毕竟身兼政府投资的重任，在诸多方面与一般意义上的投资者有着重大差异。比如，政府股东的要求报酬率可以为 0，也可以极高，超过理性水平，但个人股票投资者绝对不可能产生这样的要求报酬率。再比如，对于某些特定行业来讲，政府有着监管的义务和责任。这种监管可以通过完全政府机制的途径进行，也可以通过投资者的身份来达到。此处谈到的政府规制就是指的后者。

　　伴随着我国国有企业改革的不断深入，国有经济布局结构调整路径日渐清晰，国有企业逐渐形成两种截然不同的类型：公益性国有企业和竞争性国有企业。"探索实行公益性和竞争性国有企业分类管理"① 是"十二五"时期我国国民经济和社会发展的重要任务。"公益性国企包括石油石化、电网、通信服务等领域央企，在地方包括供水、供气、污水处理、公共交通等方面的企业。"② 公益性国企在经营中存在不同程度的垄断因素，兼顾为社会服务和企业持续发展的双重目标，在国计民生中发挥着举足轻重的作用。公益性国企改革的路径与方向是我国下一步国企改革的重要内容与亟待解决的核心问题。

　　在我国，产权契约关系不完全、公司治理结构混乱等诸多原因使得公益性国企存在着生产经营成本过高、产品价格过高、对消费者和投资者利益的漠视与损害等多方面的缺陷与不足。提升此类企业的公司治理质量与经营绩效依赖于以下两个方面：一是要有科学合理的政府规制，以充分体现企业的社会公益特征；二是要明晰产权关系，强化治理机制建设，重视投资者利益保护，优化管理行为，提高企业综合竞争力。其中，政府规制的改革与完善，在我国显得尤为迫切和紧要。

---

　　① 转引自《我国国民经济和社会发展"十二五"规划纲要》第十一篇第四十五章第二节。

　　② "公益性国企"这一概念，目前尚无权威定义。本书在此引用的是 2011 年 12 月 10 日国务院国有资产监督管理委员会副主任邵宁在主题为"2012：制度进化与市场尊严"的"2011 中国企业领袖（第十届）年会"上的发言中所做的定义。

公益性国企的产业政策导向性强，其自然垄断与关系国计民生的重要特征决定企业产品或服务的定价机制不能简单地由市场决定，一般由政府实施规制。2000年以来，我国政府在一些公益性行业比如电信、输配电、石油、天然气、民航等启动了规制改革的尝试，为政府规制以及公益性国企深化改革奠定了基础。然而，目前我国的政府规制体系依然以行政管制为基本特征，既不利于此类企业公益性质的发挥，也不利于此类企业的可持续发展，亟待改革。

有别于一般的竞争性企业，在公益性国企身上其实承载着社会公益目标与企业财务目标双重目标。从该类企业的公益性质看，其产品或服务关系到国民经济的发展和人民生活的保障，价格的确定则是其实现社会公益目标的主要方式和途径。过高的价格必将减损消费者财富，与公益性企业的性质不符。因此，要维护社会和公众的共同利益，发挥企业的社会效益，公益性国企必须确定合理的产品或服务的价格，以满足消费者福利（社会财富）的需求。与此同时，不容忽视的一点是：享受政策与体制庇佑的公益性国企仍然具有一般企业的性质，企业财务目标——企业价值（股东财富）最大化是任何性质的企业都必须谋求实现的，否则将难以获得投资和经营所需的资本，企业必将难以为继。因此，公益性国企理应同时以消费者福利满足和企业价值最大化作为企业发展的终极目标，而政府规制无疑是推进这一终极目标实现的关键力量。

政府规制是政府权威在企业微观领域中的体现，是政府对企业行为的干预与约束。这种规制可能是反周期的（对宏观经济而言）甚至是反财务目标（对被规制企业而言）的，但是从规制的出发点与终极目标上来看，却是全面兼顾社会利益与企业价值的最佳结果，实现二者的均衡与双赢。

公正报酬率规制与价格上限规制是当前世界各国普遍采用的两种政府规制方法。[①] 在这两种规制方法中，资本成本都是极其关键的核心要素。公正报酬率规制是对企业投资者报酬率进行规制，可视为直接的资本成本规制。在价格上限规制中，预测未来3~5年的资本成本是西方规制者的通常做法，价格上限一旦难以实现资本成本所要求的现金流，企业将无从获得资本以维持基本的运营，因此价格上限规制可视为间接的资本成本规制。科学的政府规制行为必须通过同时满足消费者福利和企业价值最大化条件下的资本成本的估算来完成。在严格的政府

---

① 经济规制的核心内容是进入规制和价格规制，我们这里研究的只是政府经济规制中的价格规制。价格规制又包括公正报酬率规制（Fafr Rate of Retum Regulation）、价格上限规制（Price Cdp Regulation）、收入上限规制（Revenue Cap Regulation）、标尺竞争规制（Yardstick Regulation）、绩效标杆规制（Bench-marking Regulation）等。鉴于公正报酬率规制与价格上限规制是当前世界各国普遍采用的两种政府规制方法，这里仅就这两种方法予以简要分析。

规制之下，资本成本的确定实则是社会公益目标与企业财务目标平衡甚至博弈的结果，资本成本水平的高低直接关系到消费者福利的满足与规制企业未来的发展。资本成本的估算质量决定了政府规制的质量。

参考文献：

［1］López de Silanes F., La Porta R., Shleifer A., Vishny, R. Law and Finance ［J］. Journal of Political Economy, 1998, 106: 1113 – 1155.

［2］Leech D., Leahy J.. Ownership Structure, Control Type Classifications and the Performance of Large British Companies ［J］. The Economic Journal, 1991, 101 (409): 1418 – 1437.

［3］La Porta, R., López de Silanes F, Shleifer, A, Vishny, R. Corporate Ownership around the World ［J］. Journal of Finance, 1999, 54 (4): 471 – 518.

［4］刘芍佳，孙霈，刘乃全. 终极所有权、股权结构及公司绩效 ［J］. 经济研究，2003 (4): 51 – 61.

［5］夏立军，方轶强. 政府控制、治理环境与公司价值——来自中国证券市场的经验证据 ［J］. 经济研究，2003 (5): 46 – 51.

［6］叶勇，胡培，何伟. 上市公司终极控制权、股权结构及公司绩效 ［J］. 管理科学，2005 (4): 58 – 64.

［7］甄红线，史永东. 终极所有权结构研究——来自中国上市公司的经验数据 ［J］. 中国工业经济. 2008 (11): 108 – 118.

［8］何威风. 政府控股、控制层级与代理问题的实证研究 ［J］. 中国软科学，2009 (2): 107 – 114.

［9］刘星，安灵. 大股东控制、政府控制层级与公司价值创造 ［J］. 会计研究，2010 (1): 69 – 78.

第二章 资本成本、企业价值与经济附加值

对企业进行经济附加值（EVA）考核，是在价值管理模式之下对于企业绩效评价技术的一个重大进展。价值、企业价值以及价值管理，这既是经济学的重要概念，也是公司财务学的重要概念。围绕企业价值所展开的诸多研究极大地丰富了现代财务理论。在其他相关因素不变的情况下，未来时期经营活动现金流量越多，资本成本水平越低，企业价值就越大；而企业价值越大，在满足了债权人利益要求的基础上，股东财富最大化的实现也就越有保障。经济附加值指标正是一个充分考虑债权人和股东两类投资者报酬率要求的企业绩效评价指标，是对企业终极绩效——股东财富及其变化的评价。在经济附加值考核中，资本成本的估算无疑成为一个难以回避的、核心的技术难题。

一、现金流量、资本成本与价值创造

按照微观经济学的观点，所谓价值，是指未来现金流量的现值。随着资本预算中折现技术的运用，财务学家们也接受了关于价值的这一定义。具体言之，企业价值就是企业未来现金流量的现值。这一定义意味着：（1）企业价值是企业在其未来经营期间内所获得现金流量的函数。简言之，未来经营期间内的现金流量越多，企业价值越大；现金流量越少，企业价值越小。与销售额、利润额等表明企业绩效的会计数据相比，现金流量具有所指明确、计量单一的特征。因为销售额、利润额等是以权责发生制与历史成本制度为基础确认和计量的，在许多情况下，并不表明企业可支配资源的真实增加。它们的性质不符合财务决策对目标函数的要求。对于价值创造而言，现金流量是至关重要的。（2）除了现金流量以外，影响企业价值的另一重要因素是对未来现金流量进行折现的折现率，其实质就是企业的资本成本。这一折现率的高低，取决于各收益索偿权持有人（债权

人和股东）向企业投资提出的报酬率要求（债务资本要求报酬率和股权资本要求报酬率），进一步而言，是取决于投资风险大小，投资风险越大，资本成本越高；投资风险越小，资本成本越低。

企业价值概念已经成为现代公司财务理论的核心概念之一，对它的理解与运用在很大程度上将决定一个企业财务管理水平的高低。1958 年 MM 理论[1] 的提出奠定了现代企业价值理论的基础。从财务学研究的角度讲，人们需要对投资决策与企业价值之间的相关性、融资决策与企业价值之间的相关性以及股利政策与企业价值之间的相关性进行深入而全面地分析。而进行这种分析的前提和基础便是明了企业价值的性质。事实上，企业管理当局与投资者可以从不同的角度来认识和理解企业价值。正因如此，人们可以运用不同的方法来估算持续经营状态下的企业价值。

严谨的、现代意义上的企业价值理论源于 MM（1958）的资本结构理论的无税模型。MM 通过研究发现，在没有公司所得税和个人所得税的情况下，资本结构与企业价值无关。这项研究的最重大贡献在于首次清晰地揭示了资本结构、资本成本以及企业价值各概念之间的联系，为后续的一系列财务问题的研究奠定了扎实的理论基础与方法基础。

由于企业价值内在的丰富性及复杂性，人们可以通过不同的方面或角度来观察或控制企业价值及其最大化的形成过程。这对于最大程度地满足各类收益索偿权持有人的权益要求具有重要的意义。企业价值等式所反映的正是对企业价值进行观察的不同角度，较常见的主要有三种：市场定价、投资定价与现金流量定价。这三种企业价值等式实际上所传达的是同一个基本的财务理念——现金流量、资本成本与价值创造之间的内在联系。

（一）企业价值等式：市场定价

着眼于市场定价的企业价值等式又被称为价值派模型（Pic Model）。按照这一模型，企业价值是负债的市场价值与股权的市场价值之和。

从西方工业发达国家金融市场的发展过程来看，公司债市场的完善要晚于或依赖于股票市场的完善。但公司债市场却要比股票市场大得多，这就意味着公司债融资已经成为英美等发达国家企业融资的首选。与股票融资比较，公司债融资具有更加及时、方便、对公司治理影响较小等特征。但是由于历史的原因，公司债市场在我国并没有获得足够的发展，更没有成为我国企业重要的融资方式。公司债市场的发展与完善将成为我国下一时期金融市场建设的重要内容之一。

　　在美国，在柜台市场上进行交易的公司债的市场价值一般并不单独公开发布，但其中的主要信息可以在纽约股票交易市场信息的有关部分中找到。相对于股票价格的巨大波动而言，公司债由于其契约的巨大约束性，不会在短期内出现巨大的价格波动。投资者投资于公司债券前通常要对发行公司及其债券本身的信用情况进行分析，从而选择较为稳健的债券进行投资，以期望获得较为固定的、时期较长的稳定收入。这通常是债券投资者的基本思路。对于投资者而言，由于来自于公司债的现金流量是已知且固定的，那么，在没有利率风险和违约风险的情况下，公司债通常被视为是一种风险很小的投资。从公司债的市场价值来看，能够直接影响其波动的主要因素是金融市场利率，即利率的提高会导致公司债价值下跌，利率的降低会导致公司债市场价值上升。公司债的有效期一般为 10 年或 10 年以上，因此由于利率波动而导致公司债市场价值的波动是不可避免的。但公司债的市场价格无论怎样波动，它都有一个中心支撑线，即公司债的票面价值。

　　股票市场价值要比公司债市场价值复杂得多。早在 19 世纪末人们就已经开始关注股票价格的波动问题。然而直到 21 世纪的今天，人们对于股票价格波动的认识却依旧处在一个极其朴素的水平上。许多学说仍然是假设状态，比如有效市场假说。事实上，对于股票市场价格或者股票市场价值研究的不可尽美，正从一定程度上反映了股票市场之于整个国民经济发展的重大作用。

　　站在公司财务的角度，人们关于股票市场的基本观念就是：在一个有效的股票市场上，股票的价值取决于其未来时期的现金流量，股票价格的波动可以反映企业创造现金流量的实力。企业未来现金流量越多，越稳定，其股票价格也就越高。在这种情况下，股东财富最大化目标与企业价值最大化目标达到了协调与统一。市场定价与现金流量定价达到了统一。如果市场无效，这种统一就有可能被破坏。

　　从市场波动状况来看，对于边际投资者而言，如果其要求报酬率等于股票的期望报酬率（比如，用证券市场线确定的期望报酬率），或者如果股票的内在价值等于股票的实际价格，这就意味着股票市场达到了均衡。股票市场不均衡，势必产生股票的高估与低估，因而产生套利行为，即同时购入低估股票，卖出高估股票，在不增加任何风险的情况下，增加投资收益。套利行为的不断发生，促使着股票价格达到均衡状态。在均衡状态下，投资者不会买卖股票，而会持有股票。新的经济事项的发生会破坏股票市场原有的均衡，达到一种新的均衡。股票市场的均衡状态事实上是一个持续不断的过程。

　　综合上述，所谓企业价值的价值派模型，将人们的视线由企业自身转向了证券市场。事实上，投资者通过证券市场进行投资，同时也通过证券市场收回投资，并获得必要的报偿。因此，这一模型契合了投资者对企业价值的一种期望，即较高的企业价值应当带来较高的证券价格，创造较高的证券收益。简要而论，企业价值的价值派理论的重大贡献在于：（1）将证券市场的价格机制引入了企业价值的生成过程；（2）特别突出了债务资本投资者与股权资本投资者在整个企业价值生成过程中的不同作用。在经济金融化日益深化的现代社会中，价值派理论对于投资者而言具有很大的吸引力。但必须提出的是，价值派理论并没有告诉人们企业价值的真正的、终极的源泉到底在哪里。为了保障自己的利益不受到损害，投资者在关注证券市场的同时，也密切关注着企业自身的各种变化。在企业这个价值派中，属于普通股票投资者的那部分价值充满了风险和弹性。

价值派理论中还有一个基本假设，那就是投资者都是理性的、能够实现充分投资组合的投资者。对于股权资本投资者来讲，在股票市场上进行组合投资与在某一个实体公司中进行实物投资具有性质上的差异，但这种差异在财务分析中通常是被忽略的。

在其他因素不变的情况下，市场价值越大，表明股东财富的增加值就越大。正是为了从这个角度来评价企业的绩效水平，人们开发了许多与市场价值相关的指标，市账率就是其中的一个代表。市账率（M/B）是企业股权资本市场价值（M）与账面价值（B）的比值，市账率越高，表明投资者对于公司股票的认可度就越高，公司有一个较为理想的发展潜力。在其他因素不变的情况下，市场价值的高低与投资者的要求报酬率之间呈反比关系，即市场价值高，市账率高，表明投资者对公司有较好的预期，主观风险评价较小，要求报酬率就会降低；反之，市场价值低，市账率低，表明投资者对公司的预期较差，主观风险评价较大，要求报酬率就会提高。这与法玛和弗兰奇（Fama & French）的三因素模型中的价值因素考虑是完全一致的。但如果股票市场的效率较低，市场价值因素所反映的内容需要慎重对待。

关注市场价值是 20 世纪 80 年代之后绩效评价中的一个重大变化，这预示着股东财富的变化正在引起人们更多的关注。

（二）企业价值等式：投资定价

按照企业价值的价值派模型，公司债价值与股票价值尤其是后者决定了企业价值的大小。引申出去，通过不同的融资工具，甚至通过对公司证券进行纯属技术上的包装，就可以提高企业价值。MM（1958）的研究彻底推翻了这种观念。

MM 指出，企业价值乃至于这个企业所发行的所有证券的市场价值，完全是由企业的投资决策及其由此所决定的现金流创造能力和经营风险所决定的。换言之，决定企业价值的最根本因素是企业的资本投资决策。这就是投资定价的根本思路。按照投资定价观点，企业价值等于企业现有项目投资价值与新投资项目的价值之和。这里所谓的"投资"，主要是指资本投资，即资本预算中所分析评价的长期投资。对于一个拟建中的企业而言，所有的项目都是新项目。只有在所有的投资项目都能够带来足够的收益的情况下，企业价值才能获得增加。也只有使所有的投资项目收益实现了最大化，企业价值最大化目标方能实现。

按照资本预算理论，净现值（Net Presenl Value，NPV）法则被视为进行投资决策的基本法则。净现值等于 0，表明投资项目本身所带来的报酬水平与企业所要求的最低报酬水平即折现率（通常为加权平均资本成本）相等，满足了企业对资本投资的基本要求，因而可以采纳。净现值大于 0，表明投资项目的报酬水平不仅可以满足企业的最低报酬率要求，而且还可以带来超额利润，直接增加所有者财富。净现值的本质即是超额利润，净现值越大，表明超额利润越多。如果净现值小于 0，表明投资项目无法满足企业的最低报酬率要求，如果采纳这样的项目，不仅不能给企业带来新的价值，而且还会侵蚀掉一部分原来的价值以补偿负的净现值。

从技术上讲，净现值是折现现金流量模型（Diseounted Cash Flow Model，DCFM）的一个重要应用；但从原理上讲，净现值则是股东利益保护理念在投资决策中的应用。在净现值的计算中，有两个极为紧要的内容，一是预测投资有效期间各年现金流量；二是确定对各年现金流量进行折现计算的折现率，即资本成本。当然，由于资本投资的有效期都是有限的，比如 10 年或 20 年，因而有关现金流量与折现率的预测比较企业价值估价时要容易得多，但两者并没有本质的区别。

在一个时点上看，企业价值是由各个业已投资项目的价值所构成的；在一个连续的时期上看，企业价值则是由不断的各个投资项目的价值所构成的。这些投资之间或重叠、或平行，但它们的共同特点都是提供现金流量，决定企业价值的经营活动所带来的自由现金流量是企业内部各个投资项目共同作用的结果。一个企业，尤其是一个创业伊始的小型企业，事实上就是一个投资项目，这一项目所带来的现金流量就是整个企业的现金流量，这一项目的风险就是整个企业的风险，因而这个项目的价值就是整个企业的价值。但随着规模的扩张，企业不断地在原有投资项目的基础上进行新项目的投资。新项目无论与原有项目具有多大的相关性，采纳它的必要条件便是能够给企业带来足够多的现金流量，这里的"足够多"意为将这些现金流量折现后的现值足以弥补投资的成本，这里的投资成本包括投资的回收以及投资报酬率的实现。

　　必须说明的是，资本预算中的现金流量与企业价值估价中的现金流量并不完全相同。资本投资项目现金流量的预测和计算关注的是项目投产后将会给企业带来的现金流量的影响；企业价值估价中计算现金流量，关注的是可向企业所有者如普通股东自由支付的现金流量，即所谓的自由现金流量。毫无疑问，投资项目所带来的现金流量是不断增加自由现金流量的基础。换言之，所有的自由现金流量都源自于投资项目所带来的现金流量。因而，资本投资决策是决定企业价值的根本因素。这正是 MM（1958）的基本思想。

　　资本预算理论与技术一般是针对传统行业，尤其是机械制造业。在这些行业里，固定资产投资具有投资额巨大、回收时间长等特征，对于企业的发展方向及其未来绩效具有决定性的影响。所谓资本投资，大多就是以此类长期资本资产为实物依托的投资。此类投资所创造的现金流量及其风险水平也在客观上决定了一个企业的价值。但最近数十年以来，知识经济发展迅速，各种知识型企业大量涌现，甚至主导了整个经济系统的发展。在知识型企业中，传统意义上的固定资产投资不再是企业投资的主体内容，更多的投资是用在了人力和知识产权上。如何对知识型、高风险企业的投资行为进行分析和评价，已经成为现代公司财务理论研究的重大课题之一。简要而论，在知识型企业中，应当按照"项目"为单位进行绩效评价。这里的"项目"可以从不同的角度进行定义，借以满足社会发展各个方面对于现代知识的需求。人力投资的价值一般也要通过项目研究和实施的方式来体现，很难独立地、单独地进行分析。在很多情况下，"项目"和企业的"订单"可能是一致的。

（三）企业价值等式：现金流量定价

　　所谓现金流量定价，就是将折现现金流量模型应用于企业价值的估价。折现现金流量模型是一个基本的现代公司财务方法，在公司财务领域有着广泛的应用。企业价值是未来时期内期望现金流量按照加权平均资本成本进行折现的现值之和：

$$V^F = \sum_{t=1}^{\infty} \frac{FCF_t}{(1+r)^t}$$

　　对企业价值进行现金流量的预测，必须解决如下两个问题：（1）经营活动创造现金流量。现金流量的预测绝对不是简单的估计，其实质乃是对企业未来经营活动创造现金流量的一个科学合理的规划。这种规划与公司发展愿景和公司战略紧密相关。同样性质、规模的企业，公司战略不同，管理水平不同，创造的现金流量就会有重大差异。现金流量的规划应当对这些因素予以详尽考虑。（2）经营活动创造现金流量的风险程度。现金流量的风险程度从根本上决定了企业资本成本水平的高低，风险程度越高，资本成本就越高。但从目前的文献来看，如何评价经营活动现金流量的风险并在此基础上确定资本成本，并没有学术上的支持，人们往往是利用各种经验式的方法来做这方面的工作。

企业价值最大化依赖于两个基本要素：一个是经营活动现金流量最多，一个是企业的资本成本水平最低。这也成为实施价值管理的两个基本点。

从形式上看，这一企业价值等式将反映未来收益的自由现金流量与反映风险程度的折现率有机地联系在一起。更深一步讲，现金流量定价等式很好地体现了企业价值的性质：企业价值从本质上反映了投资者对企业现金流量索偿权的大小。企业之所以存在就是由于它对投资者是有价值的，而这种价值刚好体现在企业能够向其投资者提供足够多的现金流量上。现金流量是企业价值的根源，这是一种客观存在；但现金流量的量，进而企业价值的量，在很多情况下却充满了不确定性，即风险。与这种风险程度直接相关的就是投资者要求的报酬率，现金流量折现时的折现率——资本成本。现金流量的不确定性越大，投资者承担的风险程度也就越大，其要求获得的补偿（风险补偿）也就越高，折现率越高，企业价值越低。因此，在"现金流量不确定性—风险水平—要求的报酬率—折现率—企业价值"链条中，风险程度的识别以及与之相应的报酬率的要求，成为企业价值评估的核心。可以看出，现金流量，进而企业价值，实质上是一个具有主观因素的数据，它取决于人们对于未来不确定性——风险程度的判断与把握。

从性质上看，唯有企业的经营活动所创造的现金流量才构成为企业价值，这是企业价值概念的实质内容，也是价值管理中首先要明确的。分辨清楚创造企业价值的经营活动的现金流量及其现值，并进一步深入了解其创造机理，是保证价值管理科学性的基本前提。

企业的发展有两条途径：一个是通过企业内部的资本投资，另一个则是通过外部的兼并收购等行为。内部有效的资本投资的基本条件就是能够创造超过资本成本的报酬率水平，只有这样，投资项目所创造的现金流量才能够在满足股东财富增加的同时，不断地扩大企业规模，为后续现金流量的增加创造条件。外部的兼并与收购实则是对内部资本投资的一种替代。在投资项目未来现金流量及其风险既定的情况下，当兼并收购所需要的现金流出低于内部资本投资的现金流出的时候，可以通过兼并收购来实现企业的扩张。但需要明确的是，在企业价值估价当中，唯一能够创造企业价值的现金流量只能是经营活动所创造的现金流量，其他任何形式的现金流量都不应与此相混淆。比如抵税所带来的现金流出的减少，兼并收购所节省的现金流出等等，都不应混同于一般的经营活动现金流量。

在上述三个企业价值等式中，折现现金流量模型是评估企业价值的最为科学的一种方法，估价方法与企业价值概念实现了根本的统一。投资定价等式，究其根本，与现金流定价的本质是相同的，在企业初创时期，即不存在现有投资项目的情况下，新投资项目形成的资产价值，即为企业价值，与折现现金流量模型的评估原理完全一致。而当企业追加投资时，只不过是在现有资产价值的基础上，按照折现现金流量模型的思路考虑新项目所增加的那些现金流量的现值。因此，折现现金流量模型是投资定价模型的更一般表述。价值派模型是将企业价值之饼划分为股权价值与债务价值两部分，而这两部分价值的计算仍然要应用折现现金流量模型，只是债务价值的现金流比股权价值的现金流风险程度小，进而使得学术界将研究的重点更多地转移至股权价值的评估。

二、基于价值的管理模式

20 世纪 90 年代中期以来，以企业价值为基础的企业管理模式逐渐受到西方企业界的认可和推崇。事实已经证明，采用这一极具科学前沿意义的新的企业管理模式，对于优化企业的管理行为，保障企业的长远可持续发展具有十分重大的意义。基于价值的企业管理模式（Value Based Mmlagement，VBM）引发了企业管理领域中影响深刻的一场革命。① 因为无论是从理念上，还是在技术上，这一新的企业管理模式均与以往有着根本性的区别。重视现金流量，重视资本成本，重视预算控制，是基于价值的企业管理模式的几个重要特征。在这一新的企业管理模式中，理财行为真正成为所有企业管理活动的核心，并从根本上决定着一个

---

① 传统的企业管理是基于行为控制的企业管理，通过对供产销等各个阶段的管控，提高行为效率与质量，达到企业绩效提高的目的。这种管理方式后来逐渐地落脚到生产成本的降低之上，即通过提高行为效率，最大程度地降低生产成本，提高利润水平。基于价值的企业管理则将管理的着眼点落到价值的创造之上，能够实现价值最大化的管理方是最优秀的管理。一些的生产经营行为、管理行为都为价值的创造服务，价值创造成为企业管理中的至高理念。VBM 管理模式的出现与生产经营技术进入成熟期有着紧密的关系，在这种情形之下，人们没有必要再将眼光紧盯着技术问题。同时，VBM 管理模式的出现并不断普及，也与人们对于企业性质的深入理解密不可分。企业不再是一个传统意义上的生产经营单位，而是一个价值创造的完整系统。理解并接受这一革命性的企业管理模式，将是我国企业界面临的一个艰巨挑战。如果适应不了，这一挑战，我国企业在国际上的竞争力将无从谈起。

企业管理素质的高低。

（一）"基于价值的企业管理（VBM）"之概念分析

企业管理是一个历史的概念，其内容、其原则、其方法无不印有明显的历史的烙印。在不同的历史发展时期，企业管理的着眼点各不相同，甚至对企业发展的影响力也会有所不同。人们对于企业及其管理的认识也有一个逐渐变革的过程。早期的企业管理着眼于分工及其协作，通过科学的分工达到提高生产效率的目标，从而最大幅度地提高产量，这为巨型公司的发展奠定了生产基础。随着技术在生产过程中作用的加强，技术管理逐渐成为企业管理中的核心内容，与技术革新相关的一些因素比如人力资源、无形资产等逐渐受到重视。从注重实物管理过渡到重视营销管理，这是企业管理理念中的一大变革。没有一流的营销，现金流量的实现将受到很大的阻碍。价值观念的备受重视，意味着企业管理又开始了一场新的革命。

尽管在 18 世纪晚期朦胧的价值管理已经出现，但人们真正高度关注企业价值还是最近二三十年的事情。拉帕波特（Rappaport, 1986）提出了著名的"创造股东价值"的思想；[2]麦克塔格特等（McTaggalt et al., 1994）首次提出 VBM 概念。[3]自此，基于股东的视角，创造更多企业价值的理念逐渐根植于学术研究领域与企业管理战略之中。

价值管理的实质就是对于股东财富的追求；而企业实现股东财富最大化理财目标的理念基础是股东利益保护与资本成本，技术基础就是价值管理。

很多学者和咨询公司都给出了 VBM 的定义，根据埃米尔斯等（Ameels et al.,2002）的分析，VBM 可按照以下三类视角进行定义：[4]

1. 根据 VBM 的结果来定义

班尼斯特和杰苏萨桑（Bannister & Jesuthasan, 1997）认为，VBM 是基于所有上市公司的核心目标都是股东价值最大化的，它为公司提供了一种合乎逻辑的、系统的提高股东价值的追求方法。[5]郎特（Ronte, 1998）认为，VBM 是一个管理框架。该框架可用于计量业绩，更重要的是用于控制公司业务，从而为股东创造出较高的长期价值并满足资本市场和产品市场的要求。[6]克里斯托弗和里亚尔（Christopher & Ryals, 1999）认为，VBM 是一种新的管理方法，它关注于真正的价值而非账面利润，只有当公司收入在弥补了投资人的全部成本之后仍有剩余，公司才创造了真正的价值。[7]西姆斯（Simms, 2001）认为，VBM 从本质上来说是一种管理方法，其推动哲学是通过产生超过资本成本的收益来最大化股东的价值。[8]

2. 根据 VBM 的过程来定义

布洛斯等（Boulos et al., 2001）认为，VBM 是一种全面的管理手段，它包含了重新定义的目标、重新设计的结构和体系、更新了的战略和经营程序以及修订了的人力资源实践。VBM 不是一个速成的方案，而是一条需要坚持和投入的道路。[9]

3. 根据 VBM 的过程和成果来定义

阿诺德（Arnold, 1998）认为，VBM 是一种管理方法，其主要目的是最大化股东的财富。公司的目标、体制、战略、分析技术、业绩计量和文化都紧紧地围绕着股东财富最大化这一目标而展开。[10]布莱克等（Black et al., 1998）认为，VBM 结合了战略、政策、业绩、评价、报酬、组织、程序、人员以及整个系统，来实现增加的股东价值。[11]毕马威管理咨询公司（KPMG Consulting, 1999）界定，VBM 是一种以股东价值创造为公司哲学的核心的管理方法。最大化股东财富引导着公司的战略、结构和程序，并决定管理者的报酬方式和业绩的监控方法。[12]马丁和佩蒂（Martin & Petty, 2000）提出，VBM 的根本原则是公司价值的折现现金流模式，它不仅仅是一个业绩考核系统，而是将业绩与补偿紧紧地结合在一起。因此创造股东价值的衡量和奖赏行为是否将最终导致更大的股东价值是VBM 的基本指导原则。[13]

从上述以价值为基础的管理的定义中，我们不难发现 VBM 管理模式具有以下的特点：（1）VBM 是一种管理方法，或是一个管理控制系统；（2）VBM 的核心是价值创造，其目的就是要更好地进行价值创造，实现股东财富的最大化；（3）VBM 中的价值，不是会计上的账面价值，而是一种经济价值。从技术上讲，这是基于现金流量创造的企业价值。

综上，所谓基于价值的企业管理（VBM），是以企业价值最大化观念为先导、以折现现金流量模型（DCFM）为基本技术支持的、汇合企业内部各层次、各环节、各种雇员共同参与的一个管理系统。该管理系统融预期、计量、控制、激励甚至于文化等诸要素于一体，是经济金融化环境下企业管理发展的一个必然趋势。

价值管理首先是一个观念问题，最为核心的观念一是现金流量，二是资本成本。深刻地理解这两个核心观念对于准确地理解价值及其管理具有重要的意义。

（二）基于价值的企业管理的实施

VBM 是从根本上对所谓"现代企业管理"的一种革新。科普兰等（1997）指出，"以价值为基础的管理与 20 世纪 60 年代的计划制度风格有很大不同。它不是一个驱动工作人员的过程，而是强调在组织的各个层面上做出更好的决策。它承认自上而下的指令加控制式的决策过程效果不佳，在经营多种业务的大公司中尤其明显。因此，一线经理必须学会运用以价值为基础的绩效标准，以做出更好的决策。它需要在损益表外，还要管理资产负债表，并平衡长期和短期考虑。"[14]

我国企业管理由于历史方面的原因，一直处在一种较低的层面上，粗放式管理、经验式管理长期以来始终在大行其道。改革开放之后，我国企业界尽管也在不断地引进西方先进的管理经验以改善我们自己的管理行为，但这种学习和借鉴，基本上停留在对某些管理技巧、管理经验的学习和运用上，彻底的、系统的、带有革命意义的企业管理改革始终没有在我国企业中出现。一个极为核心的问题就是，至今我国企业的董事会、管理高层对于相对于投资者尤其是股东所应当承担的责任并没有清晰的认识，股东财富最大化的科学理念也没有真正地树立起来。只有明确了代理责任的企业，才有可能实施科学的价值管理。从这个意义上讲，观念的进步比技术的进步要重要得多。实施 VBM，可谓我国企业界提升管理质量的一次极佳的机遇。如果我国企业误过了这次已经驶出的企业管理革命的世界列车，我国企业管理的落后局面将极难扭转。

实施基于价值的企业管理模式，必须在以下几个方面做出努力：

1. 强化资本成本、企业价值、股东财富等科学理财观念，促进企业文化的进步

实施 VBM 模式关键在于基本理念的变革，没有科学的财务观念的建设和积淀，是不可能实现高质量的价值管理的。因为价值管理，不是一种单纯的技术上的改变，也不是企业内部某一个或某几个环节的改变，而是牵扯到企业整体的一种根本性的改变。实施完整的 VBM，是一场企业管理的革命。

首先，公司董事会和管理高层应当树立起科学的价值管理理念，对股东财富、资本成本、价值估价等概念和方法有一个深刻的认识，并希望将这种科学的理念贯穿到企业生产经营的各个环节、各个方面。董事会成员和高层管理者应当清晰地认识到，企业的发展依赖于足够数量的现金流量的创造，依赖于对企业各

种风险的有效控制，同时，也依赖于对于投资者利益的良好保护。

其次，在财务决策过程中，尤其是在投资决策和融资决策过程中，应当把企业价值的创造放在第一位。只有能够创造最大企业价值的财务决策和理财行为，才是最好的财务决策和理财行为，也只有这样，股东财富才能够得以不断地增加。没有价值观念的理财行为是盲目的，必须予以杜绝。

最后，VBM 是一个事关各个环节、各个方面的综合的管理工程，必须从"全面管理"的角度来实施。通过价值创造的链条，将企业的供应、生产、营销、理财等诸多环节和方面有机地结合起来。让企业内部的每一个人都认识到他或她对于整个企业价值创造的重要性。失去了任何一个环节或方面的努力工作和配合，价值最大化目标都无从实现。

从中国企业界的现状来看，不具备科学的财务理念比如资本成本、股东财富等理念是制约管理质量提升的最基本因素。而这些理念的培育与健全往往是一个较为长期的过程，很难一蹴而就。比如，即使是在财务管理水平较高的美国，最近 20 年以来在企业界出现的一些新现象，使人感觉到财务理论与财务实践之间的差距是逐渐地被缩短的，且这种缩短呈现一种加速度的现象。我国企业的情形显然要悲观得多。可以现象的是，伴随着 MBA 教育、公司财务教育的不断发展，公司财务管理人员的理论素养必将越来越高，这对于完善科学理念、优化财务行为，将产生极为有益的影响。

2. 明确企业价值的驱动因素，保障企业价值的最大化

按照折现现金流量（DCF）理论和模型，企业价值的大小取决于以下三个重要因素：（1）未来时期经营活动所创造的现金流量，现金流量越多，企业价值越大；（2）企业的资本成本水平，现金流量的风险越大，资本成本越高，企业价值就越小；（3）企业创造必要现金流量的时期的长短，创造现金流量的时期越长，企业价值越大。具体言之，现金流量、资本成本与发展时间成为决定企业价值的三个重要因素。

对于决定企业价值的核心因素进行科学、合理、严密的规划和控制，是实施价值管理、实现价值最大化的基本路径。董事会和管理者应当对于这一价值创造的整个过程及其影响因素有一个极为清晰的了解，他们应当知道：现金流量取决于有效的资本投资决策，企业有无更好的投资机会可供发掘和利用，从而获取更多的、更稳定的现金流量？在未来的发展环境之下，影响企业经营活动现金流量的稳定性的主要因素是什么？能否予以合理规避或者利用？企业能否在一个较长的时期内，保持足够强大的竞争力，以确保现金流量创造的持续性？

最大程度地增加经营活动现金流量是价值管理中的重中之重。从某种意义上讲，所谓的企业价值最大化就是经营活动现金流量的最大化。现金流量因而成为企业财务决策过程中的核心决策因素。在一切理财活动中，"现金流量至高无上"已经成为一个重要的财务定律。在价值管理过程中，不仅要最大化现金流量，而且还要在现金流量持续增加的同时，通过高效率的营运资本控制，加速现金流的流转速度，在流动中创造更多的价值。

在价值创造过程中，除了现金流量这一决定性因素之外，投资者的报酬率要求也是一个不容忽视的重要因素。按照传统的会计计量方法，只有债权人的报酬比如利息处于计量范围之内，而股东的报酬是不予以计量的。但在价值管理模式下，无论是债权人的报酬还是股东的报酬，都应当作为投资者的报酬予以估算，并以现金流的方式对他们的报酬要求予以满足。

客观而论，VBM 作为一种管理模式，首先是一种顶层设计，要求董事会与管理高层对此有一个深入的、科学的了解。具体到企业生产经营的各个具体环节，其行为的效率追求仍然是非常重要的。价值管理很难做到"全员管理"的状态，强行地在企业的各个环节推行价值管理，片面地将价值创造分解到人，其结果极有可能葬送掉这一管理模式的优势，难以获得理想的效果。

3. 完善企业绩效评价方法

不同的管理模式，会产生不同的绩效评价原则和方法。在董事会成员、管理高层和投资者的眼中，什么样的企业是好企业，什么样的企业是坏企业，很长时期以来，这并非一个有清晰答案的问题。在很长的时期内，人们对于如何评价企业的绩效这一问题并没有取得共识。通过本书第一章的分析，我们已经清晰地认识到，企业绩效评价的终极目标是实现股东财富最大化。因此，企业绩效评价方法的科学与否从根本上取决于能否实现股东财富最大化这一目标。

股东财富的增加及其最大化的实现依赖于企业持续不断现金流的产生以及恰当的风险控制。换言之，企业价值最大化是股东财富最大化理财目标实现的前提和基础。"企业价值最大化"与"股东财富最大化"两种提法，虽然用词不同，但其内含是完全相同的。按照"馅饼理论（Pie Theory）"，人们把企业看成一个馅饼，这个饼的大小就是企业价值。而有权力分享这一馅饼的只有两类人：一类在前，即受到法律保护的债权人投资者；另一类在后，即企业剩余收益的分享者即股东。由于债权人的报酬是既定的，因此，馅饼做得越大，企业价值越大，股东的财富也就越大。

必须强调的是，"企业价值最大化"与其说是一种理财目标，远不如说是一种企业管理模式。按照这一模式，即所谓的 VBM，董事会与管理层关注于未来时期企业经营活动现金流量的创造，关注于现金流量的风险的控制，以图创造更多的企业价值，确保股东财富最大化理财目标的顺利实现。

依据上述逻辑推理，能够实现价值最大化的企业就是好企业，这样的企业可以有效地保护股东利益，顺利地实现股东财富最大化目标，否则，不能实现价值最大化的企业就是坏企业，这样的企业无法实现对股东利益的保护，会侵蚀股东的财富。这种思路成为人们评价企业绩效的重要基础。

经济附加值（EVA）正是 VBM 管理模式之下的一种科学、有效的绩效评价方法。但是，必须说明的是，经济附加值指标依然是基于传统的财务会计技术之上的一种绩效评价方法。具体讲，财务会计所反映的生产经营绩效水平从根本上决定了经济附加值的高低，这是一个显而易见的道理。

三、自由现金流量与企业价值

在企业价值的估价过程中，自由现金流量（Free Cash Flow，FCF）是一个极为关键的概念。

詹森（Jenson）教授在研究代理冲突的时候论及自由现金流量概念。[①] 按照他的定义，所谓自由现金流量是指在满足全部净现值为正的项目之后的剩余现金流量；如果企业的目标为追求企业价值最大化的话，这种自由现金流量必须支付给企业的股东。自由现金流量越大，企业价值越大，股东财富也越大。根据自由现金流量的定义，简单地根据其数额的多少或者正负来判断绩效是不合适的。比如，负值的自由现金流量可能是资本投资数量较多的缘故，这将通过增加未来时期现金流量以实现企业价值的最大化，是企业综合财务决策的结果，而不应当被认为是绩效不佳的表现。相反，过多的自由现金流量则可能存在两种可能：一个是企业投资机会的减少，一个是留存于企业内部的现金过多，容易造成资金的浪费，减损股东利益。从动态上来看，自由现金流量的数额应当为 O，即在满足了企业内部资本投资需求之后，所有剩余的现金应当完全地分派给投资者，实现企业价值与股东价值的共同增加。

---

① Jensen. Michacl C.：Agency Costs of Frcc Cash FloW, Corporate Financc, and Takeovcn, American Economic Rcvicw, 1986, 76（2）：323 – 329. 在文中，詹森教授认为，所谓自由现金流量是超过所有根据相关资本成本折现后有正值净现值的项目投资所需要资金的那一部分现金流量。在自由现金流量问题上，关键的是如何激励管理当局将这部分资金分派给股东，防止进行负值净现值项目的投资或者资金的滥用。

　　自由现金流量已经成为现代理财学中的一个重要概念。它可以对许多财务现象做出解释，比如对股利问题的解释。对于那些自由现金流量为正值的企业，按照自由现金流量理论可以解释股利支付率的未预见到的提高会提高公司的股票价格；相反，未预见到的股利支付率的下降会降低公司的股票价格。另外，为了对公司管理人员的行为进行约束，最大限度地减缓代理冲突，许多学者认为金额为0的自由现金流量才是最合理的。其基本理念是，掌握在管理者手中的现金存量越多，管理者据其进行不合理行为的可能性越大，公司所有者利益受损的可能性也就越大。因此，管理当局应当将企业在生产经营过程中所创造的所有的超过经营活动需要以外的现金流量即企业自由现金流量完全分派给所有者比如公司普通股股东。这是一个极其重要的财务思想，可惜尚没有引起我国理财学界、企业界的重视。

　　具体而论，自由现金流量即是扣除营运资本投资与资本投资之后的经营活动所带来的现金流量。自由现金流量的所谓"自由"即体现为管理当局可以在不影响企业持续增长的前提下，将这部分现金流量自由地分派给企业的所有的索偿权持有人，包括短期、长期债权人以及股权持有人等。从现金流量的角度来讲，股东与债权人没有性质上的差异，存在的只是索偿权支付的顺序上的差异。这里经营活动所带来的现金流量应当是利息之前、纳税之后的现金流量。换言之，在计算自由现金流量的时候，负债的利息费用不应作为扣除项，而扣除的纳税额反映的是企业在没有利息扣除情况下的支付额。

（一）股权投资者现金流量

　　股权投资者即企业的普通股东，是企业剩余收益索偿权的持有人。企业在支付了经营费用、债务利息和本金、资本投资之后如果仍有剩余现金，在性质上讲，即属于股权投资者的现金流量。

　　对于无负债企业而言，由于没有负债，因而也就没有了利息和本金。企业投资及经营所需的全部现金均由股权资本来满足。

营业收入 - 营业费用

= 利息、税与折旧前盈利（EBDIT）- 折旧

= 纳税付息前盈利（EBIT）- 所得税

= 净收益 + 折旧

= 经营活动带来的现金流量 - 资本支出 - 营运资本变动

= 股权投资者自由现金流量

　　从以上计算中不难看出，属于股权投资者的自由现金流量是在满足了企业的所有财务需求之后的剩余现金流量。如果为正值，管理当局可将此现金流量以股利的方式支付给股东；如果为负值，则为了维持企业的持续增长，必须发行新的股权资本。

　　折旧（还有摊销费用）属于抵税费用，同时，也属于非现金费用。这些费用的金额越大，给企业所带来的抵税收益（现金流入）越多。因为抵税收益等于折旧或摊销金额乘以企业所得税税率之积。企业的自动化程度越大，固定资产投资越多，折旧费用就越多，其给企业所带来的抵税收益也就越多。

　　资本支出即资本预算支出，是企业为了维持或扩展其经营活动必须安排的固定资产投资。通常情况下，企业经营活动所带来的现金流量应当首先满足资本支出的需求。在有剩余的情况下，才以股利的方式支付给普通股股东。这即是所谓的"剩余股利政策"。企业的持续增长依赖于不断增加的资本支出，这是一个普遍的规律。在现金流量预测中，这种增长是不容忽视的一个重大问题。另外，在许多现金流量预测过程中，人们常假设各期资本支出与各期的折旧额相等。事实上，资本支出与折旧额两者之间的关系是极为复杂的。比如，在高速增长期，资本支出通常要大于其折旧额，而在固定增长期，两者之间的差距一般不会太大。因此，人们便假设那些稳定增长企业的折旧与资本支出两者相等，进而大大简化了财务估价工作。

　　在现金流量分析中，营运资本通常是指企业流动资产与流动负债的差额，即一般所谓的"净营运资本"。从现金流量的角度来看，营运资本的需求意味着现金的运用，因而，营运资本的增加即为现金流出，营运资本的减少则为现金流入。营运资本需求的增加与资本支出成一定程度的正比例关系，同时也减少了可向股东自由支付的现金流量。按照会计学的定义，营运资本中的流动资产包括现金在内，因为营运资本的增加是企业中现金积累的结果而非现金向企业的流出。企业的性质不同，所需营运资本的数量就不同。比如零售企业所需营运资本的比重会超过一般的制造业企业。另外，营运资本的变动与企业的增长率也密切相关，高增长率企业通常需要更多的营运资本。

　　对于有负债企业而言，除了上述的现金流出之外，还会有一部分现金流量用于支付利息和偿还本金。

营业收入 − 营业费用

= 利息、税与折旧前盈利（EBIT）− 折旧与摊销

= 纳税付息前盈利（EBIT）− 利息费用

= 税前盈利 − 所得税

$$= 净收益 + 折旧$$

$$= 经营活动带来的现金流量 - 资本支出 - 营运资本变动$$

$$- 偿还本金 + 发行新负债进款$$

$$= 股权投资者自由现金流量$$

（二）企业现金流量

企业经营所需资金是由企业的各类收益索偿权持有人来提供的，既包括股权资本投资者，也包括债权人和优先股持有人。那么，经过经营所获得的企业自由现金流量也应当支付给企业全部的索偿权持有人，而绝不仅仅是普通股股东。即：

$$企业 = 股权资本投资者 + 债权人 + 优先股股东$$

属于企业的自由现金流量是经营费用和所得税后，向各类收益索偿权持有人支付前的现金流量，即：

$$企业自由现金流量 = 股权投资者自由现金流量 + 利息费用$$

$$+ 偿还本金 - 发行新债 + 优先股股利$$

其中，利息费用（1 - 所得税税率）+ 偿还本金一发行新债 = 属于债权人的现金流量，优先股股利是属于优先股股东的现金流量。

企业自由现金流量也可按下式进行计算：

$$企业自由现金流量 = 纳税付息前盈利（1 - 所得税税率）$$

$$+ 折旧一资本支出一营运资本变动（需求）$$

企业自由现金流量通常高于有负债企业的股权投资者现金流量，而等于无负债企业的股权资本投资者现金流量。

企业自由现金流量为债务支付前的现金流量，因此它不受企业运用负债数额大小的影响。但这并不意味着由企业自由现金流量贴现而得的企业价值与负债金额没有关联。因为过高的负债会导致企业加权资本成本的提高，从而引起企业价值的变动。

（三）经营活动带来现金流量的计算

无论是股权投资者现金流量的计算，还是企业现金流量的计算，经营活动所带来现金流量的多少都是一个至关重要的因素。从某种意义上讲，企业价值就取决于企业在未来时期内经营活动所带来的现金流量。

在企业价值评估过程中，经营活动所带来的现金流量的计算与各类不同性质的投资者的划分比如股东或者债权人没有关系。因为无论是股东还是债权人，他们都向企业提供了资金，都是企业的投资者，同时也都有权利从企业获取一定数额的报酬。在现金流量之于企业的意义上，他们之间没有差异。在财务估价人员的眼里，向债权人支付利息与向股东支付股利也没有差异。只有既满足了股东对股利的最大要求，也满足了债权人对利息、本金的最大要求的时候，企业价值才意味着实现了最大化。因此，在营业费用的计算中，利息并不考虑在内，因而也就不从现金流量中扣除。税后但利息前的经营活动现金流量既可以向债权人支付（利息）也可以向股东支付（股利）。在计算营业活动现金流量的应纳税金的时候，利息无需考虑。由利息费用所带来的抵税收益通常反映在加权平均资本成本的计算中。

经营活动所带来的现金流量可按下式计算：

$$经营活动现金流量 = 营业收入 - 折旧前营业费用 - 所得税$$
$$= EBDIT - 所得税$$
$$= EBDIT - t (EBDIT - TDEP)$$
$$= (1 - t) EBDIT + t \times TDEP$$

式中：EBDIT = 利息、税与折旧前盈利；TDEP = 计算所得税时的折旧；t = 所得税税率

经营活动现金流量也可表达为其他的形式，首先：

$$EBIT = EBDIT - DEP$$

式中：DEP = 向股东报告的账面折旧；EBIT = 纳税付息前利润

将后式代入前式可得：

$$经营活动现金流量 = (1 - t) EBIT + DEP + t (TDEP - DEP)$$

在这个公式中将账面折旧额加回到税后 EBIT 之中。但与此同时，对税单折旧与会计折旧之间的差异需要进行所得税的调整。如果税单折旧与会计折旧相等，则：

$$经营活动现金流量 = (1 - t) EBIT + DEP$$
$$= 净收益 + 折旧$$

这是一个较常运用的计算经营活动带来现金流量的公式。事实上，运用这一公式与运用前面的两个公式所得的结果应当是相同的。关键在于采用数据的方便程度以及是否符合必要的条件（比如，税单折旧与会计折旧是否相等）。将经营活动带来的现金流量定义为企业的税后利润与折旧额之和，大大方便了估价人员以及分析人员对经营活动现金流量的理解与计算。但需要注意的是，这里的税后

利润并非真正意义上的会计利润，因为利息因素没有考虑在内。另外，在以上的公式中，事实上是假设所有的营业收入和费用（折旧除外）均是以现金额为基础的。

四、资本成本与经济附加值

"企业价值就是指企业未来现金流量的现值"这一定义表明，企业价值最大化是一个具有前瞻性、复合性和实在性的企业目标函数。所谓前瞻性，是指企业价值及其最大化是着眼于未来时期的财富创造与分配的一个概念，而不是一个历史的概念。这种前瞻性一方面延续了企业截止到目前所拥有的有助于可持续发展的一切特征，同时，或者更重要的是，也隐含着企业管理当局对于未来发展的控制实力。这种控制实力越雄厚，企业价值最大化实现的可能性也就越大。所谓复合性，是指企业价值概念涵盖了一些极其重要的概念，比如现金流量、风险、可持续发展等等。追求企业价值最大化，必须科学地协调与权衡这些因素。例如，如果不顾及风险程度，单纯地追求现金流量的最大，势必会带来一些极其严重的问题（风险增大会加大投资者要求的报酬水平），其结果不仅无法实现企业价值最大化（折现率过高会降低企业价值），严重者甚至会造成企业的破产倒闭。所谓实在性，是指企业价值对于企业的各类投资者而言，是实实在在的现金流量，而不是观念上或者人为可控的什么东西，这是现金流量区别于以往的利润等财富指标的重要特质。现金流量的变化代表着真实的、实际的财富的变化。

对未来现金流量按照企业的资本成本进行贴现以得到企业价值，其中隐含着两层重要的含义：其一，按照资本成本进行折现，体现了企业投资者对于未来现金流量的最低水平的报酬率要求。具体言之，当股权资本成本为 12% 的时候，意味着股东要求未来的现金流量必须实现一个最低的报酬率标准，那就是 12%。没有实现这一最低报酬率水平的现金流量就是没有达到绩效水平要求的现金流量，说明企业的投资决策以及生产经营效率存在严重问题，必须及时予以调整。其二，复利折现技术的运用意味着企业应当高效地、没有间隔地运用所有资本，让资本始终处于高速的运营之中，通过资本周转带来足够的盈利。停滞的资本必然造成损失，这是公司财务管理的一个基本原理。

资本成本是与企业投资者紧密相关的一个概念，其实质就是投资者所期望获得的报酬率水平。从公司治理的角度讲，企业经营的最终绩效就是满足所有投资者的报酬率要求，第一层次是满足债权人的报酬率要求，第二层次也是最终层次即是满足股东的报酬率要求，也就是实现了企业的财务目标。在这里，充分体现了股东作为剩余收益所有者的身份。鉴于剩余收益的公司治理功能之强大，在为数不少的文献中出现了一种趋势，即谁的地位重要，就可以给予谁剩余收益分配的权力。比如，如果强调公司高管的地位，那么就可以让公司高管参与剩余收益的分配，获得与股东同样的地位。这种思路是有害的，更不能解决现实中所存在的问题。股东的权利义务是法律所赋予的，也是长期历史演进中所逐渐确立的，已经构成为现代公司治理的基础。随意地破坏这种基础，只能从根本上损坏股东的利益，使得公司失去可持续发展的动力与源泉。

只有股东才是公司剩余收益的所有者。正是基于这一理念，实现股东财富最大化目标的前提是首先要保护并满足除股东之外其他利益相关者的利益，换言之，伤害了其他利益相关者的利益，股东财富也不可能获得持续增加，除非采取某些非法的手段。事实上，在公司治理和管理过程中，只有股东利益的保护属于公司治理的范畴，其他利益相关者的利益均可以通过法律机制来予以规范。混淆这种差异，无论是对于股东还是对于利益相关者都是没有任何益处的。

基于价值的管理（VBM）模式追求价值最大化的管理理念。这是与MM（1958）中关于企业价值的分析完全一致的。学术界很快地接受了MM（1958）这一具有革命性意义的理论，但在现实的公司理财中，人们仍然着眼于股票市场，着眼于股东的实际市场所得来评判公司理财的效果。随着财务观念的不断进步和升华，人们对资本成本、现金流量、企业价值等概念的了解越来越深入，在实际的财务管理过程中，与现代财务理论的契合也越来越密切。无论是企业价值最大化，还是基于价值的管理（VBM），抑或是经济附加值（EVA），这些观念和方法的提出与运用，都可以看作是MM理论在现实管理工作中的贯彻实施。

如何设计在基于价值的管理模式下的企业绩效的评价方法是长期以来学界和实务界都很关心的问题。美国斯腾斯特管理咨询公司（Stem Stewmd & Co.）所提出的"经济附加值"（EVA）指标获得了很大的成功。经济附加值（EVA）正是从价值创造的角度对企业绩效进行评价的一个重要指标。因而有人也把价值管理称作"EVA管理"。扬和奥伯恩（2002）指出，EVA管理所依据的基本原理是"为他们的股东创造价值，公司挣得的资本回报必须大于资本成本。每一种方法可以有其独特的优势和劣势，并运用独特的方法加以阐述。但最基本的一点就是，它们都是设计用来测算经理们实现价值创造目标的成就的"[15]。

股东财富最大化与企业价值最大化都是基于资本成本的理财目标，两者在性质上是完全相通的。毫无疑问，依据这样的理财目标所实施的VBM以及进而以EVA来评价企业的绩效自然是围绕资本成本这一核心概念展开的。

从某种意义上讲，EVA其实是对传统的财务会计体系下企业盈余度量的一种补充和修正。在财务会计范式下，企业盈余的度量是基于可检验的历史数据的。因而，在企业利润的计算中，各种费用的扣除也是基于这一思想和原则。"利息"作为投资者之一债权人投入资本的报酬，鉴于其有着明确的法律契约，因而得以在企业收入中扣除；但股权资本的投资者即股东所要求获得的报酬，由于没有法律契约的约束，有时也仅仅是一个公司理财方面的义务，并没有发生实际的现金流出，故在利润的计算中，就没有根据作为一个减项予以扣除。换言之，在财务会计规则之下，股东们的投资报酬或者是投资报酬要求，没有在企业利润的度量中得到合理、科学的反映，这显然有悖于公司治理的实质精神的。EVA指标就是在考虑了所有投资者——包括债权人，也包括股东——的实际报酬和要求报酬的基础上，对企业最终盈利水平的一种计量。它将公司绩效与股东财富、企业投融资行为等有机地结合在一起，成为一个极具科学价值的绩效评价指标。

实施EVA系统，一个最为关键的环节就是对企业资本成本的估算，尤其是对股权资本的合理估计。因为，资本成本的高低将从技术上决定EVA的多少，进而决定管理层的激励奖励。对于管理高层来讲，只要将资金投放到净现值大于0的投资项目上，带来足够补偿投资者要求报酬率的投资项目收益，就能够实现股东财富最大化的理财目标。因此，以实现投资者要求报酬——资本成本——的满足为核心出发点的EVA管理是基于企业价值创造的VBM模式的基本思路与现实选择。关于资本成本与EVA的深层次逻辑关系，本书将在第五章中进一步做详尽阐释。

参考文献：

［1］Franco Modigliani and Merton H. Miller. The Cost of Capital, Corporation Finance and the Theory of Investment［J］. American Economic Review, 1958, 48（3）: 261－297.

［2］Rappaport, A. Creating Shareholder Value: A Guide for Managers and Investors［M］. New York: Free Press, 1999.

［3］McTaggart J. M., Kontes P. W., and Mankins M. C.. The Value Imperative: Managing for Superior Shareholder Returns［M］. New York: Free Press, 1994.

［4］Anne Ameels, Werner Bruggeman, and Geert Schipers. Value Based Management Control Processes to Create Value through Integration: a Literature Review［J］. Vlerick Leuven Gent Management School, 2002.

［5］Bannister R. J. and Jesuthasan R.. Theory in Action: Is Your Company Ready for Value－Based Management?［J］. Journal of Business Strategy, 1997, 18（2）: 12－15.

［6］Ronte H. . Value – based Management ［J］. Management Accounting, 1998, 76: 38 – 39.

［7］Christopher M and Ryals L. Supply Chain Strategy: Its Impact on Shareholder Value ［J］. International Journal of Logistics Management, The, 1999, 10 (1): 1 – 10.

［8］Simms J. . Marketing for Value ［J］. Marketing, 2001, 28: 34 – 35.

［9］Haspeslagh P. , Noda T. , and F. Boulos. Managing for Value: It's Not Just About the Numbers ［J］. Harvard Business Review, 2001, July/August, 65 – 73.

［10］Arnold G. Corporate Financial Management ［M］. London: Pitman Publishing, 1998.

［11］Black Dr Andrew, Wright Philip, Davies John. In Search of Shareholder Value ［M］. London: Pitman Publishing, 1998.

［12］KPMG Consulting. Value Based Management: The Growing Importance of Shareholder Value in Europe ［J］. 1999.

［13］Martin J. D. and Petty J. W. . Value Based Management: The Corporate Response to the Shareholder Revolution ［M］. Oxford University Press, 2001.

［14］［美］汤姆·科普兰, 蒂姆·科勒, 杰克·默林著, 贾辉然等译. 价值评估: 公司价值的衡量与管理. 北京: 中国大百科全书出版社, 1997.

［15］［美］S. 戴维·扬, 斯蒂芬·F·奥伯恩著, 李丽萍, 史璐等译. EVA 与价值管理: 实用指南 ［M］. 北京: 社会科学文献出版社, 2002.

第三章 资本成本：理论

科学而严谨的概念体系是一门学科走向成熟的重要标志。从现代经济理论与金融理论的演进历史看，资本成本是一个贯通宏观、微观领域的重要学术概念。尤其是在金融学特别是微观金融学——公司财务学中，资本成本更是最为基础、最为核心的第一概念，在公司财务决策中发挥着无可替代的重要作用。本章侧重资本成本的理论分析。首先通过文献分析，在回顾资本成本概念历史演进的基础上，剖析资本成本的科学性质，然后进一步深入思考目前国内外资本成本研究领域存在的困惑，最后明晰资本成本、股东财富与现代财务理论之间的科学逻辑，构建基于资本成本的现代财务理论结构。

一、资本成本的概念及其演变

所罗门（Solomon，1955）曾经指出，虽然资本成本的概念在资本理论中起到了一个核心作用，但是对于这一概念的定义与估算却没有得到足够的重视。[1] MM（1958）在发表他们的资本结构无关理论的时候也说道，"关于资本成本的问题在束之高阁之前还有更多的问题有待解决"。[2] 时间又过去了半个多世纪，但资本成本问题至今仍然没有得到圆满地解决。

布鲁纳等（Bruner et al.，1998）指出，"资本成本是现代财务的核心，它关系到公司的投资决策、经济利润的计量、绩效评估以及激励体制"。[3] 就公司财务决策而言，凡是能够实现股东财富增加的决策就是好的决策，反之，就是不好的决策。而资本成本概念作为股东财富最大化理财目标的本质反映，完美地将公司的融资决策、投资决策和股利决策紧密结合为一体：公司融资时受到资本成本约束，在获取更多资金的同时，尽可能地降低资本成本；然后以资本成本为准绳衡量未来投资机会的优劣，将有限资金投放于最大化股东财富的投资项目中；在价值创造的基础上，基于资本成本水平与企业的可持续发展确定最佳的股利政策，以实现股东财富最大化的目标追求。

资本成本通常被界定为一个公司财务领域的微观金融概念，然而资本成本的重要作用却不仅局限于微观层面，其在中观、宏观层面的应用价值也在不断地被学界挖掘出来。早在 20 世纪 50 年代中期，伴随着资本成本理念在公用事业公司的应用，资本成本估算问题开始引起学界的关注。克莱门斯（Clemens，1954），[4] 撒切尔（Thatcher，1954），[5] 莫尔豪斯（Morehousee，1955），[6] 莫里西（Morrissey，1955），[7] 罗斯（Rose，1957）[8] 等对公用事业的资本成本和合理报酬率进行了研究，并深入分析了资本成本在公用事业的利率管制中的实际应用。

从中观、宏观层面上讲，资本成本概念的应用已经逐渐扩展到行业甚至国家层面上的应用。例如，前述西方学者对公用事业的资本成本研究，这是国外经济管制的常见做法——对特定行业的管制。在这类企业的管制中，包括利率管制、价格管制、盈利管制等，资本成本发挥着不可替代的重要作用。在我国，自 2008 年开始执行国企分红制度，分红比例的确定是其中最为核心、最为关键的问题，而在这一比例的确定过程中，一方面要满足政府股东的报酬率要求——资本成本，另一方面也要确保国企的长远可持续发展。又如，2010 年起我国对央企及下属国企实施经济附加值（EVA）业绩考核，资本成本的合理估算则是 EVA 计算中最为紧要的因素，如果估算失当，势必造成经济附加值的高估或者低估，失去绩效考核的意义。没有资本成本的合理估算，这些国家管制政策的制定将失去一个重要的量化依据。

目前，在资本成本领域存在着一个极其矛盾的现象：一方面，正如前述，资本成本概念及其估算值在众多领域获得了广泛的应用，对于提升公司治理水平、企业管理质量和政府管制质量发挥着不可或缺的作用；但另一方面，人们对于资本成本的认识却存在着重大的差异。尤其是在我国企业界，为数不少的人士对于资本成本尚未引起足够的重视，更没有将资本成本估算值作为制定财务政策的核心基准因素。这种现象，可谓是造成我国企业财务管理水平低下的一个重要原因。

人们对于资本成本概念的认识历经百年的逐步深入，经历了一个从宏观到微观的发展变化过程，到今天已有一个深刻而透彻的洞察与见解。通过文献的梳理分析，我们粗略地将资本成本概念研究的演变过程划分为如下三个时期：

（一）19 世纪末至 20 世纪 40 年代

这个时期的资本成本是一个来自于经济学的概念，具体而言，是从资本理论与投资理论中引出的，主要是针对利率和利息而言。

马歇尔（Marshall）在《经济学原理》（1890 年）一书中已经朦胧地隐现出资本成本概念的影子。他使用"资本的边际效用"这一名词，通过举例，形象地概括了资本成本的最初定义——利息率。"当制帽业使用相当于 3% 的利息率的机器数量时，机器的边际效用，即制帽业值得为之而使用机器的效用正好等于 3%"。[9]这个"3% 的利息率"，用我们现代财务理论进行解释，实际上就是制帽业进行机器投资决策的标准——资本成本。费雪（Fisher）（1930）定义了"超过成本以外的收益率"概念："超过成本以外的收益率具有那样一种数值，如果把该数值用来计算一切成本和一切收益的现在值，那么，两个现在值就会相等"。[10]这个概念的数值特征事实上已经映射出资本成本概念的实质——贴现率。费雪还进一步明确了投资行为的基本标准，"超过成本以外的收益率必须大于利息率"。[10]也就是说，投资的数量取决于"超过成本以外的收益率"与利息率的比较，"这一新的数量（或因素）在我们对利息理论的有关投资机会方面起着核心的作用"。[10]

凯恩斯（Keynes）在《就业、利息和货币通论》（1936 年）一书中，从资本资产的预期收益与其供给价格或重置成本之间的关系出发，提出了"资本边际效率"的概念,将其确切地"定义为一种贴现率，而根据这种贴现率，在资本资产的寿命期间所能提供的预期收益的现在值能够等于该资本资产的供给价格……各种不同的资本资产的边际效率的最大值即可被当作一般的资本边际效率"。[11]通过均衡状态的分析，凯恩斯给出投资增加的数量界限，"投资量会增加到投资曲线上的一点，在该点，一般的资本边际效率等于现行的市场利息率"。[11]这一思想与马歇尔（1890）、费雪（1930）的思想不谋而合。

在这一阶段，众多经济学家已经开始意识到风险的存在，并提出了风险报酬的初始概念。费雪（1930）指出，一个投资项目的价值就是未来预期现金流量依照一定风险利率折现后的现值。[10]凯恩斯（1936）指出那个时代的经济理论存在的问题，"只有在静态情况下，才能主要以资本设备的现行的收益来对资本边际效率加以解释，而在这一静态情况下，不存在着变动中的将来对现在的影响……今天的经济理论往往以静态假设作为前提这一事实使得经济理论在很大程度上缺乏现实性"。[11]因此，凯恩斯将静态的、确定性条件扩展到动态的、"不肯定性"① 条件。他指出风险的重要性，并具体划分了风险的种类。他认为，风险的存在使得

---

① 在凯恩斯的《就业、利息和货币通论》一书中称之为将来的"不肯定性"，意为我们现在财务理论中的不确定性，即风险的概念。

企业家在计算"投资项目的最低预期收益时",在"纯粹利息率"的基础上要"再加上"一个增加额。其原因在于:"如果一个投资项目带有较大的风险,那么,借款者会要求在他的预期收益和他认为值得为之而支付的利息率之间具有较大的差距"。[11]希克斯(Hicks)于1939年出版了专著《价值与资本》,将风险划分为违约风险和期限性风险,前者是归因于借款人不履行的风险,贷款人将要求补偿,即获得"风险报酬",[12]后者是归因于借款期限不同引起的风险,"在正常情况下,长期利率可能超过短期利率,其数等于风险的报酬,这种报酬的功能是补偿因利率的不利变动而引起的风险"。[12]这些都形成了资本成本观念中"风险报酬"的最初理念。

19世纪末至20世纪40年代是资本成本概念萌芽时代的研究。在这一时期,经济学家从宏观的角度来解释资本形成过程中利息以及利率产生的原因与本质,将市场利率作为资本成本概念的初始概念表述,甚至是一种简单替代。这种简单替代在当时那个时期已经具有相当深远的理论意义与实用价值。尤为重要的是,经济学家将风险报酬因素引入市场利率中,以风险调整后的市场利率作为投资项目价值计算的折现率,这一思想一直延续至今,构成为现代评估技术的基础。

(二) 20世纪50年代至20世纪60年代中期

20世纪50年代,现代公司财务学形成并日臻成熟起来。一大批日后对西方财务理论具有举足轻重作用的代表性人物涌现出来,他们的重大贡献之一就是使得资本成本概念及其估算技术获得了突飞猛进的发展。这个时期的资本成本从宏观的、经济学的概念逐渐转向微观的、财务学的概念。资本成本成为企业进行资本预算决策的基准,故而成为约束企业财务决策的核心因素之一。这一阶段,人们习惯上将资本成本又称为"货币成本"(Cost of Money)或者"资金成本"(Cost of Fund)。①

从微观视角来看,资本成本产生的动因在于企业的投资决策。将资本成本与企业的投资决策科学地结合在一起,并最早提出投资决策方法应该考虑到市场决定的资本成本,或者基于市场的资本成本,从而提升了资本成本概念科学价值的重要文献当属狄恩(Dean,1951)的《资本预算》一书。狄恩界定了有效投资的标准,即以资本成本作为资本项目取舍的标准,只有那些内含报酬率超过其市

---

① "Cost of Capital"一词在1921年出版、杜因(Dewing)所著的《The Finaneial Policy nf Corporations》一书中已经有了详细的阐述。当然杜因所关注的是债务资本(the cost of Borrowed capital)问题。

场决定的资本成本水平的投资项目才能够被采纳。[13]所罗门（1955）也从资本预算决策的角度定义了资本成本，他认为资本成本的基本作用在于为资本性支出是否可行提供了正确而客观的标准，从这个意义上讲，资本成本也被称为"最低的要求收益率"或资本支出的"取舍率"。他还指出，每一种资本来源必须从股东的角度计量其成本，也就是说，"成本"就是利用每一个单位的这些可获资金来开展投资行为所要求的最低报酬率。① 然而，"除了极少数文献外，② 很多文献都忽略掉企业使用债务资本与股权资本的现实条件下资本成本的定义问题"。[1]

　　从估算技术的角度看，这一时期人们所关注的主要是债务资本成本的确定问题，对于股权资本成本及其估算显然还存在着认识上的不足。杜兰特（Durand，1952）科学诠释了资本成本的本质，他指出，资本成本——要求的报酬——不是一种实际的成本付出，而是一种机会成本，它是新投资项目必须赚取的、股东放弃掉的最低报酬率，并且这一资本成本的概念不仅适用于债券融资，而且对于股票融资与留存盈利均统一适用。[14]莫迪格莱尼和齐蒙（Modigliani & Zeman，1952）运用"资金成本"的概念赋予不同类型的资金"成本"一些含义。他们认为，债务资金的成本很明确，就是公司向债权人支付的有效利息率。对于普通股其实亦是如此，按照管理者代表公司所有者的利益来开展管理行为（比如做出融资决策）这一传统假设，新筹集每一普通股资金而须支付的股利就是普通股的成本。[15]舒乐（Soule，1953）认为，站在普通股东的视角，任何形式的资本都是有"成本"的。借入资本的成本是支付的利息费用，优先股的成本是优先股股利，普通股权资本（包括普通股和留存盈利）的成本是为了获得新的资本而必须支付的单位普通股的净盈余。[6]在莫顿（Morton，1954）看来，货币的价格是付款的年利率，是企业为了获得资金而需要支付的，对借款人而言，它是"货币成本"，或者是市场中期望报酬的资本化率。当价格水平稳定时，货币代表了资金来源的确定规模（数量），"货币成本"也就是"资本成本"。[17]

　　透过这些研究可以看出，对于债务资本成本，人们的认识是统一的，就是债务的利息率。对于股权资本成本，研究主要是从盈利的角度，将税后盈利作为股东的所得来确定股权资本成本。事实上，基于这些思路形成的估算技术一直延续至今。

　　关于加权平均资本成本（Weighted Average Cost of Capital，WACC）的概念，莫顿（Motton，1954）认为，一家企业的货币的全部成本是债券利息、优先股股

①　在所罗门（1955）中，"成本"意即"成本率"。参见所罗门（1955）文献 P240 脚注 1。
②　在所罗门（1955）所指的"极少数文献"主要包括狄恩（1951）、杜兰特（1952）、弗里德里克和卢茨（Friedrich & Lutz，1951）。参见所罗门（1955）文献 P241 脚注 3。

利加上获得股权资本而需要支付报酬的加权平均数。[17]这是企业加权平均资本成本的较早定义。学术界通常将 MM（1958）视为现代财务理论诞生的标志。自此，作为一个公司财务概念，资本成本真正引起了人们的广泛关注。① MM（1958）指出，"在企业现有的投资者看来，资本成本是一项实物资产投资可以被接受时应具有的最低预期收益率"。他们在设定严格的假设条件基础上，通过严谨的推理证明了平均资本成本与股权资本成本的构成原理。MM（1958）将资本成本研究的视角放了企业内部，认为是公司的经营风险和财务风险决定了资本成本的水平。一家公司的平均资本成本水平只取决于其经营风险的大小，经营风险越大，公司的平均资本成本的水平就越高（MM（1958）将公司的平均资本成本表示为所有证券的期望收益与市场价值的比率②）；股权资本投资者会由于负债率的提高而承担较高的财务风险，这会通过财务风险的补偿提升股权资本成本（MM（1958）将有负债公司的股权资本成本表示为无负债公司的股权资本成本加上与融资风险相关的风险报酬，该风险报酬的大小等价于无负债公司股权资本成本与债务资本成本之差乘以债务权益比率③），但这种代价刚好与低廉的债务资本成本带给公司的利益相抵消，使得公司的资本结构并不影响平均资本成本水平。[2]尤为重要的是，在 MM（1958）理论中，将公司的平均资本成本与公司的市场价值科学地结合在了一起，这将资本成本理论推向了一个全新的高度，也为自此之后人们围绕资本成本所展开的系统性研究奠定了基础。所罗门（1963）把加权平均资本成本定义为"促使企业预期未来现金流量的资本化价值与企业当前价值相等的折现率"。[18]这一界定获得了学界和业界的广泛认可。

（三）20 世纪 60 年代中期至今

截止到 20 世纪 60 年代中期，资本成本已经成为一个极其严密的公司财务概念，财务理论界对资本成本的概念达成了广泛共识。目前，西方财务学界对资本成本的通常定义为，"资本成本是企业为了维持其市场价值和吸引所需资金而在进行项目投资时所必须达到的报酬率"或者"资本成本是为了使其股票价格不变而必须获得的投资回报率"。[19]《新帕尔格雷夫货币金融大词典》中将资本成本定义为"商业资产的投资者要求获得的预期收益率，以价值最大化为目标的企业以资本成本作为评价投资项目的贴现率或是最低回报率"。[20]

---

① MM（1958）中明确指出，"直到最近，经济学家们才开始严肃地对待资本成本与风险的问题"。
② 这是 MM（1958）资本结构无关论之命题 1。
③ 这是 MM（1958）资本结构无关论之命题 2。

20 世纪 50 年代到 60 年代，以资产定价理论与模型为核心的现代金融学获得了革命性的发展，这种发展客观上也推动了资本成本估算技术的不断进步。股利增长模型是早期股权资本成本估算的主要工具，这一情形甚至一直延续到 20 世纪 80 年代。伴随着人们对资本资产定价模型（CAPM）认可度的不断提高，尤其是夏普（Sharpe）等金融学教授获得 1990 年度的经济学诺贝尔奖，资产定价模型逐渐成为英美企业界估算资本成本的主流方法。按照这种估算技术，决定资本成本的主要因素由企业内部转移到企业外部。

20 世纪 90 年代之后，在与公司治理领域研究相关的资本成本估算中，为了实现估算技术与资本成本性质的一致性，学者们大多采用预测的盈利类数据来估算股权资本成本。虽说此类估算技术尚未对企业界产生较大的影响，但在资本成本理论的发展历史中，却是一个不容忽视的现象。

纵观资本成本概念发展的百年历史，可以清醒地看到，这一历史实际上是一个科学而严谨的学术概念自然的演进过程。资本成本不以人们的臆想甚至猜测而存在，其产生与发展无不顺应了各个时代经济发展的需要，特别是公司财务学发展的趋势。但不可否认的是，从国际范围内来看，伴随着资本成本理论的深化，重新引发了人们对于资本成本性质的不同认识和争议，主要体现为资本成本估算技术的多样化，并进而引发实务界对资本成本概念与估算技术应用的困惑。这个问题如果得不到很好解决的话，将对资本成本理论的健康发展造成重大的障碍。资本成本理论的发展又走到了一个关键的节点之上。

二、资本成本的性质、困惑与思考

资本成本是一个严格的、科学的公司财务学概念，而非其他领域比如资本市场学、投资学等学科的概念。20 世纪 50 年代之后，资产定价理论与模型在资本成本估算技术中扮演了极为重要的角色，但必须明晰的是，公司内部的资本成本与资本市场上投资者的报酬率（包括期望报酬率或者要求报酬率）是两个不同的概念，尽管我们不排除在特定条件下，它们的数值会趋于一致。

按照通常的观点，资本成本可以从两个角度来予以界定：一个角度是投资者的角度，或者说是市场的角度，资本成本是投资者所要求的与其承担风险相称的报酬率。这反映了资本成本的机会成本性质。另一个角度则是公司的角度，资本成本是企业选择资本投资项目的报酬率的最低水准，这反映了资本成本的取舍率性质。人们一般假定，以上两个角度所界定的资本成本在数值上应该是完全相等，没有差异的。在资本成本估算技术中，人们就是按照这个思路来看待资本成本的基本性质的。但不容忽视的是，从这两个角度来认识资本成本，它们之间无疑要存在着明显的差异。不考虑这种差异，将使企业资本成本的估算工作陷入困境。

　　股权资本成本的最低限是企业投资者的要求报酬率，明确这一数值，是董事会、管理层实施投资者利益保护的基础，也是高质量公司治理的前提。

　　那么，董事会、管理层是否直接以投资者的要求报酬率作为企业的资本成本呢？在现实公司财务实务中，通常很少这样做。学者们也在很早就认识到了这个问题。早在舒乐（1953）就指出，管理当局有权对其自身的股权资本成本施加影响。[16]哈根（Haugen）更是认为，股权资本与股东的预期是无关的，是企业内部的管理者的预期确定了这一资本成本水平。他认为决定股权资本成本的因素主要是公司的特征，比如公司的规模、账面价值/市场价值比等。[21]但截止到目前，人们还没有找到施加这种影响的正确的、科学的方法，因而成为现代财务理论中的最大的一个未解之谜。

　　综上，资本成本的实质就是一个介乎于投资者与企业之间的报酬率：（1）是投资者的要求报酬率，这是资本成本的最低限，满足这个报酬率的要求是公司财务，也是公司治理的核心宗旨。了解投资者的要求报酬率于是成为资本成本估算的一个基本步骤。从某种意义上讲，资本资产定价模型是估算投资者要求报酬率的理想方法。这一模型假设投资者都是分散投资者，因而他们无须获得公司特别风险的报酬率补偿。这对于大众持股公司的情形是非常吻合的。但对于持股较多的控股股东而言，这一模型显然要低估其要求报酬率的水平。（2）是资本投资项目的期望报酬率或者实际报酬率，这是实现投资者财富增加的源泉，是公司财务的核心关注点。这一取舍率要根据投资者的要求报酬率与资本投资项目的风险程度来确定，通常情况下，要高于投资者的要求报酬率。这是因为资本投资项目的风险在资本资产定价模型中并没有涵盖，不仅如此，管理层对于资本投资项目的报酬率也会提出报酬率"冗余"的要求。

　　从技术上讲，面临的一个首要问题就是影响资本成本的因素有哪些？无疑，影响因素既有市场方面的，也有企业内部的，这是由资本成本的性质所决定的。综合各种近年来企业界和学术界常用的股权资本成本估算的技术方法，可以得出如下人们所认为的影响资本成本水平的重要因素，我们将所有这些因素划分为企业因素和市场因素两大类。

表 3 –1　　　　　　影响资本成本的重要因素——根据各种估算方法的总结

企业因素	市场因素
每股盈利、股利、企业增长、账面价值、现金流、资本投资、资产净值、净收益、净资产报酬率、股利支付率、企业规模、经营风险、财务风险、实际报酬率等	股票价格、市场价值、系统性风险、无风险报酬率、市场平均报酬率、风险补偿、通货膨胀等

　　投资者要求的报酬率是从企业外部，即投资者的视角，来确定资本成本；资本投资的取舍率是从企业内部，即管理当局的视角，来确定资本成本。由此引发了人们对于资本成本性质的广泛争议：资本成本到底由谁决定？这一争议具体体现为资本成本估算技术的复杂化及其应用的混乱性。近年来，人们运用实证分析技术对于影响资本成本的因素进行了多方面的论证，但这种研究往往与资本成本的性质没有必然的联系。

　　可以预见到的是，在未来资本成本研究领域，人们的关注点还会集中于估算技术之上。但估算技术的差异势必造成资本成本估算值的差异，这将会严重影响到资本成本理念在各个领域当中的合理运用。

三、资本成本、股东财富与现代财务理论

　　现代学术的两大功能是解释现实与预测未来。一门学科如果没有形成一个成熟稳定的理论结构，其功能的发挥以及未来的发展必将受到很大的限制。没有科学架构的学术发展缺乏内在的学术动力，即使能够很好地履行学术之解释功能，也很难有效地进行预测，学术的价值终会大打折扣。学科成熟的标志在于形成一个架构完整、思路清晰、功能强大的理论结构与分析体系，而不是体现在对某些具体枝节问题的分析与技术的应用之上，哪怕这种分析与应用可以做得非常深入。

　　经过半个多世纪的发展，现代公司财务理论在学术的两个功能方面均取得了重大的成就。很多财务学说和理论模型不仅合理地解释和预测了公司财务行为，而且有效地提升了公司财务实践的科学性。最为典型的表现就是一些科学的概念与方法在企业界乃至在整个社会被越来越多地认可与采用，比如净现值法则在资本投资决策中的应用日益广泛，资本成本概念在公用企业政府规制中发挥着越来越大的作用等等，这些都是公司财务理论不断发展演进的重要标志。

　　然而，随着现实经济的发展，公司面临的经济问题愈加复杂。在很多情况

下，推动财务理论发展的动力和途径更多地拘泥于对一个个具体问题的分析与解释。学者们站在不同角度，致力于不同问题的分析和论证，不断地提出各种各样的财务学说，推衍出日渐复杂的理论模型。但是，仔细甄定这些学说与模型，往往发现它们彼此之间并没有一个内在的联系，缺乏一种根本性的信念支撑，这便使得财务理论的学术研究不规则地向无数个方向发散开来。梯若尔（2007）指出，截止到目前，公司财务理论尚没有形成一个统一的理论框架。[22]正是由于理论框架的阙如，在很多公司财务的实证研究中，出现了越来越多的差异，甚至针对同一问题得出完全相反的结论。这种情形的不断发展，必然产生越来越多的"公司财务之谜"，而这些学术研究的困惑又不断地转移到公司财务实践中，使得公司财务理论的发展陷入一个颇为尴尬的境地。

本部分在分析现代公司财务理论发展路径的基础上，对基于资本成本的财务理论结构进行探究，阐述资本成本在股东财富最大化目标假设中以及财务政策制定过程中的锚定作用，进而论证这一理论结构的科学价值。最后结合我国国有企业的深化改革进程，论证现代财务理论之于我国微观的公司财务实践与宏观的政策制定的指导意义。

（一）现代公司财务理论的发展路径分析

学术界普遍认同 MM（1958）是现代公司财务理论诞生的标志，因而将 20 世纪 50 年代之前公司财务理论的发展称为传统财务理论时期。在那个时期，人们主要是以规范的方法来分析公司的财务行为，研究的着眼点主要集中于融资以及与之相关的一些问题上，比如兼并重组、破产等。这一阶段并没有形成系统的公司财务理论，一些重要的财务概念比如资本成本、资本结构、股利政策等虽然已经出现，但与这些财务概念相关的、严谨的学术分析尚处于酝酿之中。对于当时的公司财务行为而言，经验以及相应的政策性建议自然成为推动财务理论发展的主要依据，实务分析与政策建议是这一阶段采用最多的财务理论研究方法。即使没有形成严格的范式，只要能够对公司财务实践提出建设性意见的学说或者模型，都可以推进公司财务管理工作质量的提升，因而也就具备一定的学术价值。

相对于传统财务理论时期，20 世纪 50 年代到 80 年代可谓是现代财务理论发展初期。MM（1958）严谨地界定了资本成本、资本结构、企业价值等重要的财务概念，利用无套利证明的方法，将资本成本、投资决策、融资决策与企业价值等基本的公司财务问题有机地结合在一起，系统地论证了它们之间的关系，从而构建起现代公司财务理论发展的平台，为后续展开的深入分析奠定了扎实的学术基础。MM 的资本结构无关论从学术上宣告了现代财务理论与传统的、规范的财务政策建议性财务理论的分离。资本结构理论的研究自此成为财务理论的核心领域，引领着这一学科的演进。MM 所运用的无套利证明的方法更成为现代金融学中基本的研究方法，并成为金融学独立于整个经济学体系中的一个重要的标志。

MM 理论对于现代财务理论的奠基性价值主要体现在：第一，财务概念成为学术推演的基本单元，而不是传统的以实务分析为主以及随后的政策性建议。概念的明晰、科学以及系统化，是一门学科趋于成熟的标志之一。第二，在概念分析的基础上，运用高效的分析工具，科学地解决了资本投资决策与融资决策的重合问题，得出了投资决策是决定企业价值创造的唯一财务决策，融资决策、股利决策等与价值创造无关的重要结论，为财务实践的理性化提供了学术支持。在 MM 理论的基础上，人们深入地研究了资本结构问题、股利政策问题等。在这一阶段，作为金融理论中的一个组成部分，公司财务理论着眼于财务政策路径的研究，并在公司财务政策的研究中获得了长足的发展。

20 世纪 90 年代之后，随着人们对于公司治理问题的讨论逐渐深入，现代公司财务理论离开了围绕资本结构理论所展开的公司财务理论研究，以公司治理问题作为切入点或立足点，沿着股东利益、代理冲突、股权结构等概念为基础的、基于投资者利益保护的公司治理研究路径取得了足以改变经济学发展方向的研究成果，近年来甚至成为整个经济学发展的主流领域，本书将这一公司财务理论发展路径称为基于公司治理的公司财务理论。概括而言，公司治理研究经历了以下三个重要阶段：（1）伯利和米恩斯（Berle & Means，1932）通过对美国公司的研究，得出了所有权与控制权分离的结论。[23] 如何保护股东的利益由此成为一个延续近百年的永久话题，至今不衰。（2）詹森和梅克林（Jerlsen & Meckling，1976）提出了代理理论，试图寻找解决股东利益保护的具体措施。[24] 他们深入分析了存在于股东与管理层之间的代理冲突，从代理成本的角度出发，探索股东利益保护的基本思路。截至这一时期，股东在学者们的心中仍然是一个投资者群体，他们之间有着统一的利益，但没有利益的冲突。（3）伴随着 20 世纪 90 年代大量公司丑闻的出现，以控股股东为代表的股东异己力量引起了人们的高度关注。根据拉波塔等（1999）的研究，在世界各地，控股股东以及由控股股东所造成的对公司政策的影响、对中小股东利益的侵害都是一个常见的现象，其严重性超乎想象。[25]

与以往财务理论研究侧重于具体财务政策、理财行为的研究不同，以股东利益保护为核心的公司治理研究更多地将触角深入到了董事会、不同性质的投资者以及管理者层面，从公司治理的角度研究公司财务问题，对于这些个体与财务政策、价值创造之间的关系进行深入的剖析，进而探讨股东利益保护的治理机制，确保股东财富最大化目标的顺利实现。这一研究路径推动了公司财务理论的发展，是最近 20 年以来公司财务学术界的研究热点，同时也在很大程度上推动了整个经济学的发展。

与基于公司治理的公司财务理论发展并行的另一条现代公司财务理论发展路径是延续1958 年 MM 理论的现代金融学研究路径。从学术意义上讲，公司财务理论属于现代金融学的重要组成部分，除此之外，构成金融学子学科的还有金融市场理论与投资理论等。① 作为金融理论组成部分的公司财务理论，众多学者从对 MM 资本结构理论的解构开始，对于资本结构、资本预算和股利支付等重大财务决策问题进行了系统的研究，解答了诸多财务理论困惑与公司财务实践中的困惑。在 20 世纪 50 年代到 70 年代，金融理论的发展主要集中于资产定价理论与模型的研究，并由此奠定了整个金融学大厦的基础，极大地提升了金融理论在整个经济学系统中的地位。1990 年经济学诺贝尔奖颁授给米勒（Miller）等三位金融经济学家，被认为是经济学界对现代金融理论发展的充分肯定。经过二三十年的迅猛发展，学者们提出了许多极具创造性的学说与模型，其中有些被广泛认可并成为金融理论的奠基性学说。詹森和史密斯（Jensen & Smith，1984）认为是如下学说构成了现代金融理论的基础学说体系（Fundamental Building Blocks）：有效市场理论（Efficient Market Theory）、组合理论（Portfolio Theory）、资本资产定价理论（Capital Asset Pricing Theory）、期权定价理论（Option Pricing Theory）和代理理论（Agency Theotry）。[26] 在其他著述中，学者们又增加了其他一些学说或者模型，比如资本结构理论（Capital Structure Theory）、股利理论（Dividend Theory）、折现现金流量理论（Discount Cash Flow Theory）等等，作为现代金融学的基础理论。这些理论的发展、成熟贯穿整个 20 世纪50 ~ 80 年代，创造了现代学术发展的一个黄金时期。正是基于这些基本的理论与模型，人们才可以更深层次地认识公司财务实践，提出更有学术支持的、更加稳定的财务政策，进而优化财务状况，增加股东财富。

作为公司财务理论现代化发展的一个标志，此类研究通常是建立在极端严格的假设之上，对于实际的公司财务政策难以提供直接的理论支持，因而形成了诸多的理财之谜，比如资本结构之谜（Myers，1984）、[27] 股利之谜（Black，

---

① 很多金融学著作也将整本书划分为三个部分，即资本市场部分、投资部分和公司财务部分，重要者有兹维·博迪和莫顿（Zvi Bodie & Merton）编著的《Finance》，北京：高等教育出版社，2002；贝斯利和布里格姆（Besley & Brigham）编著的《Principles of Finance》，北京：北京大学出版社，2003，等等。

1976)[28]等。提出假设并对假设进行严格的经验检验，这种推动物理学、化学等现代科学发展的基本的方法论路径终于被完整地运用于现代公司财务理论的研究过程中。资本市场、上市公司等长期发展所积累的海量数据及其分析在很大程度上弥补了社会科学难以进行实验室研究的缺陷。基于上市公司公开数据进行繁复的实证分析构成了这一时期研究的主要特征之一。内含有公司财务理论的金融学研究因而成为经济学研究中的新的贵族。

　　然而考察大量的文献不难看出，基于现代金融学的公司财务理论在很多问题的分析和研究上并没有一个统一的基础，分析方法也是各取所需，没有一致性。这种概念上和研究方法上的非一致性、非连续性充分表明财务理论的不成熟以及它们各自之间的相互隔离。即使在同一领域中的研究，学者们也是很难获得基本一致的结论，因为他们彼此之间的研究视角和分析思路差异极大。这种学术上的分歧既是财务理论没有系统架构的结果，也是造成财务理论难成系统的具体原因。

　　20世纪90年代以来，两条公司财务理论研究路径——公司治理研究路径与现代金融学研究路径——针对很多公司财务领域的同一问题展开了深入研究，然而研究的着眼点进而研究思路却没有交叉与重合。

　　我们认为，公司治理研究路径极大程度地关注了公司发展历程中的诸多核心问题，在紧密联系公司财务实践的基础上，展开了深入的学术研究。尤其需要指出的是，公司治理理论将研究的视角从企业转向了企业与投资者之间的关系，并在很大程度上着眼于股东利益的保护。公司治理研究夯实了公司财务理论的一个基础性、核心性的问题——股东利益至上。然而，应当清楚地认识到，公司治理路径的研究活动更多的是对现实问题的解释或者解剖，只是告诉人们制约股东财富变化的一些治理因素，它不能且没有义务告诉人们如何去创造更多的价值，进而提出具体的、有效的指引方案或者向实践活动提供技术支持。因为这个问题唯有基于现代金融学的公司财务理论才能回答。

　　沿着现代金融学研究路径回溯MM理论，我们认为，产生上述财务理论结构不明的根本原因在于MM（1958）所开创的以资本成本为基本概念的学术思想并未在以后的财务理论研究中得以贯彻和发展。在现代诸多的财务文献中，资本成本被视为一个孤立的、没有太大学术能量的极其普通的财务概念，甚至在很多文献和教材中，人们根本找不到资本成本的影子。考察进入到21世纪的很多国际上重要的公司财务著述（尤其是那些被国际上普遍采用的教材），人们还是停留在数十年以前的财务理论研究的思路上，比如过于侧重对理财行为的研究，过于追求学术研究的政策建议功能，而并未构建起一个独有的、体现学术发展水平的理论结构。缺乏科学结构的公司财务理论必然导致一些具体问题以及问题的解决方法之间没有形成统一的整体，而是零散地存在着。

分析现代公司财务理论自 20 世纪 50 年代以来半个多世纪的发展历程，从完整的理论结构的角度来讲，公司财务理论研究至少存在以下几个问题与疑问：

第一，作为现代金融理论的一个分支，公司财务理论属于微观层面的金融理论，其根本宗旨在于解释并预测存在于企业内部的理财行为，进而优化理财行为，提升企业存在的质量。但从公司财务理论的演变历史来观察，对于微观的企业层面问题的关注显然没有上升到一个基本学术研究的层次上。众多的所谓财务领域的研究实则是站在金融理论的高度来进行分析。

第二，公司财务理论的研究到底是着眼于什么展开研究？它的立足点是什么？从根本上讲，金融理论研究的核心是现金流的交换以及这一交换过程中收益与风险之间的关系。作为金融理论的一个学术分支，公司财务理论在其中扮演着一个什么样的角色？这门微观层面的学科到底是要解决什么问题呢？

第三，作为一门实用性极强的学科，公司财务理论应当为公司财务政策的制定提供足够的学术支撑，但目前关于财务政策的研究始终都是财务理论研究所忽略的领域。

这些疑问的最终解决将依赖于一个新的公司财务理论结构的形成。

（二）资本威本、股东财富与财务政策：现代财务理论结构

现代财务理论应当是建立在投资者尤其是股东利益核心之上，以资本成本为概念基础，以科学、合理的财务决策（政策）为主要内容的学术体系。其中，资本成本是财务理论的第一概念，无论是在学术分析中还是在理财实践中，资本成本都是一个具有奠基意义的基本概念。唯有基于资本成本的财务理论结构，才能从根本上架构起一个完整而系统的公司财务理论体系，并在实践上为公司实施科学的理财行为提供指引与约束，有效地提升财务管理工作的质量。

我们提出基于资本成本的现代财务理论结构，图 3—1 既是一个科学的财务理论的基本架构，又是资本成本在公司财务实践中锚定效应的全面展现。

完整的财务理论结构应当由如下三个相互联系的、有机的部分组成：（1）股东利益保护与股东财富最大化理论；（2）资本成本理论；（3）财务决策（政策）理论。

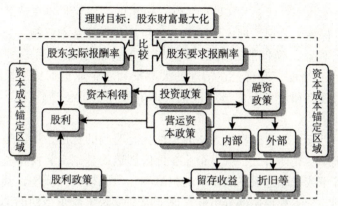

图 3 - 1 基于资本成本的现代财务理论结构

1. 股东利益保护与股东财富最大化理论

　　股东利益保护与股东财富最大化理论实则理财目标理论，这是公司财务理论研究的逻辑起点。股东财富最大化目标是一个客观存在，是由企业的本质属性所决定的：（1）企业是由股权资本投资者即股东投入资本而创建的；（2）企业存在的意义是创造能够使股东满意的价值；（3）企业存在的所有风险最终均由股东承担；（4）股东是企业真正意义上的剩余收益所有者。没有股权资本投资，没有股东，就没有企业，自然也就没有企业存在的价值。因此，"在承认私有产权的市场经济中，公司唯一的社会责任是合法并诚实地创造股东价值"（拉帕波特，2002）。[29] 夏皮罗（2006）从公司控制市场理论的角度探讨了股东财富最大化这一理财目标的合理性："专注于股东财富最大化的一个更有说服力的理由是，企业不想成为被收购、被重组的目标。相反，股东财富最大化为防止敌意收购提供了一个最佳防御措施：更高的股票价格。建立股东价值的企业还发现很容易吸引权益资本。对在风险环境下经营的公司和寻求增长的公司而言，权益资本起着至关重要的作用"。[30] 拉帕波特（2002）指出，"创造价值的公司不仅使股东受益，也使其他利益相关者受益，如果管理者不能创造股东价值，所有的利益相关者都可能受损，自利的动机驱使股东和其他利益相关者积极合作，致力于价值创造"。[29] 因此，股东财富（价值）的增加（创造）与企业的可持续增长是一致的，"企业在为股东创造真实经济价值的过程中实现自身的茁壮成长"（科勒等，2007）。[31]

　　基于企业的存在而产生的诸多活动包括公司治理、财务管理以及经营运作等，其最终的指向只能有一个，那就是股东利益的保护与股东财富的增加。也正是由于股权资本投资的收益与风险的特征，股东的利益保护难以或者不宜通过法律机制来予以保障，公司治理成为保护股东利益的一种基本机制。公司治理的宗旨是保护股东利益，确保股东财富增长与股东价值创造目标的实现。科勒等（2007）指出，"当前，改善公司治理的大潮推动着企业更加关注长期的价值创造。因此，管理者和董事会成员应该把长期的股东价值创造作为公司的首选目标"。[31]

作为理财目标，股东财富最大化的实现具有明确的标准，那就是实现了股东所要求的报酬率。具体言之，就是企业在价值创造的基础上，使得股东所实现的实际报酬率等于或者超过股东所要求的报酬率——股权资本成本，其中的实际报酬由现金股利与资本利得两部分组成，现金股利反映了股东当期的消费，资本利得反映了股东对于公司未来增长的预期，体现着企业未来的可持续发展实力。公司财务管理必须在这两个方面同时取得进步，真正满足股东提出的投资报酬要求，才是成功的公司财务。

股东以其承担的风险的大小，确定其所要求的报酬率。从公司财务的角度讲，董事会与管理层要合理地估算股东的这一要求报酬率水平，从而确定企业的股权资本成本。这一资本成本是保护股东利益、增加股东财富的基准数值，由此构成了公司治理与财务管理活动的量化基础。

2. 资本成本理论

拉帕波特（2002）有如下两段论述："收益增长并不必然为股东创造经济价值，只有当公司在新投资上赚得的收益率高于投资者投资在其他风险相同的证券所获得的预期收益率时，股东价值才会增长。但事实上，当管理层的投资收益率高于市场折现率或资本成本时，或者当他们的投资收益率低于资本成本因而毁损了普通股股东的价值时，收益都有可能增长。""股东价值管理的两个指导性原则是：只投资于具有可信的价值创造能力的机会，当找不到能创造价值的投资时则把现金还给股东"。[29]后者中的"具有可信的价值创造能力的机会"以及"创造价值的投资"便是前者"赚得的收益率高于投资者投资在其他风险相同的证券所获得的预期收益率"的投资机会，换言之，当企业具有超过其资本成本的创造价值的能力，可以开发出高于资本成本的长期投资机会，企业才真正在为股东创造价值。如果将财务目标理论作为财务理论研究的逻辑起点的话，那么我们就可以将资本成本理论界定为财务理论研究以及公司财务实务的技术起点。

资本成本是金融经济学中最为基础和应用最为广泛的一个概念（Rao & Stevens，2007），[32]是宏观经济分析以及公司、行业和整个经济层面投资行为分析的一个标准变量（Lau，2000）。[33] 公司财务理论发展的历史已经证实，没有资本成本理论的财务理论不仅仅是不完整的、不系统的，而且根本就难以构成为一个科学的学科体系。作为公司财务的第一概念，资本成本有机地勾连了股东利益与财务决策之间的关系，是财务理论中承前启后的一个核心概念。在现代公司财务理论中，再没有一个概念会像资本成本一样，既有如此丰富的内涵，又有如此之多的疑惑。

　　企业的投资者按照其承担的风险及其利益受保护的机制的不同，可以划分为股权资本投资者即股东与债务资本投资者即债权人。即使面对同样的资本投资项目，由于不同投资者承担的风险的差异也会导致其要求报酬率的差异，资本成本因而也划分为股权资本成本与债务资本成本两种。债务资本成本实则债权人的要求报酬率，通常会在债权债务契约中予以明示，同时受到法律的严格保护。股权资本成本要复杂得多，一方面股东的要求报酬率在很多情况下不是明示的，无论是通过契约的方式还是其他方式；另一方面股东要求报酬率的实现面临较大的风险，一旦公司治理失效或者经营失败，股东就难以获得其所要求的报酬。从价值补偿的角度讲，债权人对企业现金流的索偿权在前，其要求报酬率的满足同样在前；股东的索偿权在最后，是面对企业剩余收益的索偿权，因而其满足也排列在最后。鉴于股东利益保护机制的特点，股权资本成本的估算面临着很多的困难，因而也成为资本成本理论中的主体内容。

　　按照 MM 无税模型理论，企业的资本成本总水平与资本结构无关，只与企业的经营风险相关，而股权资本成本的高低则取决于企业经营风险与财务风险的大小。换言之，决定资本成本水平的基本因素是企业内部风险的大小。在 MM 理论中，无负债情况下的股权资本成本是企业资本成本估算的起点，这种理念很清晰，但遗憾的是，MM 并没有提供出确定的估算技术。20 世纪 50 年代开始的资产定价研究极大地促进了现代金融学的发展，同时也在很大程度上推动了资本成本估算方法的进步。从美国企业界的情况看，20 世纪 80 年代之前估算股权资本成本的主要工具是股利增长模型。进入 80 年代特别是 90 年代之后，股利增长模型的地位逐渐地被资本资产定价模型（CAPM）所替代。这不仅是估算方法的更换，而且还体现了人们对于资本成本的新的认识：企业的资本成本不是由企业的风险决定的，而是由投资者在资本市场上所承担的风险决定的。这一认识的学术基础就是组合投资理论，CAPM 正是这一理论的核心内容。大量数据显示，截止到目前，CAPM 依然是世界各国企业界普遍采用的最主要的估算方法。尽管如此，学术界却普遍认为 CAPM 作为股权资本成本估算的一种方法依然存在着诸多缺陷，远不是最为理想的估算方法。与企业界不同的是，学术界更多地从股权估价视角关注股权资本成本的估算问题，因而 21 世纪之后，各种隐含的股权资本成本（Implied Cost of Equity Capital）估算方法的采用成为学术界的主流。

可以设想，有关股权资本成本估算技术的研究依然要延续下去。但最终会不会产生一种被广泛认可的估算方法？从性质上讲，资本成本的实质是报酬率。站在投资者的角度，资本成本是其提出的与其承担风险相称的报酬率要求；站在公司财务的角度，资本成本是理财目标实现与否以及资本投资项目、资本融资计划取舍的基准。这一性质上的复杂性已经决定了影响资本成本的因素会涉及很多方面，比如如下问题至今仍然是学界研究的热点：资本成本与公司政治关联之间的关系；资本成本与政府规制中公允报酬率规制、最高价格规制之间的关系；资本成本与财务信息披露质量之间的关系；资本成本与公司股权结构之间的关系；等等。与资本成本相关的研究几乎已经涵盖了公司治理领域的所有问题。同时，从公司治理的角度讲，作为公司制定财务政策的基本准绳，资本成本数值的确定自身会不会受到治理因素的制约，也是需要研讨的一个重要领域。即使我们界定了决定资本成本的核心因素，但也很难忽略这些影响资本成本的外围因素。这种种情形都为资本成本估算方法的研究造成了很大的困难。

已经经历了长期发展的资本成本理论至今依然是迷雾重重。资本成本问题可谓截止到目前存在于现代财务理论中的最大的一个谜，这个谜既涉及对资本成本性质的了解，也涉及资本成本的估算方法的研究，进而还会涉及资本成本的科学应用，等等。资本成本理论上的困惑，一方面是由于资本成本问题本身的复杂性，另一方面则是由资本成本自身的性质决定的。即使在将来，资本成本领域出现的问题不仅不会减少，甚至会有所增加。学术上的迷惑既是学术发展的动力，有时候也是学术发展的结果。

3. 财务决策（政策）理论

股东财富最大化目标是企业存在的客观要求，更是对公司财务行为的直接要求。前文科勒等（2007）所提及的"为股东创造真实经济价值的过程"[31]必须通过科学的公司财务决策（政策）指导下的合理的理财行为来实现，这为股东利益保护与股东财富增长的目标实现奠定了坚实的价值基础。

财务决策（政策）是企业董事会、管理层理财意志的体现，是对理财行为的引导或约束，也是企业与投资者、与市场之间信息沟通的一种方式。作为一门致用的学科，长期以来，财务决策理论始终是学术界所关注的重要领域，这方面的研究已经取得了丰硕的成果。但是，除了建立在严格假设基础上的很多学说与模型之外，人们很少在资本成本锚定效应的基础上展开财务决策的研究，这就极大地削弱了财务决策研究的科学性，对于公司财务实践的引导价值也大大降低。

在财务决策过程中，资本成本发挥着不可或缺的锚定作用。唯有确定了资本成本估算值，财务决策才可以理性地做出。受到资本成本约束的财务决策，构成为企业主要的财务决策，包括资本投资决策、融资决策与股利决策（政策）。

资本投资决策是企业最为重要的财务决策，是决定企业价值的唯一的财务决策。资本成本的高低从根本上决定了企业投资的规模，进而决定了企业的发展实力。净现值（NPV）法则是资本投资决策的基本原则，按照这一法则，只有当资本投资项目的预计报酬率（IRR）等于或者超过企业或项目的资本成本（WACC）水平的时候，项目才可以被采纳；否则，当投资于净现值为负值的投资项目时，就意味着过度投资，会严重地损害股东的利益。即资本投资决策的基准原则是：

$$IRR \geqslant WACC \text{ 或者 } NPV \geqslant 0$$

融资决策是为投资决策服务的。一个企业的融资规模由投资决策直接决定，融资决策的主要内容是确定目标资本结构。MM 资本结构理论仅关注了长期负债与股权资本所构成的资本结构，最近 20 年以来，除了这一资本结构之外，股权结构即由不同性质股东投入资本所构成的结构引起了人们更多的关注。按照现代资本结构理论，最佳的融资决策应当是使资本成本（WACC）最低，因此，资本成本的最低也就自然成为融资决策的一个核心标准。

就牵涉的方面而言，融资决策实则一个极为复杂的复合型决策。股权资本融资尤其是IPO甚至在很多情况下并非一般意义上的融资行为，而主要是对股权结构的调整，这种行为影响最多的可能不是公司财务，而是公司治理。在这个过程中，董事会和管理层有责任、有义务通过有效的工作比如完善内部控制、改进风险控制机制、提高信息披露质量等等谋求投资者的理解与信任，借此降低投资者要求报酬率，降低资本成本水平。

无论是资本结构决策，还是股权结构决策，降低资本成本无疑都是最为重要的决策因素。但是，必须说明的是，降低资本成本显然不是公司财务的目标追求之一，因为资本成本水平从根本上讲是由投资者的报酬率意愿所决定的。董事会和管理层只能通过公司治理的改善与理财行为的优化来影响投资者对于企业投资风险与收益的评价，而不能直接以降低资本成本为目标。

股利政策是最为股东所关注的财务决策，它直接影响到股东自身财富的变化。在股利理论中，人们关注较多的是股利支付的调整因素和数据特征，而显然忽略了资本成本与股利支付之间的内在联系。最佳的股利政策必须同时满足以下两个要求：一个是以必要的利润留存来保障企业的长远可持续发展（g），另一个是通过现金股利（D）来实现股东所提出的报酬率要求（r_e）。资本成本无疑成为决定现金股利支付的最为重要的因素，即：

$$\bar{r_e} \geq \frac{D}{P_0} + g = r_e$$

合理地处理现金股利支付（D）与留存利润以保障可持续发展（g）之间的关系是公司股利政策制定过程中的一个紧要问题。以往研究过多地关注股利支付率，我们认为，股利支付额（D）也应当予以高度重视，因为对于股东来讲，股利支付额是决定其实际报酬率（$\bar{r_e}$）的直接因素之一。

在资本投资项目可以细分的情况下，只要投资项目的报酬率（IRR）高于项目的资本成本，利润就应当留存用于投资，直至投资项目的净现值等于 0 为止。这种剩余股利政策的实施可以在实现企业可持续发展的同时，做到股东财富的不断增加。利润在满足投资需求之后剩余的部分应当完全地分派给股东。

综上，资本成本对于财务决策（政策）的作出具有不可或缺的锚定作用。换言之，没有资本成本约束的财务决策必将是盲目的、非理性的。资本成本是理财目标实现与财务决策制定的基本约束。

（三）中国国有企业改革与现代公司财务理论

现代财务理论是以股份公司尤其是上市公司为目标展开研究的。源自于美国的财务理论构成为现代财务理论的主流，这已是不争的事实。这些"舶来"的财务理论如何在我国企业界发挥作用，尤其是对我国国有企业的理财实践发挥有效的解释与预测功能，更是受到了我国学术界和企业界的关注。不少人认为，鉴于我国国有企业的特殊性质，这些源自西方的财务理论难以真正发挥作用，必须有选择、有改造地予以借鉴。这个认识问题如不从根本上解决，我国财务理论的发展必将受到很大阻碍，也不利于我国企业财务管理质量的提高。

理论之所以称其为"理论"，就在于其内容的纯粹性与普适性。具体到某些财务学说或者理论模型，为了达到纯粹和普适的特征，都是基于多个严格而近乎苛刻的假设基础之上的。那些前提假设本身对现实做出了高度的概括甚至极端的抽象，其根本目的在于撇开各种财务现象的表象，对其本质进行精髓性的分析。建立在这样严谨假设基础之上、并经过缜密推导、严格论证出来的理论才真正具有坚实的理论基础，这样的学说与模型才能达到解释现实、预测未来的学术价值，而这种理论与国家或者地区的特色是毫无关系的，比如即使是在市场经济高度发达的美国，没有摩擦的市场，没有任何税的法律环境等等这些假设也是根本不可能存在的。

国际经济学界已经达成共识，某一理论的科学性不是根据其假设条件的严格程度与数目多寡来界定，而是根据其能否充分地发挥学术的两大功能进行判断。只要能够有效地解释现实和预测未来，不论其假设多么严格甚至于不切实际，这一理论都是科学的。基于这一认识，每当新的学说或者模型被提出之后，学术界不会对其假设以及结论进行争论，而是要对其进行严格的经验检验，并根据经验检验的结果，对这种学说或者模型进行判断和评价。当经验研究出现与理论不符的结论时，理论界将逐渐放松或修正原有假设，对该学说或模型进行调整或扩展，从而使得新的理论更加贴近现实，以进一步合理地解释现实并有效预测未来。这种不断推动理论创新的过程本身就是一门学科演进发展的一般过程。

中国目前的国情与美国等工业发达国家有着极大的差异，无论是政治环境还是经济发展阶段莫不如此。能够在美国通过经验检验的财务学说或模型，未必能够在我国也通过检验，比如，有效市场假说（Efficient Market Hypothesis，EMH）和资本资产定价模型（CAPM）等。对半个多世纪以来出现的重要的财务学说或模型在我国环境下进行经验检验，应当是我国学者的一项重要工作。

现代财务理论对于我国国有企业的理财实践同样具有极强的解释功能与预测功能。这可以从宏观与微观两个层面来看。从微观层面上看，我国国有企业在理财实践中，需要投资理论、融资理论、股利理论等各种财务理论予以指导；从宏观层面上看，毋庸置疑，在整个宏观经济发展过程中，我国国有企业已经并将继续发挥着无可替代的作用，基于资本成本的现代财务理论对于这一关键作用的发挥应当提供重要的学术支持。

与一般法律形式的企业相比，我国国有企业的特征主要体现在以下两个方面：（1）具有中国特色的政府股东的性质；（2）政府对国有企业（主要是公益性国有企业）实施政府管制。

一方面，政府股东应当严格按照一般投资者的标准来进行要求。作为国有企业的投资者，政府股东理应按照其所承担的风险程度对被投资的国有企业提出报酬率的要求（政府股东的股权资本成本），国有企业以此为基准实施科学的投融资决策。同时，"同股同权，同股同利"的法则适用于所有性质的股东，国有企业的税后盈余必须依据政府股东要求报酬率的满足与企业未来可持续发展需求的实现来实行国有企业的股利分配。然而迄今为止，我们尚不清楚我国这一"中国特色"的政府股东的要求报酬率。这一公司财务核心因素的阙如，必将导致我国国有企业的非理性财务行为，并对我国国有企业的分红政策产生直接影响。

另一方面，政府规制是政府公共权力的应用，是政府对企业行为的约束与干预。从目前的情况看，我国政府对于国有企业的规制在很大程度上仍然延续数十年之前的某些做法，采取行政管理与经济管制混合的一种制度。国际上普遍采用的政府规制方法是公正报酬率规制与价格上限规制，资本成本在这两种规制方法中起到了极其关键的作用。对比我国长久以来一贯采用的成本加成方法，尽管2005年国家发改委颁布的《输配电价管理暂行办法》已经涉及"资本成本"这一核心概念，但其资本成本的确定，特别是股权资本成本的确定，依然是很粗略不精的。

可以想象，在我国的国有企业改革进程中，如果每一家国有企业都真正运用基于资本成本的公司财务理论指导自身的理财实践，政府对于国有企业的资本成本实施理性调整并将其应用于国企分红与政府规制等宏观政策的制定当中，从而对于国有企业的公司治理、理财行为加以资本成本约束，并使之逐渐成为一种非常理想的制度，那么这种制度可以将国有企业的微观层面的治理与管理和宏观层面的国有资本投资管理有机地结合起来，在提高国有企业绩效的基础上，提高国有资本的投资效率。

参考文献：

［1］Ezra Solomon. Measuring a Company's Cost of Capital [J]. The Journal of Business，1955，28（4）：240 – 252.

［2］Franco Modigliani and Merton H. Miller. The Cost of Capital，Corporation Finance and the Theory of Investment [J]. American Economic Review，1958，48（3）：261 – 297.

［3］Robert F. Bruner，Kenneth M. Eades，Robert S. Harris，and Robert C. Higgins. Best Practices in Estimating the Cost of Capital：Survey and Synthesis [C]. Financial Practice and Education，Financial Management Association International，1998：13 – 28.

［4］E. W. Clemens. Some Aspects of the Rate-of-Return Problem [J]. Land Economics，1954，30（1）：32 – 43.

［5］Lionel W. Thatcher. Cost-of-Capital Techniques Employed in Determining the Rate of Return for Public Utilities [J]. Land Economics，1954，30（2）：85 – 111.

［6］E. W. Morehouse. Comments on Previous Discussion on Rate-of-Return Problem and Cost of Capital in Public Utilities [J]. Land Economics，1955，31（1）：75 – 77.

［7］Fred P. Morrissey. A Reconsideration of Cost of Capital and a Reasonable Rate of Return [J]. Land Economics，1955，31（3）：229 – 244.

［8］Joseph R. Rose. "Cost of Capital" in Public Utility Rate Regulation [J]. Virginia Law Review，1957，43（7）：1079 – 1102.

［9］［英］马歇尔. 经济学原理 [M]. 北京：商务印书馆，2009.

［10］［美］欧文·费雪. 利息理论 [M]. 上海：上海人民出版社，1999.

［11］［英］约翰·梅纳德·凯恩斯. 就业、利息和货币通论［M］. 北京：商务印书馆，2009.

［12］［英］希克斯. 价值与资本［M］. 北京：商务印书馆，2009.

［13］Joel Dean. Capital Budgeting［M］. Columbia University Press，1951.

［14］Durand，David. Costs of Debt and Equity Funds for Business：Trends and Problems of Measurement［C］. NBER Chapters，in：Conference on Research in Business Finance，1952，215 – 262.

［15］Franco Modigliani and Morton Zeman. The Effect of the Availability of Funds，and the Terms Thereof，on Business Investment［C］. NBER Chapters，in：Conference on Research in Business Finance，1952，263 – 316.

［16］Roland P. Soule. Trends in the Cost of Capital［J］. Harvard Business Review，1953，March – April.

［17］Walter A. Morton. The Structure of the Capital Market and the Price of Money［J］. The American Economic Review，1954，44（2）：440 – 454.

［18］Ezra Solomon. The Theory of Financial Management［M］. Columbia University Press，NY，1963.

［19］Lawrence J. Gitman. Principles of Managerial Finance［M］. Harper Collins Publisher，6th Edition，1991.

［20］［美］彼得·纽曼，［美］默里·米尔盖特，［英］约翰·伊特韦尔，胡坚等译. 新帕尔格雷夫货币金融大词典（第一卷）. 北京：经济科学出版社，2000.

［21］［美］罗伯特·A. 哈根，赵冬青译. 新金融学——有效市场的反例［M］. 北京：清华大学出版社，2002.

［22］［法］让·梯若尔，王永钦，许海波，佟珺，孟大文译. 公司金融理论［M］. 北京：中国人民大学出版社，2007.

［23］Adolf Augustus Berle and Gardiner Coit Means. The Modern Corporation and Private Property［M］. McMillan，1932.

［24］Michael C. Jensen and William H. Meckling. Theory of the Firm：Managerial Behavior，Agency Costs and Ownership Structure［J］. Journal of Financial Economics，1976，3（4）：305 – 360.

［25］La Porta R. ，Lopez-de-Silanes F and Shleifer A. Corporate Ownership around the World［J］. Journal of Finance，1999，54（2）：471 – 517.

［26］Michael C. Jensen and Clifford W. Smith. The Modern Theory of Corporate Finance［M］. McGraw – Hill Companies，1984.

［27］Myers，S. C. and Majluf，N. Corporate Financing and Investment Decisions when Firms have Information that Investors do not have［J］. Journal of Financial Economics，1984，13（2）：187 – 221.

［28］Fischer Black. The Dividend Puzzle［J］. Journal of Portfolio Management，1976，2（2）：5 – 8.

　　[29] [美] 阿尔弗洛德·拉帕波特，丁世艳，郑迎旭译. 创造股东价值 [M]. 云南：云南人民出版社，2002.

　　[30] [美] 艾伦·C. 夏皮罗著，蒋屏，浦军译. 跨国公司财务管理基础（第五版）[M]. 北京：中国人民大学出版社，2006.

　　[31] [美] 蒂姆·科勒，[荷] 马克·戈德哈特，[美] 戴维·威赛尔斯著，高建，魏平，朱晓龙等译. 价值评估——公司价值的衡量与管理 [M]. 北京：电子工业出版社，2007.

　　[32] Ramesh K. S. Rao and Eric C. Stevens. A Theory of the Firm's Cost of Capital：How Debt Affects the Firm's Risk, Value, Tax Rate and the Government's Tax Claim [M]. World Scientific Publishing Company, 2007.

　　[33] Lawrence J. Lau. Econometrics, Volume 2：Econometrics and the Cost of Capital [M]. Cambridge, MA：The MIT Press, 2000.

第四章 资本成本：估算技术

科学合理的资本成本估算值在微、宏观领域发挥着难以替代的基准性作用，系统的、前后连贯的资本成本估算可以稳定诸多问题的研究，如果不能在数量上解决资本成本的估算问题，所有的相关研究就没有客观、可靠的起点与基础，甚至失去科学、正确的目标与方向，这便决定了资本成本估算技术的极端重要性。从某种意义上讲，资本成本理论的发展也就是资本成本估算技术的发展。鉴于债务资本的投资者（债权人）拥有明确的、具有法律效力的书面契约来确保其投资报酬数值的精确性，因此债务资本成本的估算方法相对简单，且便于操作；而股权资本投资后报酬的取得具有较多的不确定因素，即风险较大，因此股权资本成本的估算是资本成本估算中最为繁琐也是最为困难的部分。本章将侧重股权资本成本的估算技术进行分析。

一、股权资本成本估算技术分类

按照现代财务理论，资本成本是投资者所期望得到的、与其承担风险程度相称的报酬率，也是企业资本投资项目的最低报酬率水平。在这个概念中，隐含着资本成本概念的两个基本特性："预期"与"理性"。预期特性决定了资本成本不具备历史成本的性质，而是投资者对未来报酬率的期望。这一报酬率期望与风险紧密相关。理性特性决定了资本成本必然有一个合理的界域，因为它是理性投资者基于对其所承担的风险程度进行了理性判断后所做出的理性预期。股票投资者的实际报酬率可能低于无风险报酬率，但是股权资本成本——股票投资者的要求报酬率——却不可能低于无风险报酬率，因为反之显然不具备理性的特质。体现资本成本的这两个特征，理应是对资本成本估算技术科学性的基本要求。

基于上述两个特征，近一个世纪以来，学者们从不同的视角出发，提出了多种股权资本成本估算技术，其丰富性与多样性蔚为大观，构成为一个动态的、不断演进中的资本成本估算学说体系。然而，面对同一估算对象，多种估算技术经常会产生多种彼此各异的估算结果，这些结果之间的差异性有时会十分显著。在进行股权资本成本估算时，一些关键因素的不同选择将导致估算值产生重大的差异，这些问题的解决与否具有至关重要的作用（Bruner et al.，1998）[1]。各种纷繁复杂的股权资本成本估算技术一方面说明了合理估算股权资本成本之艰难，另一方面也映射出各种估算技术自身存在着难以回避的缺陷。

股权资本成本的估算没有现成而直观的报酬率数据，这就迫使实践过程中更加关注使用那些抽象而间接的方法（Bruner et al.，1998）。[1]本章采纳布罗伊尔斯（Broyles，2002）的分类标准，将股权资本成本估算技术划分为两类：[2]（1）基于股权资本成本"理性"特征的风险补偿方法；（2）基于股权资本成本"预期"特征的内含报酬率方法。我们认为，这一分类充分体现资本成本的两大基本特性。基于历史数据、运用市场模型（Market Model）的第一类估算技术假设企业投资者是资本市场上理性的投资者，已实现收益是预期收益的无偏估计。这类技术是20世纪90年代以前股权资本成本估算技术的主流，其中CAPM估算方法仍然是当今理财实务界广泛采用股权资本成本估算技术。然而这类技术现实应用的过程中日益暴露出其局限性。因此基于预测数据的、将股利或现金流的折现值等于股票价格的折现率作为股权资本成本的第二类估算技术——隐含资本成本估算技术，在进入21世纪之后逐渐获得了学术界广泛的认可与普遍的追捧。

二、风险补偿方法

资本成本，就其本质而言，是机会成本。股权资本成本是股东依其股权资本投资的风险程度而提出的要求报酬率，这一报酬率水平建立在风险与报酬权衡的基础之上。因此，站在公司财务理论的角度，对于股权资本成本的估算最符合逻辑的方法就是风险补偿方法。

在这一部分，我们将论证基于风险补偿法的股权资本成本估算技术的理论基础与模型构建，并以此为基础逐一解释各种风险报酬类股权资本成本估算方法。

（一）理论基础与模型构建

风险补偿法是一类基于历史收益数据的、传统的股权资本成本估算技术。这类技术的理论基础在于MM（1958）[3]对股权资本成本估算技术的系统性研究。

　　股东与债权人是公司仅有的两类投资者。由于他们承担的投资风险不同，对企业报酬的索偿程序也不同，因而必然形成要求报酬率的差异。这种差异代表了两类投资者对企业价值拥有权利的差异。股东除了承担企业的经营风险之外，还要承担由于使用负债而增加的财务风险，因而股东的要求报酬率肯定要高于债权人的要求报酬率。MM（1958）深入分析了这种差异。他们首先提出在没有公司所得税的情形下的股权资本成本估算模型：

$$r_e = r_{eL} = r_{eU} + （r_{eU} - r_d）（D/E） \tag{1}$$

　　式（1）表明，存在负债情况下的股权资本成本等于无负债时的股权资本成本加上举债筹资而增加的额外风险补偿，即无负债时的股权资本成本超过债务资本成本的溢价与资本结构（D/E）的乘积。"无负债时的股权资本成本"反映了企业的经营风险，"举债筹资而增加的额外风险补偿"反映了企业的财务风险。

　　在式（1）的基础上，MM（1958）提出了增加公司所得税的情形下的股权资本成本估算模型：

$$r_e = r_{eL} = r_{uU} + （r_{eU} - r_d）（1 - T）（D/E） \tag{2}$$

　　式（2）表明，所得税的存在对有负债情况下的股权资本成本的上升速度具有延缓作用。

　　MM（1958）将有负债时的股权资本成本表示为企业的经营风险与财务风险之和，认为股权资本成本的确定应考虑企业内部的风险因素。这是风险补偿法的股权资本成本估算技术的理论基础，然而MM（1958）并未解决如何估算"无负债时的股权资本成本"的问题。鉴于不同公司"无负债时的股权资本成本"尚需要一个科学客观且操作可行的估算技术，后人的研究多以无风险报酬为出发点，在无风险利率的基础上加上风险补偿，即：

$$r_e = r_f + r_r \tag{3}$$

　　因此，在无风险报酬（式（3）中的 r_f）的基础上，如何确定风险补偿（式（3）中的 r_r）成为股权资本成本估算的关键环节与核心问题。风险补偿取决于哪些因素?是公司内部因素还是市场因素？宏观因素比如行业因素、经济增长等对风险补偿有没有影响？等等。这些问题引起了人们的争议，至今尚未获得普遍认可的结论。

　　风险补偿法股权资本成本估算技术主要包括：资本资产定价模型（CAPM）、哈马达（Hamada，1969）模型、套利定价模型（APM）和法玛和弗兰奇（Fama & French）三因素模型等等。

（二）资本资产定价模型（CAPM）

马科维茨（Markowitz，1952）[4]创立了现代资产组合选择理论，以此为基础夏普（Sharpe，1964），[5]林特纳（Lintner，1965），[6]特雷诺（Treynor，1961）[7,8]和莫辛（Mossin，1966）[9]等发展形成了资本资产定价模型（CaFfital Asset Pricing Model，CAPM），这是 20 世纪 50 年代以后资产定价理论的典范，也是股权资本成本的传统而经典的估算技术。

CAPM 建立在一系列严格的假设基础之上，具体包括：（1）证券市场是有效的，是无摩擦的，拥有大量可被完全分割、具有充分流动性的资产，市场上的买卖双方信息对称，他们不具备以交易影响市场价格的能力；（2）存在无风险证券，投资者可以自由地按无风险利率借入或贷出资本；（3）投资总风险可以用方差或标准差表示，系统风险可用 β 系数表示；（4）所有投资者都是理性的，均是厌恶风险型的，他们追求单期财富期望效用最大化，均依据马科维茨（Markowitz，1952）的证券组合模型进行均值方差分析，作出投资决策；（5）不存在税收，也没有交易成本；（6）所有投资者具有相同的预期，即他们对预期收益率、标准差和证券之间的协方差具有相同的预期值；（7）所有投资者具有相同的投资期限，而且只有一期。

CAPM 假定投资者可作完全多角化的投资来分散全部可分散风险（公司特有风险），而无法分散的市场风险（系统风险）才是投资者所关心的风险，因此也只有这些风险才要求获得风险补偿。

$$r_e = r_f + \beta (r_m - r_f) \tag{4}$$

式（4）表明，证券（组合）的要求报酬率（股权资本成本）由无风险报酬与系统风险补偿共同构成。系统风险补偿反映了投资者因承担系统性风险而要求的额外风险补偿，它取决于个别投资（组合）的市场风险程度（β）和市场平均风险补偿（$r_m - r_f$）。β 系数是市场风险系数，体现某证券投资（组合）的报酬率相对于市场投资组合报酬率的波动性。

CAPM 最大的优点在于简单、明确，它首次实现了股权资本成本量化的现实可操作性。因此，自 CAPM 诞生之日起，便立即引起了学术界的广泛关注，各种理论争议和经验证明不断涌现，既有支持该理论的实证证据，也有很多对其正确性提出的严重质疑。然而，尽管学术上对 CAPM 的有效性尚存争议，但是毋庸置疑的是，CAPM 的研究视角是正确的，其简洁、合理、明确的特征赢得了人们的支持，并被金融市场上的投资者广为采纳。调查研究显示，CAPM 已经成为 20

世纪90年代以来各国企业界广泛采用的股权资本成本估算技术（Petry & Sprow，1993；[10] Graham & Harwef，2001；[11] Brounen et al.，2004[12]）。因此，CAPM 为学术界与企业界提供了一个良好的股权资本成本估算技术，其理论意义不能简单地进行总结，它已经成为现代财务理论的重要里程碑之一（Megginson et al.，1997[13]）。

（三）哈马达（Hanaada，1969）模型

哈马达（1969）认为，企业的经营风险和财务风险都是影响股东要求报酬率的重要因素[14]。经营风险是假设不运用负债情况下企业生产经营活动所固有的风险；财务风险则是由于债务资本的使用而给普通股股东增加的风险。两类风险共同构成公司的总风险。股东通过对公司的投资而对其所承担的风险提出额外的补偿，即超过无风险报酬的风险补偿。因此，哈马达（1969）模型将 MM（1958）税后股权资本成本估算模型（式（2））和 CAPM 有机地结合在一起，建立了如下模型：

$$r_e = r_{eL} = r_f + \beta_u (r_m - r_f) + \beta_u (r_m - r_f)(1 - T)(D/E) \qquad (5)$$

式（5）中，β_u 是无负债时的 β 系数。该模型表明，有负债企业的股权资本成本由无风险报酬、经营风险补偿和财务风险补偿共同形成。如果企业没有使用债务资本，即 D = 0，财务风险补偿也就为 0。那么哈马达（1969）模型实际上就是基本的 CAPM。而债务资本的使用增大了企业的财务风险——股东的投资风险，且资本结构中债务资本的比重越大，即 D/E 越大，企业的财务风险越大，股东要求获得的额外补偿越高。因此，这一模型很好地体现了股权资本投资者基于企业风险而提出要求报酬率的估算原理，其思路与 MM（1958）模型的根本思想是一致的，即股权资本成本的确定，应考虑企业内部的经营与财务因素；但它与 MM（1958）模型的不同之处在于，该模型利用 CAPM 解决了"无负债时的股权资本成本"的估算问题。尽管如此，"无负债时的股权资本成本"的估算仍然利用的是CAPM，即依然需要以资本市场的数据为基础，并未真正将真实体现企业风险的企业内部数据直接运用到股权资本成本的估算模型中。此外，鉴于无负债时的 β 系数不易取得，不像 CAPM 那样使用起来简单易行，因此在现实中，无论是学术界还是企业界，哈马达（1969）模型都鲜有使用。

（四）套利定价模型（APM）

标准的 CAPM 是单因素模型，认为投资者的要求报酬率只与一个因素有关，

那就是单只股票收益的波动与整个市场收益波动的相关性，这就为学术界在此基础上进一步开展后续研究留下了充分的空间。众多学者对资本资产定价理论进行了拓展，形成了多因素的资产定价模型，其中比较著名的是套利定价模型（Ar-bitrage Pricing Model，APM）和三因素模型（Three-factor Model）。

　　罗斯（Ross，1976）假设完全竞争的市场中不存在套利机会，进而推导出APM。与CAPM不同，APM主张，任何资产的报酬率除了获得CAPM中相对于市场投资组合报酬的风险补偿即系统性风险补偿外，还应考虑若干个宏观经济因素导致的风险补偿，也就是说投资报酬率是若干个宏观经济因素的一次函数，而市场风险投资组合仅仅是其中的一个因素。[15]因此，APM有时候也称为多指数模型或多因素模型（Multi-factor Model）。

$$r_e = r_f + \beta(r_m - r_f) + \beta_1(r_1 - r_f) + \beta_2(r_2 - r_f) + \cdots + \beta_n(r_n - r_f) \qquad (6)$$

　　式（6）中的 $\beta_1 \cdots \beta_n$ 是投资（组合）报酬率相对于因素1到n的报酬率的波动性（或称敏感性），$r_1 \cdots r_n$ 是因素1到n的报酬率。该式表明，股权资本成本等于无风险报酬加上相对于市场组合报酬的风险补偿（系统性风险补偿）与相对于其他若干宏观因素报酬的风险补偿。罗斯（1976）假定，资产报酬率与所有特定因素之间都是线性相关的，同时认为在若干个宏观经济因素中，有四个变量可以显著地影响股票报酬：（1）工业生产指数；（2）违约风险溢价的变化程度（根据AAA级公司债券与Baa级公司债券承诺的到期报酬率之间的差额来加以度量）；（3）收益曲线的扭曲程度（通过长期和短期政府债券承诺的到期报酬率之间的差额加以度量）；（4）未预期的通货膨胀。在这个模型中，宏观经济因素与市场因素一样，成为影响企业资本成本水平的重要因素。

　　APM的基本思路与CAPM是相同的，只是在形式上将期望报酬率的影响因素由CAPM的单因子模型扩展为多因子模型，并希望该多因子模型改进原来的单因子模型。从理论上讲，APM的适用性更强，应用范围更广。与CAPM类似，APM也是建立在一系列理论假设的基础之上的，包括：（1）投资者是风险厌恶的，追求效用最大化；（2）资本市场是完全竞争的，交易成本等因素都是无异的；（3）投资者具有相同的预期；（4）在市场均衡的条件下，投资组合的套利收益为零。但是与cAPM不同的是，APM并不要求：（1）以期望收益率和风险为基础选择投资组合；（2）投资者可以相同的无风险利率进行无限制的借贷；（3）投资者具有单一投资期。假设条件的放松无疑增加了APM的解释力。然而，依照罗斯（1976）的初衷，他提出APM的一个重要目的是试图用它来取代CAPM。罗尔（Roll，1977）指出，CAPM需要检验市场收益率的"均值一方差有效性"，而这种市场有效性是不可检验的[16]。罗斯（1976）认为APM选取的多个风险因素不需要"均值一方差有效性"，然而事实却非如此。并且，APM 由于没有明确指出影响预期收益的因素而遭到对其可验证性的怀疑，所以其实际操作性无法与 CAPM 相媲美。学术界对 APM 的讨论主要集中于到底哪些因素影响资本成本水平。起初学者采用因素分析法进行研究，比如，陈等（chen et al.，1986）的研究发现，有四项宏观经济因素可以解释期望证券的预期收益：长期与短期利率差、期望与非期望通货膨胀、工业产值以及高级别与低级别公司债券收益差[17]。然而因素分析法被德米兹等（DhryiTles et al.，1984）质疑为是一个错误的工具。[18]尚肯（Shanken，1982）认为只有确认影响收益的真实因素结构之后，我们才能检验 APM 的正确性。[19]戈登堡和罗宾（Goldenberg & Robin，1991）也指出，在用 APM 进行分析时，如果选择因素的数目与构成不同，结果会有很大差异。[20]然而，截至目前，学术界对于资本成本的真实影响因素尚无法确定，这便使得以多因素模型为基础展开进一步研究步履艰难。

（五）法玛和弗兰奇三因素模型

罗斯（1976）提出的 APM 是资产定价理论由单因素模型向多因素模型过渡的重要标志，如何将那些决定投资者要求报酬率的客观因素一识别出来并科学地定义其作用机制，成为继罗斯（1976）之后学术界研究的热点与难点。伴随着资本资产定价理论的完善与发展，股权资本成本估算技术越来越复杂。班茨（Banz，1981）发现除了证券组合风险以外，公司规模也会对股票的平均收益率产生影响，[21]禅等（Chan et al.，1991）的研究则表明账面市值比在日本股票市场上对平均收益率具有较高的解释能力。[22]随后的法玛和弗兰奇（1992）通过对美国市场1963~1990 年间的数据研究发现，市值（ME）、账面市值比（BE/ME）、财务杠杆（leverage）和市盈率（E/P）四个因子都对股票回报率具有很强的解释能力，而股票的市场 β 值则不能解释不同股票回报率的差异。通过多变量回归，他们得出如下结论：β 对股票平均收益率横截面数据的解释能力很弱，而市值和账面市值比的解释能力很强。[23]法玛和弗兰奇（1993）采用布莱克－詹森－斯格尔斯（Black－Jensen－Scholes）时间序列的方法，进一步通过模拟市场风险、规模风险和账面市值比风险构造了三因子，用来解释股票收益的变化，这就是著名的法玛和弗兰奇三因素模型[24]。

$$r_e = r_f + \beta \times (r_m - r_t) + s \times SMB + h \times HML \tag{7}$$

法玛和弗兰奇三因素模型指出，以下三个重要因素共同影响股票报酬率：（1）市场（market）因素，即相对于市场组合报酬的证券投资风险补偿，这就是

CAPM中的市场风险补偿（$r_m - r_f$）；（2）规模（Size）因素，指小规模组的证券（组合）报酬率与大规模组的证券（组合）报酬率之差（Small Mintis Big, SMB）；（3）股权的账面～市价比率（Book – to – Market Equity Ratio）因素，指高账面—市价比的股票组合与低账面—市价比的股票组合之间报酬率之差（Higll Minus Low, HML）。换言之，股票投资报酬率除了包括 cAPM 中投资（组合）相对于市场组合报酬的风险补偿外，还应考虑规模因素和账面—市价比因素导致的风险补偿，企业规模的大小、账面市价比的高低在某种程度上反映了投资者对于公司未来的预期以及股票投资风险的大小。式（7）中的 B、s 和 h 就是三个因素的敏感系数，代表了股票报酬率相对于市场投资组合报酬率、企业规模报酬率和账面—市价比报酬率的波动性（或称灵敏度）。通常，股票受市场波动的影响越大，表明市场风险越大，要求的报酬率也就越高；股票受企业规模、账面—市价比的影响情况要较为复杂一些。

法玛和弗兰奇三因素模型被认为比传统的 CAPM 更好地解释了横截面股票价格行为，根据该模型，股权资本成本等于无风险报酬加上相对于市场组合报酬、企业规模与企业账面—市价比的风险补偿。"相对于市场组合报酬的风险补偿"是系统性风险补偿，以市场数据为基础来确定，而"相对于企业规模与企业账面—市价比的风险补偿"属于非系统性风险补偿，需要构造投资组合来确定。

与 APM 相比，法玛和弗兰奇三因素模型更加明确和具体化了影响股票报酬的因素，将风险与报酬之间的关系刻画得简单明了，这无疑大大提升了模型的实用性。因此，在股权资本成本估算过程中该模型被广泛采用。然而，法玛和弗兰奇三因素模型是在数据经验检验的基础上提出的，缺乏相应的理论支撑。同时，能否将影响股票价格行为的因素主要归结为法玛和弗兰奇三因素模型中的三个因素，仍然受到许多学者的质疑。

上述三个估算模型，APM 可谓是最为一般的模型，CAPM 与法玛和弗兰奇三因素模型，抑或是其他的多因素模型，其实都是针对某些情形甚至是某些特定情形的资产定价模型。

三、内含报酬率方法

近年来，以奥尔森（Ohlson, 1995）[25]纠再次引入的剩余收益估价模型（Residual Income Valuation Model, RIVM）与经奥尔森和于特纳（Ohlson & Juettrler – Nauroth, 2005）[26]发展形成的非正常盈余增长估价模型（Abnormal Earning

Growth Valuation Moclel，AEGVM）为代表，通过市场期望报酬率获得股权资本成本的隐含资本成本估算技术蓬勃发展起来，并迅速成为资本成本实证研究领域的主力军。所谓隐含资本成本，是指通过市场价格与会计数据（会计收益、盈余与股利的预测数据）来倒推出市场所隐含的预期报酬率，即资本成本。隐含的资本成本估算技术将期望报酬率——资本成本——的估算建立在预测数据的基础之上，而非根据历史数据进行推算，就技术层面而言，是要解读市场价格所蕴含的、投资者所要求获得的预期报酬水平，更加符合资本成本的"预期"特性。

在这一部分，我们将详细论证股权资本成本估算技术中的隐含估算技术的理论基础与模型构建，分类汇总并推演各种隐含资本成本估算方法。

（一）理论基础与模型构建

隐含资本成本估算技术是建立在有效资本市场这一严格假设前提下的，就是说，市场价格 P_0 是对真实价值 V 的最佳理性估计，即 $P_0 = V$。在市场均衡状态下，隐含在市场价格中的对未来现金流予以资本化的折现率就是资本成本。这从资本化模型中可以明晰地看出来：

$$V = \sum_{t=1}^{\infty} \frac{x_t}{(1 + r)^t} \tag{8}$$

如果式（8）中的 x_t 是公司的自由现金流 FCF_t，那么式（8）就转化为公司估价模型，即折现现金流模型（DCFM）：

$$V^F = \sum_{t=1}^{\infty} \frac{FCF_t}{(1 + r)^t} \tag{9}$$

式（9）中，V^F 表示公司价值。在有效市场中，公司未来各期自由现金流 FCF_t 以投资者（股权投资者和债权投资者）期望的报酬率进行折现后的现值应当等于公司目前的市场价格 P_0。也就是说，用 P_0 对 V^F 进行理性替代，反向应用公司估价模型，就可以得到市场价格中所隐含的投资者预期报酬率，即隐含资本成本 r，且是包含公司股权与债权在内的加权平均资本成本（WACC）。伊斯顿（Easton,2007）将这种倒用估值模型推算隐含资本成本的估算技术，称为逆向工程（Reverse Engineering）。[27]

式（8）中的 x_t 如果是股权现金流，比如预期未来各期股利 dps_t，则该式可以转化成为股权估价模型，即股利资本化模型（Dividends Capitalization Model，DCM），又称股利折现模型（Dividends Discount Moclel，DDM）：

$$V^E = \sum_{t=1}^{\infty} \frac{dps_t}{(1 + r_e)^t} \tag{10}$$

式（10）是威廉姆斯（Williams，1938）首次提出的使用股利进行现金流折现的估值模型[28]。将其中的 V^E 用公司在 t = 0 时刻的股价 P_0 进行替代，从而倒轧出的股权投资者要求的报酬率，是未来股利折现为当前股价的风险折现率，也就是股权资本成本 r_e。

式（10）是一个建立在永续假设基础上的无限期模型，该模型在现实中很难实际应用。因此，在隐含股权资本成本的估算中，通常需要将未来划分为短期预测期与短期预测期之后的稳定增长期两部分。短期预测期（T）是一个明确的有限预测期，是能够较为准确地提供预测数据、误差可以控制在可允许范围之内的时间区间。分析师要对这一预测期的收益与盈利数据进行详细的逐期预测。在短期预测期之后，一般假设用于股权资本成本估算的收益与盈利数据按照某一固定增长率（g）稳定增长，这是采用简化方式来确定的后续预测期。由此，可以推导出有限期的股利折现模型：

$$P_0 = \sum_{t=1}^{T} \frac{dps_t}{(1 + r_e)^t} + \frac{dps_T(1 + g_d)}{(r_e - g_d)(1 + r_e)^T} \tag{11}$$

式（11）是基于预测数据（预期未来股利）估算隐含股权资本成本的理论基础，其中的 g_d 是短期预测期后股利的稳定增长率。著名的戈登模型（Gordon Model），又称股利增长模型（Dividends Growth Model，DGM），实际上就是式（11）中 T = 0 的结果。但是，不容否认的一个事实是，未来股利的预测具有很大的主观性与不确定性。大量的实证研究发现，公司公布的会计盈余等数据对股票价格具有很强的解释力（Fama & French，1992；Kim，1997[29]）。因此，更多的会计数据补充甚至替代了股利在股票估值中的作用，将估价技术推向了一个新的阶段。就技术层面而言，隐含资本成本估算必须对于未来的盈余水平（剩余收益或非正常盈余的增长额）进行科学而合理的估计，这些估算技术应用的成功与否直接取决于未来预测的准确性，预测的不当会严重影响估算结果的可靠性与有用性。

基于估价模型的隐含资本成本估算技术，主要应用如下两个重要变量：盈余的预测与盈余增长的预测，从而相应地发展成为剩余收益估价模型（RIVM）与非正常盈余增长估价模型（AEGVM）。

（二）基于剩余收益估价模型的隐含资本成本估算技术

基于股利折现模型，普恩瑞驰（Preinreich，1937）最早提出了剩余收益估价模型。[30]尽管经历了爱德华兹和贝尔（Edwards & Bell，1961）[31]的进一步深入研究，但这一模型在此后沉寂了 30 余年，并未引起理论界的足够重视，更未得到企业界的普遍应用。直到奥尔森（1995）再次系统阐述了公司股权价值与会计变量之间的关系，费尔特姆和奥尔森（1995）[32] 进一步提出干净盈余（Clean Surplus）理论，剩余收益估价模型才重新受到学术界的青睐并受到广泛采用。

剩余收益估价模型是建立在干净盈余假设的基础之上的。所谓干净盈余，是指所有影响账面价值的收益或损失均包含在当期盈利中，即净资产的变动等于当期盈余减去股利：

$$CS_t = \Delta bps_t = bps_t - bps_{t-1} = eps_t - dps \tag{12}$$

式（12）中，CS_t 表示干净盈余，bps_t 表示每股账面价值。按照干净盈余假设，会计收益（eps）与股利（tps）之间满足干净盈余关系：导致股权变化的净利润等于公司利润表中的净利润。在干净盈余假设成立的条件下，式（11）中未来股利的预测即可转换成股权账面价值（bps）与未来盈余（eps）的预测。

所谓剩余收益，[①] 是指公司的净利润与股东所要求获得的报酬之间的差额。

$$RIPS_t = eps_t - r_e bps_{t-1} \tag{13}$$

式（13）中，$RIPS_t$ 表示每股剩余收益，$r_e bps_{t-1}$ 是相当于股东要求的报酬的利润，这是一种机会成本。公司只有赚取了超过正常收益的净利润，即获得了正的剩余收益，才是真正实现了盈利。

将干净盈余与剩余收益的概念应用于股利折现模型，就可以得到剩余收益估价模型。这一模型实际上是梅耶斯（Myers，1977）公司估价理论[②]的进一步延伸与深化。[33] 与传统的折现现金流模型和股利折现模型不同，剩余收益估价模型直接着眼于公司价值创造的过程，它将公司股票的内在价值表述为当前股权账面价值与预期剩余收益的现值之和。

以式（11）为基础，逆向应用剩余收益估价模型，可得：

$$P_0 = bps_0 + \sum_{t=1}^{T} \frac{RIPS_t}{(1 + r_e)^t} + \frac{RIPS_T(1 + g_{ri})}{(r_e - g_{ri})(1 + r_e)^T} \tag{14}$$

式（14）中，g_{ri} 表示短期预测期之后剩余收益的固定增长率。该式是利用剩余收益估价模型估算隐含股权资本成本的基本公式。在奥尔森（1995）之后，众

① 关于剩余收益的概念，理论上可以追溯至马歇尔（Marshall，1890）的经济利润（economic eamings）这一概念。从经济学的视角来看，经济利润是投入资本所产出的利润超过资本成本的差额。马歇尔（1890）认为，一家公司要真正实现盈利，除补偿该公司的经营成本之外，还必须补偿其资本成本。但严格意义上讲，剩余收益并不等同于经济利润，二者差异主要体现在计算过程中收益与价值的确认方法上。坎宁（Canning，1929）将经济利润概念引入会计学，提出超额收益（excess income）概念，又称非正常盈余（abnomlal eamings）、剩余收益（residual income）。

② 梅耶斯（1977）指出，公司的市场价值由现有资产的价值和未来增长机会的现值两部分构成。

多学者纷纷利用这种方法估算资本成本，其中比较重要的研究是 GLS（2001）模型（Gebhardt, Lee & Swaminathan, 2001）、[34] CT（2001）模型（Claus & Thomas, 2001）、[35] OS（2000）模型（O'Hanlon & Steele, 2000）、[36] ETSS（2002）模型（Easton et al., 2002），[37] 等等。这些研究的基本区别在于对短期预测期后剩余收益的期望增长率的处理不同。

1. GLS（2001）模型

GLS（2001）模型运用期望股权资本报酬率（roe_t）的概念，并基于如下假设：

（1）短期预测期 T = 12。

短期预测期分为两部分：①短期明确预测期，前 3 期，盈余建立在分析师预测的基础上，股利支付率是一定的；②中期衰减期：第 4～12 期，以行业历史 roe 的中值或均值为第 12 期 roe_{12}，从第 4～11 期的 roe 采用第 3 期和第 12 期的 roe 进行等差衰减（Fading）。

（2）短期预测期 12 期之后，剩余收益保持一定，即 $g_{ri} = 0$。

基于如上假设，由 $roe_t = \dfrac{eps_t}{bps_{t-1}}$，代入式（13）可得：

$$RIPS_t = bps_{t-1}(roe_t - r_e) \tag{15}$$

将式（15）带入式（14）中：

$$P_0 = bps_0 + \sum_{t=1}^{11} \frac{(roe_t - r_e)bps_{t-1}}{(1 + r_e)^t} + \frac{(roe_{12} - r_e)bps_{11}}{r_e(1 + r_e)^{11}} \tag{16}$$

式（16）是 GLS（2001）模型的基本公式。

格布哈特，李和斯瓦米纳坦（Gebhardt, Lee & Swaminathan, 2001）认为，剩余收益体现了经济租金（Economic Rents）的概念。从长期看，个别公司的非正常的股权资本报酬率会逐渐消失，整个行业的股权资本报酬率会趋于平均化。换言之，个别公司的股权资本报酬率会在较长时间内趋向于行业平均值。因此他们将第 12 期的期望股权资本报酬率定义为行业历史股权资本报酬率的中值，从第 4 期开始至第 11 期没有预测数据的时间段内，股权资本报酬率按照 $\dfrac{roe_{12} - roe_3}{9}$

的公差递减，例如 $roe_4 = roe_3 - \dfrac{roe_{12} - roe_3}{9}$，以此类推。

2. CT（2001）模型

CT（2001）模型使用非正常盈余概念，其实质与剩余收益完全一致。

假设短期预测期 $T = 5$，CT（2001）模型的基本公式是：

$$P_0 = bps_0 + \sum_{t=1}^{5} \frac{RIPS_t}{(1 + r_e)^t} + \frac{RIPS_5(1 + g_{ri})}{(r_e - g_{ri})(1 + r_e)^5} \tag{17}$$

克劳斯和托马斯（Claus & Thomas，2001）认为，以往的研究将非正常盈余增长率假设为零可能过于悲观了，毕竟稳健原则在财务会计中有着广泛的应用，因此非正常盈余应当为正数。非正常盈余的增长率会受到经济因素的影响，可以根据未来经济的判断进行简单估计。他们指出，期望的名义通货膨胀率高于非正常盈余增长率，是非正常盈余增长率的上限，因而使用期望的通货膨胀率[①]对非正常盈余增长率进行替代。相对于传统的股利增长模型（比如戈登模型），他们模型中的非正常盈余增长率对于当期市场价值的影响较小，因而对风险溢价的估计相对稳健（Relatively Robust）。

在 GLS（2001）模型和 CT（2001）模型中，均要应用研究者主观假设的 g_{ri} 即：短期预测期之后，假设剩余收益以某一固定增长率长期稳定增长。这就不可避免地产生以下的问题：研究者做出这些假设的依据是否真实可靠？有无人为的随意性与臆断性？如果这一假设的剩余收益增长率与利用市场上会计数据信息所计算出来的隐含的剩余收益增长率存在差异，那么必然导致隐含资本成本的估算失去可信性。一些学者因此探求通过构造投资组合（Portfolio），利用线性回归（Linear Regression）技术同时估算市场所隐含的期望报酬率（资本成本）和剩余收益增长率。OS（2000）模型和 ETSS（2002）模型是其中的典型代表。

3. OS（2000）模型

OS（2000）模型假设剩余收益从当期开始按照固定的增长率永续增长。根据式（13）和式（14），对于单一公司（股票），可以得到：

$$P_t = bps_t + \frac{(eps_t - r_e bps_{t-1})(1 + g_{ri})}{r_e - g_{ri}} \tag{18}$$

式（18）等号左右两边同时乘以 $\frac{r_e - g_{ri}}{bps_{t-1}}$，整理可得：

$$\frac{eps_t}{bps_{t-1}} = r_e + \frac{r_e - g_{ri}}{1 + g_{ri}} \cdot \frac{p_t - bps_t}{bps_{t-1}} \tag{19}$$

对式（12），运用回归方程可以得到两个回归系数：截距是 r_e，斜率

---

① 在 CT（2001）模型中，期望的通货膨胀率根据无风险报酬率推导出来，假设实际无风险报酬率

是 $\dfrac{r_e - g_{ri}}{1 + g_{ri}}$。

4. ETSS（2002）模型

伊斯顿等（2002）假设剩余收益从下一期开始按照固定的增长率永续增长。根据式（13）和式（14），对于单一公司（股票），可以得到：

$$P_t = bps_t + \frac{(eps_{t+1} - r_e bps_t)}{r_e - g_{ri}} \qquad (20)$$

式（20）等号左右两边同时乘以 $\dfrac{r_e - g_{ri}}{bps_t}$，整理可得：

$$\frac{eps_{t+1}}{bps_t} = g_{ri} + (r_e - g_{ri})\frac{p_t}{bps_t} \qquad (21)$$

对式（21），运用回归方程可以得到两个回归系数：截距是 g_{ri}，斜率是 $r_e - g_{ri}$。

OS（2000）模型和 ETSS（2002）模型都是采用股权资本报酬率（roe）作为独立变量，应用股票市场价格、股权账面价值与会计盈余数据，选取一组公司（股票）数据的观测值形成组合，通过建立回归方程得到两个回归系数，从而同时得到隐含资本成本与隐含剩余收益增长率。不同的是，OS（2000）模型假设剩余收益从当期开始稳定永续增长，ETSS（2002）模型假设剩余收益从下一期开始稳定永续增长。因此，在数据处理上，OS（2000）模型应用当期已实现的盈余数据，而 ETSS（2002）模型则应用预测的盈余数据。就此比较而言，OS（2000）模型的典型优势在于适用于任意股票投资组合——即使是对于那些没有分析师跟随进行预测的股票（Easton，2007）。伊斯顿（2006）、[38] 伊斯顿和萨默斯（Sommers，2007）[39] 也是采用了与 OS（2000）模型相同的估算思想。

（三）基于非正常盈余增长估价模型的隐含资本成本估算技术

剩余收益估价模型是建立在每股基础之上的。奥尔森和于特纳（2005）指出，未来股权交易会改变流通股份的数量，比如对外发行股票，这就意味着干净盈余假设在每股基础上不成立。这是剩余收益估值模型的一大局限性。他们提出并发展了非正常盈余增长估价模型，也称盈余的非正常增长估价模型（Ahnormal Growth in Earnings Valuation Model，AGEVM）。这一模型的推导不需要干净盈余假设，从而回避了剩余收益估值模型存在的问题。

非正常盈余的增长额，或称盈余的非正常增长额，agr_t，是指含股利的盈余与"正常盈余"（norreal earnings）之间的差额。所谓"正常盈余"，是指前一期盈余以资本成本 r_e 为再投资报酬率所得到的投资本金与收益之和。[①]非正常盈余增长额的表达式为：

$$agr_t = eps_t + r_e dps_{t-1} - (1 + r_e) eps_{t-1} \tag{22}$$

以式（11）为基础，逆向应用非正常盈余增长估价模型，可以得到基于非正常盈余增长估价模型的隐含资本成本估算模型：

$$P_0 = \frac{eps_1}{r_e} + \sum_{t=2}^{T} \frac{agr_t}{r_e(1 + r_e)^{t-1}} + \frac{agr_T(1 + g_{agr})}{(r_e - g_{agr})r_e(1 + r_e)^{T-1}} \tag{23}$$

式（23）中，g_{agr} 表示短期预测期之后非正常盈余增长额的增长率。该式是利用非正常盈余增长估价模型估算隐含的股权资本成本的基本公式。

如果短期预测期为 2 期（T = 2），则非正常盈余增长估价模型为：

$$P_0 = \frac{eps_1}{r_e} + \frac{agr_2}{(r_e - g_{agr}) r_e} \tag{24}$$

OJ（2005）模型和伊斯顿（2004）模型[40]都是在式（24）基础上进行必要假设后推导得出的非正常盈余增长估价模型的简化形式。

1. OJ（2005）模型

奥尔森和于特纳（2005）首先提出假设：

$$Z_t = \frac{1}{r_e} \left(eps_{t+1} - R \times eps_t + r_e dps_t \right) \tag{25}$$

式（25）中，$R = 1 + r_e$。

然后，他们构造序列 $\{Z_t\}_{t=1}^{\infty}$，满足 $Z_{t+1} = \gamma Z_t$，其中，$1 \leqslant \gamma \leqslant R$,[②] $Z_1 > 0$，推导出了隐含股权资本成本估算模型：

$$r_e = A + \sqrt{A^2 + \frac{eps_1}{P_0} \left[\frac{eps_2 - eps_1}{eps_1} - (\gamma - 1) \right]} \tag{26}$$

式（26）中，$A = \dfrac{\gamma - 1 + dps_1/P_0}{2}$。OJ（2005）模型直接通过 eps_1、eps_2、dps_1、γ 和 P_0 来求出股权资本成本。与剩余收益估价模型相比，它直接运用分析师预测未来两年的盈余，而不需要对未来账面价值、股权报酬率进行预测。

---

① 正常盈余这一概念符合米勒和莫迪格莱尼（Miller & Modigliani，1961）的股利无关论，即未来股利以期望报酬率进行再投资。

② 由式（24），可以得到 $Z_t = \dfrac{agr_{t+1}}{r_e}$，$\gamma - 1$ 实际上是非正常盈余的增长额的增长率 g_{agr}。

OJ（2005）模型的关键在于理解 γ。γ 的估算相对简单，可以理解为国民经济的长期增长率。戈德和默罕拉姆（Gode & Mohanram，2003）[41] 指出，OJ（2005）模型①是一个简化模型，它将增长率分解为短期增长率 g_2，$\dfrac{\text{eps}_2 - \text{eps}_1}{\text{eps}_1}$，②和长期增长率，$\gamma - 1$。而短期增长率 g_2 可以超过 r_e，这便从理论上拓展了传统的戈登模型。

2. 伊斯顿（2004）模型

与 OS（2000）模型和 ETSS（2002）模型类似，伊斯顿（2004）通过回归技术推导出同时估算隐含资本成本与隐含非正常盈余增长额的增长率的估算模型。PE 比率、PEG 比率以及修正的 PEG 比率都是两期非正常盈余增长模型的特例，这些估算方法可以由式（24）直接推导得出，同时在设定一些假设的前提下，由伊斯顿（2004）模型和 OJ（2005）模型同样可以得出这三个估算指标，因此也可将它们视为伊斯顿（2004）模型与 OJ（2005）模型的特例。③

由式（22）可得：

$$agr_2 = eps_2 + r_e dps_1 - (1 + r_e) eps_1 \tag{27}$$

将式（27）代入式（24），可得：

$$\frac{eps_2 + r_e dps_1}{P_0} = r_e(r_e - g_{agr}) + (1 + g_{agr})\frac{eps_1}{P_0} \tag{28}$$

式（28）中，伊斯顿（2004）设定 $\gamma_0 = r_e(r_e - g_{agr})$，$\gamma_1 = 1 + g_{agr}$，$ceps_2 = eps_2 + r_e dps_1$，$ceps_2$ 表示预期第二期含股利的每股盈余（forecast of two-period-ahead cum-dividend earnings），式（28）可以重写作：

$$\frac{ceps_2}{P_0} = \gamma_0 + \gamma_1 \frac{eps_1}{P_0} \tag{29}$$

式（29）中，$\dfrac{ceps_2}{P_0}$ 和 $\dfrac{eps_1}{P_0}$ 的线性关系表明，可以通过构建一组公司（股票）数据的观测值形成投资组合的方法进行线性回归，回归的截距和斜率即可同时估算出隐含资本成本 r_e 与隐含剩余非正常盈余增长额的增长率 g_{agr}。

---

① OJ（2005）模型实际上早在 2000 年就已经提出，只是 2005 年才发表。因此会有戈德和默罕拉姆（2003）的评述。

② OJ（2005）模型（式（25））中的一项。

③ 下文解释了 PE 比率、PEG 比率与修正的 PEG 比率是如何在伊斯顿（2004）模型的基础上，通过必要假设后推导而出的。在 OJ（2005）模型中，如果设定 $\gamma = 1$，可以推导出修正的 PEG 比率，如果在此基础上再设定 $dps_1 = 0$，可以推导出 PEG 比率。

假设 $agr_2 = 0$，由式（24）可得：$P_0 = \dfrac{eps_1}{r_e}$，$r_e = \dfrac{eps_1}{P_0}$，也就是说，资本成本就是预期第一期的 PE 比率。

假设 $g_{agr} = 0$，即从第 2 期起，未来各期的非正常盈余增长额相等，且 $dps_1 = 0$，则由式（24）和式（28）均可得：$r_e = \sqrt{\dfrac{eps_2 - eps_1}{P_0}}$，定义 PEG 比率为 PE 比率与短期盈余增长率之比，即 PEG 比率 $= \dfrac{P_0 / eps_1}{(eps_2 - eps_1)/eps_1}$，则股权资本成本是 PEG 比率倒数的平方根。

伊斯顿（2004）[26] 放松了 PEG 比率估算资本成本中 $dps_1 = 0$ 这一假设，提出修正的 PEG 比率，修正的 PEG 比率 $= \dfrac{P_0 / eps_1}{(eps_2 + r_e dps_1 - eps_1)/eps_1}$。假设 $g_{agr} = 0$，则由式（24）和式（28）均可得：$P_0 = \dfrac{eps_2 + r_e dps_1 - eps_1}{r_e}$，$r_e = \sqrt{\dfrac{eps_2 + r_e dps_1 - eps_1}{P_0}}$，即：股权资本成本是修正的 PEG 比率倒数的平方根。①

概括而言，非正常盈余增长估价模型是对剩余收益估价模型的进一步深入与扩展。奥尔森和于特纳（2005）指出，剩余收益估价模型包含了非正常盈余增长估价模型，但反之不然。因此，理论上讲，运用非正常盈余增长估价模型估算隐含资本成本似乎应当更加稳健（More. Robust）。然而，"现有的实证研究表明，利用剩余收益估价模型比利用非正常盈余增长估价模型倒轧出隐含报酬率更加稳健。我们有充分的理由支持在现实中，利用剩余收益估价模型估算隐含的期望报酬率（资本成本）比利用非正常盈余增长估价模型估算隐含的期望报酬率（资本成本）应用更为广泛"（Easton，2007）。

四、股权资本成本估算技术评述与展望

科学而客观地估算资本成本是公司财务决策的出发点。然而，股权资本成本本身是无法直接观察到的（Unobservable），这就需要运用各种技术为公司的财务决策提供合理的资本成本估算值。资本成本估算技术应该是独立于估算时所运用

---

① 实际计算过程中，要通过 $r_e^2 - r_e \dfrac{dps_1}{P_0} - \dfrac{eps_2 - eps_1}{P_0} = 0$ 求解 r_e。

的数据特征之外的，同时，应当与资本成本的性质完全吻合。可惜的是，人们关于资本成本的性质尚存在不同的看法，比如资本成本是决定于外部的资本市场还是决定于企业的内部？影响资本成本的核心因素有哪些？等等。这些问题至今尚未没有得到很好地解决。这种概念性质上的迷惑必然导致估算技术的多样与混乱。

资本成本的本质就是报酬率，是投资者推迟当前消费所应当获得的、与承担投资风险相称的报酬率水平，也是企业借以吸引资本投入的价值创造能力的表现。作为公司财务理论的核心概念，资本成本与公司未来时期的资本投资紧密相关。这一切决定了资本成本的估算必然要具备"预期"和"理性"两大重要特性，缺一都难以保证资本成本估算值的合理性与科学性。基于此，我们判断估算技术的优劣也应从以下几个方面进行：（1）报酬率的性质；（2）投资者—资本市场—企业三者的联系；（3）预期性质；（4）估算值的理性特性。

从国际范围内来看，目前英美企业界广泛采用的方法仍然是以 CAPM 等资产定价模型为代表的传统估算方法，这类方法在历史数据的基础上，估算未来时期的资本成本。这些至少始于 20 世纪 70 年代的估算方法已经积累了丰富的估算数据以及相互对应的实际数据，为财务决策的科学作出奠定了基础。鉴于这些估算方法的简洁以及所需参数的易得性和客观性，我们认为，在可以预见的未来时期里，这种格局应该不会有太大的改变。然而，就纯粹的技术上讲，这类估算技术存在的弊端日益显现出来。法玛和弗兰奇（1997）认为在利用历史数据准确估算股权资本成本时面临很多困难，比如：选择运用哪个资产定价模型的困难性；风险因子系数估算的不准确性；因子风险溢价估算的不准确性，等等。[42]埃尔顿（Elton，1999）认为已实现收益与期望收益之间的相关性非常弱，用已实现收益替代期望收益存在潜在的偏差。[43]法玛和弗兰奇（2002）指出以历史收益数据为基础的资本成本估算"难免不够精确"，实际应用时"可能是无用的"。[44]

相对于采用历史数据进行的资本成本的事后（ex - post）估算技术而言，隐含资本成本估算技术是基于预期未来的会计盈余以及股票的市场价格来倒推市场所内含的期望的报酬水平，属于事前（ex - ante）估算技术。以下暂不对隐含资本成本估算技术在现实中的应用进行评述，而仅就其纯粹的技术方面进行理论评析。

就技术层面而言，隐含资本成本估算技术高度依赖市场分析师对于未来的预测，即必须对于未来的盈余水平（剩余收益或非正常盈余的增长额）进行科学而合理的估计，这些估算技术应用的成功与否直接取决于未来预测的准确性，预测的不当会严重影响估算结果的可靠性与有用性。在此过程中，存在两个极其重要的关键问题。

1. 关于短期预测期的设定问题

基于企业持续经营的假设，不同的估算技术均需要对未来盈余作出短期与长期预测。假设在短期预测期内可以相对比较准确而客观地预测出各期剩余收益或非正常盈余的增长额，然而，这个短期预测期如何确定？不同的估算技术对此作出不同的假设，比如，在剩余收益估价模型中，GLS（2001）模型假设短期明确预测期为3年，CT（2001）模型则设定为5年，OS（2000）模型假设剩余收益从当期开始固定永续增长，ETSS（2002）模型则假设剩余收益从下一期开始固定永续增长，在非正常盈余增长估价模型中，多将短期预测期设定为2年。可以看出，不同的研究者对短期预测期作出不同的假设，而且预测期长短差异较大。那么，这些短期预测期的设定是否科学？如何规范这些假设？如何将这一期间内相关盈余的预测控制在可允许的误差范围内？这是隐含资本成本估算技术中不容忽视的一个重要问题。

2. 关于增长率的设定问题

关于短期预测期之后的剩余收益或非正常盈余增长额的增长率，常用的处理方法可以归纳为以下三种：（1）假设剩余收益，如CT（2001）模型，或者非正常盈余增长额，如OJ（2005）模型，对于所有公司具有相同的增长率，即假设投资组合中所包含的每家公司具有相同的价值权数，直接设定一个增长率；（2）使用行业权益报酬率中值作为期末权益报酬率进行衰减，从而得出增长率，如GLS（2001）模型；（3）利用回归技术同时估算期望报酬率和剩余收益增长率，如OS（2000）模型，ETSS（2002）模型，或同时估算期望报酬率和非正常盈余增长额的增长率，如。Easton（2004）模型。预测期之后增长的假设（包括直接和间接的假设）会严重影响隐含资本成本估算技术的应用。无论是零增长假设还是固定增长假设，在现实的经济生活中都是不存在的，是一种超现实的理想假设。如何将这一增长率假设得尽可能接近于现实？这是隐含资本成本估算技术亟待解决的关键问题。

在有效程度较高的市场上，分析师的预测具备较高的理性，为这类事前估算技术奠定了扎实的数据基础，这也是这类估算技术的主要优势之所在。然而，研究者对于估算技术的过多的主观介入，尤其是结合研究主题所特别设定的某些假设，使得这类估算技术出现了"双刃剑"效应：一方面，这类技术非常适合于学术研究，与研究主题、研究假设、研究所需要的参数等等具有极好的契合性，并因而受到学者们的青睐；另一方面，这类技术不可避免地会出现多样化的局面，这既体现在估算模型的多样化上，同时也体现在估算结果的多样化上。针对同样的对象，不同的研究者，运用同类但不同假设的模型所得出的估算值差异甚大。但是，我们反复强调一点：资本成本的本质是报酬率，是投资者要求的报酬率。报酬率在一个特定时期里总会有一个合理的界域，超过这一界域的估算值毫无疑问已经失去了资本成本估算的"理性"特性，不具备实际应用价值，尽管有时候仍不失其在相关分析中的价值。事实上，查阅大量国内外学者运用隐含估算技术所作的研究，这种资本成本估算值的超界域现象非常普遍。与这一现象对应的另外一个事实也不容忽视：现有文献表明，各种隐含资本成本估算技术的可信度仍然较差，各种模型难以付诸精准性表达。

公司理财行为的核心在于做出正确的财务决策，一切财务决策都是着眼于未来的。未来的经济环境难以捉摸，未来的信息环境瞬息万变，这些不确定性是所有基于未来的预期数据所无法回避的共同难题。资本成本是公司理财行为的技术起点，是公司财务决策的数量基准，未来环境的复杂性与模糊性对资本成本的估算也提出了巨大的挑战。资本成本，特别是股权资本成本，其估算问题可谓公司财务领域中的一个永恒的难题，其性质、其特性都决定了在不同的历史时期，必然面临着不同的应对方案。估算技术的多样化现象也就成为一个必然的结果。

参考文献：

[1] Robert F. Bruner, Kenneth M. Eades, Robert S. Harris, and Robert C. Higgins. Best Practices in Estimating the Cost of Capital: Survey and Synthesis [C]. Financial Practice and Education, Financial Management Association International, 1998: 13 – 28.

[2] Jack Broyles. Cost of Capital. International Encyclopedia of Business & Management [M]. 2nd Edited by Malcolm Warner, 2002: 739 – 747.

[3] Franco Modigliani and Merton H. Miller. The Cost of Capital, Corporation Finance and the Theory of Investment [J]. American Economic Review, 1958, 48 (3): 261 – 297.

[4] Markowitz H. Portfolio Selection [J]. The Journal of Finance, 1952, 7 (1): 77 – 91.

[5] Sharpe W F. Capital Asset Prices: A Theory of Market Equilibrium under Conditions of Risk [J]. The Journal of Finance, 1964, 19 (3): 425 – 442.

[6] Lintner J. The Valuation of Risk Assets and the Selection of Risky Investments in Stock Portfolios and Capital Budgets [J]. The Review of Economics and Statistics, 1965, 47 (1): 13 – 37.

[7] Treynor J L. Market Value, Time, and Risk [J]. Unpublished Manuscript, 1961: 95 – 209.

[8] Treynor J L. Toward a Theory of Market Value of Risky Assets [M]. 1961.

[9] Mossin J. Equilibrium in a Capital Asset Market [J]. Econometrica: Journal of the Econometric Society, 1966, (34): 768 – 783.

[10] Petry, Glenn H., and James Sprow. The Theory and Practice of Finance in the 1990s [J].

Quarterly Review of Economics and Finance, 1993, 33 (4): 359 – 381.

[11] Graham, John R. , and Campbell R. Harvey. The Theory and Practice of Corporate Finance: Evidence from the Field [J]. Journal of Financial Economics, 2001, 60 (2 – 3): 187 – 243.

[12] Brounen, Dirk, Abe de Jong, and Kees Koedijk. Corporate Finance in Europe: Confronting Theory with Practice [J]. Financial Management, 2004, 33 (4): 71 – 101.

[13] Megginson W. L. , Megginson D, and Meggison W. Corporate Finance Theory [M]. Reading, MA: Addison – Wesley, 1997.

[14] Hamada R. S. Portfolio Analysis, Market Equilibrium and Corporation Finance [J]. The Journal of Finance, 1969, 24 (1): 13 – 31.

[15] Stephen A. Ross. The Arbitrage Theory of Capital Asset Pricing [J]. Journal of Economic Theory, 1976, 13 (3): 341 – 360.

[16] Richard Roll. A Critique of the Asset Pricing Theory's Tests [J]. Journal of Financial Economics, 1977, 4 (2): 129 – 176.

[17] Chen N. F. , Roll R, and Ross S A. Economic Forces and the Stock Market [J]. Journal of Business, 1986, 59 (3): 383 – 403.

[18] Dhrymes P. J. , Friend I, and Gultekin N B. A Critical Reexamination of the Empirical Evidence on the Arbitrage Pricing Theory [J]. The Journal of Finance, 1984, 39 (2): 323 – 346.

[19] Shanken J. The Arbitrage Pricing Theory: Is it Testable? [J]. The Journal of Finance, 1982, 37 (5): 1129 – 1140.

[20] Goldenberg D. H. and Robin A J. The Arbitrage Pricing Theory and Cost – of – Capital Estimation: The Case of Electric Utilities [J]. Journal of Financial Research, 1991, 14 (3): 181 – 196.

[21] Banz R. W. The Relationship between Return and Market Value of Common Stocks [J]. Journal of Financial Economics, 1981, 9 (1): 3 – 18.

[22] Chan L. K. C. , Hamao Y. , Lakonishok J. Fundamentals and Stock Returns in Japan [J]. The Journal of Finance, 1991, 46 (5): 1739 – 1764.

[23] Fama E. F. , and French K R. The Cross – section of Expected Stock Returns [J]. The Journal of Finance, 1992, 47 (2): 427 – 465.

[24] Fama E. F. , and French K. R. Common Risk Factors in the Returns on Stocks and Bonds. [J]. The Journal of Financial Economics, 1993, 33 (1): 3 – 56.

[25] Ohlson J. A. Earnings, Book Values, and Dividends in Equity Valuation [J]. Contemporary Accounting Research, 1995, 11 (2): 661 – 687.

[26] Ohlson J. A. and Juettner – Nauroth B. E. Expected EPS and EPS Growth as Determinants of Value [J]. Review of Accounting Studies. 2005, 10 (2 – 3): 349 – 365.

[27] Easton, P. Estimating the Cost of Capital Implied by Market Prices and Accounting Data [J]. Foundations and Trends in Accounting,, 2007, 2 (4): 241 – 364.

[28] John Burr Williams. The Theory of Investment Value [M]. Cambridge: Harvard University Press, 1938.

[29] Dongcheol Kim. A Reexamination of Firm Size, Book – To – Market, and Earnings Price in the Cross – Section of Expected Stock Returns [J]. Journal of Financial and Quantitative Analysis, 1997, 32 (4): 463 – 489.

[30] Gabriel A. D. Preinreich. Valuation and Amortization [J]. The Accounting Review, 1937, 12 (3): 209 – 226.

[31] Edgar O. Edwards and Philip W. Bell. The Theory and Measurement of Business Income [M]. University of California Press, Berkeley, 1961.

[32] Feltham G A and Ohlson J A. Valuation and Clean Surplus Accounting for Operating and Financial Activities [J]. Contemporary Accounting Research, 1995, 11 (2): 689 – 731.

[33] Stewart C. Myers. Determinants of Corporate Borrowing [J]. Journal of Financial Economics, 1977, 5 (2): 147 – 175.

[34] Gebhardt W. R. , Lee C. M. C. , and Swaminathan B. Toward an Implied Cost of Capital [J]. Journal of Accounting Research, 2001, 39 (1): 135 – 176.

[35] Claus J. and Thomas J. Equity Premia as Low as Three Percent? Evidence from Analysts' Earnings Forecasts for Domestic and International Stock Markets [J]. Journal of Finance, 2001, 56 (5): 1629 – 1666.

[36] O'Hanlon J and Steele A. Estimating the Equity Risk Premium Using Accounting Fundamentals [J]. Journal of Business Finance and Accounting, 2000, 27 (9 – 10): 1051 – 1083.

[37] Easton, P. , Gary Taylor, Pervin Shroff and Theodore Sougiannis. Using Forecasts of Earnings to Simultaneously Estimate Growth and the Rate of Return on Equity Investment [J]. Journal of Accounting Research, 2002, 40 (3): 657 – 676.

[38] Easton, P. Use of Forecasts of Earnings to Estimate and Compare Cost of Capital across Regimes [J]. Journal of Business, Finance, and Accounting, 2006, 33 (3 – 4): 374 – 394.

[39] Easton, P. and G. Sommers. Effects of Analysts' Optimism on Estimates of the Expected Rate of Return Implied by Earnings Forecasts [J]. Journal of Accounting Research, 2007, 45 (5): 983 – 1015.

[40] Easton P. PE Ratios, PEG Ratios, and Estimating the Implied Expected Rate of Return on Equity Capital [J]. The Accounting Review. 2004, 79 (1): 73 – 95.

[41] Gode D. and Mohanram P. Inferring the Cost of Capital Using the Ohlson – Juettner Model [J]. Review of Accounting Studies, 2003, 8 (4): 399 – 431.

[42] Fama E. F. and French K R. Industry Costs of Equity [J]. Journal of Financial Economics. 1997, 43 (2): 153 – 193.

[43] Elton E. J. Expected Return, Realized Return, and Asset Pricing Tests [J]. Journal of Finance, 1999, 54 (4): 1199 – 1220.

[44] Fama E. F. and French K. R. The Equity Premium [J]. Journal of Finance. 2002, 57 (2): 637 – 659.

第五章　经济附加值考核分析：
理论基础

　　公司财务理论关注的最根本问题是财务目标——股东财富最大化的实现，良好的绩效水平有助于公司自身的价值创造及股东财富最大化的实现，然而如何评价一个公司的绩效水平是该领域的一个重大现实问题。经济附加值（EVA）作为一个新兴的绩效评价工具，在理论界引起了很大的关注，也得到了很多公司的推崇。本章将对 EVA 的研究文献进行梳理，从 EVA 产生的背景、原理、与市场附加值（MVA）的关系、价值创造能力和公司绩效的评价方法，以及 EVA 在薪酬决策和成本管理等方面的应用几个角度来归纳关于 EVA 的现有研究，并且展望未来 EVA 的研究领域。

一、绩效评价与经济附加值的产生

　　经济附加值指标是站在股东的视角对企业价值创造的结果进行评价，是新的经济环境、金融环境下投资者对企业绩效评价新要求的必然结果。从历史上看，经济附加值首次将公司治理因素纳入企业绩效的评价系统之中，对于绩效评价的完善与优化具有重大的意义。从这个意义上讲，经济附加值不再是一个简单的绩效评价指标，单纯地从技术层面上过度地解剖这一指标，会掩盖其与传统绩效评价指标之间的实质性差异。

　　资本市场在 20 世纪 30 年代由于受到经济大萧条和第二次世界大战的影响，处于高度分散状态，并且存在着严格的管制，证券市场极度的稳定，资本无法实现自由流动，同时战后出现了强劲的经济复苏势头，这让投资者们得到了丰厚的利润。然而 70 年代初的两次美元危机的到来，使得以美元为中心的固定汇率体系崩溃，再加之随后爆发的石油危机，资本管制被逐渐放松，私有化的运动迅速地发展起来，地区之间开始寻求合作，关贸总协定、欧洲经济共同体在这个时期发挥出巨大的影响。80年代后，新能源、新技术的发展以及资本市场的壮大，使得公司把目光投向海外资本市场，随着信息通讯技术的兴起，人们的观念也发生了转变，资本开始在全球范围内流动，从而引发了世界范围的经济扩张。扬和奥伯恩（2002）评价此时的资本"具有了史无前例的高度的流动性，它将流向那些最能增值的地方"。[1]孙铮和吴茜（2003）同样提到"在日益激烈的竞争中，谁拥有更多资本，谁就拥有更多机会。但是资本的最大特性是逐利性，这就为公司提出了不断创造价值的要求"。[2]

在新的经济环境下，管理者不但要在商业市场上有竞争力，在资本市场上同样要具有竞争力。此时，传统的以利润、资产报酬率、每股收益等为代表的绩效评价指标逐渐地暴露出了难以克服的缺陷，使得人们急迫地寻求新的技术和方法来评价企业绩效。从公司财务理论的角度来看，传统指标无法与企业的股东财富、各种财务决策实现有效的勾连。一家公司即使获得了极高的利润、资产报酬率和每股收益，也难以保证股东财富获得应有的增加，更难以保证企业的投融资决策严格按照理财法则予以实施。

如何评价一个公司的绩效水平是公司财务领域一个重大的现实问题。在谈到财务管理目标问题时，我们明确过如下观念：完成理财目标，确保股东财富的持续增加，是一个企业之所以存在的根本意义，是考核一家公司绩效的主要着眼点，当然也是评价企业董事会和管理高层是否称职的主要方面。因此，维查耶库马（Vigayakumar，2011）[3]提出合理的公司绩效评价工具一方面应当与股东回报紧密相关，另一方面应该反映一定时期内价值创造的程度。传统的基于会计信息的评价指标显然无法满足这些要求。放弃传统的会计评价指标，追求企业价值的最大化和股东财富的最大化正在悄然成为企业界关注的重心。这种理财目标着眼于企业未来的价值，以企业的长期健康发展为基础。维查耶库马（2011）认为由于债权人的利益能够得到法律很好的保护，企业价值最大化目标可以缩减到追求股东财富的最大化，尽管股东财富最大化是价值最大化的范围的缩小，但是它是最为普遍并且被广泛接受的。两者中股东财富最大化更强调了股东的利益（汪平，2007）。[4]股东的财富即投资的回报，由股利及股价变化获得的资本利得（或损失）构成，股东财富增加的前提是企业创造足够的价值。在财务理论当中，价值创造与财富创造在很多情况下是可以互换应用的，但是瑞亚尼和乔希（Raiyani & Joshi，2011）指出二者仍存在一定的区别，价值视角下包含一些调整的基于会计视角得到的信息；而财富视角则是基于股票市场的信息。[5]只有在满足以下两个条件时，二者才一致：（1）管理者为市场提供了所有的有用信息；（2）市场相信管理者并且对他们有信心。20世纪90年代以后，基于企业价值的创造，以价值创造为中心的管理正在成为主宰企业一切经营活动的战略理念（夏清华，2003）。[6]

公司的绩效水平直接关系到其自身的价值创造能力，进而影响到理财目标——股东财富最大化的实现。要达到这样的要求，企业绩效评价指标或者是指标体系一定要具备如下特征：（1）能够合理地界定投资者尤其是股东的要求报酬率水平，并将此因素嵌入到企业绩效的评价指标中；（2）能够科学地对未来价值的创造予以反映；（3）能够与企业生产经营的各个环节一一对应的关系，而不是单一的、最后环节结果的一种反映；（4）能够合理地给部门经理授权，从而使他们从感觉到行为都认可自己是投资者所投资本的管家。如果一种绩效评价指标体系使得企业各个部门的经理都对经营的绩效水平漠不关心的话，那么，这绝对是一个失败的绩效评价系统。①

伴随着股票市场的发展和完善以及投资者对投资于企业所理应具有的权利的觉醒，股票价格逐渐成为人们判断一家公司的绩效、进而判断公司管理高层工作质量的一个重要标准。简要而言，股票价格的提升意味着公司绩效的提高，同时，也意味着公司管理高层工作质量的提高。在国际上，按照公司市值进行大公司排名也成为一种公认的排名方式。比如，美国著名的《商业周刊》（Business Week）就是以每年5月份最后一个交易日的全球各大股票交易所的股票收市价为基准，排列出市值最高的前1000家公司。该项排名受到了广泛的关注。

股票价格是股东财富的度量方式之一，当股东卖掉股票时可以马上获得这部分价值。股票价格虽然简单，但在市场有效的状态下，股票价格所隐含的信息是极为丰富的。较高的股票价格代表着股东财富的增加，而股票价格的降低代表着股东财富的流失。通过股票价格的变化，人们可以直观地观察股东财富的变化，并以此对公司董事会、管理高层的工作予以评价。如果在一定的时期之内，管理高层不能将公司的股票价格上升至一个令股东满意的程度，意味着该公司没有完成股东所要求的投资、经营的绩效水平，股东财富不升反降，股东就会要求撤换高层管理者，或者任凭其他公司来兼并。从以往的历史来看，由于股票价格长期低迷被解职的高层管理者比比皆是。

因此在很多情况下，股东财富最大化理财目标被人们理解为股票价格的最大化，虽说有失准确，但也确实反映了股票价格及其波动在资本市场与企业管理中的重要地位。

---

① ［美］小唐纳德·H·丘，斯腾斯特公司，朱輋等译. 新公司金融：理论与实践［M］. 北京：中信出版社，2007：174。

然而尽管经理人有追求企业价值最大化的责任，应用股票价格作为股东财富变动与公司价值创造的表现却存在很大的问题。一个根本的问题就是市场的无效性对于股票价格的影响。在一个效率较低的股票市场上，股票价格很难准确、及时地反映公司实际的绩效水平，相反会扭曲地反映信息。瑞亚尼和乔希（2011）指出一家优秀公司的股票市价极有可能会低于一家拙劣公司的股票价格。并且能够影响公司股票市价的因素较为复杂，不可能只是单单由于公司绩效的影响。这样，股票的价格不完全由经理人掌控，一味追求股票价格容易导致经理人的短期行为——牺牲长远的利益以追求短期的股票价格虚高。

除了股票价格自身以外，以股票价格为基础的一些指标也获得了广泛地运用。其中，最为知名的就是托宾 Q 指标，该指标是市场价值与重置价值的比值，可以简洁地反映公司运作的质量。郎咸平（2007）用"托宾的 Q 值代表公司业绩，这里的 Q 是公司市场价值与公司资产重置成本的比率，其含义简单说就是指一单位的资产创造了多少单位的市场价值。例如，Q 值大于 1 说明 1 美元的资产能产生多于 1 美元的市场价值，这表示公司的业绩好；Q 值小于 1 说明 1 美元的资产只能产生小于 1 美元的市场价值，这表示公司业绩差。"[1] 托宾 Q 指标在金融学、公司财务理论研究中得到了广泛的应用，在此基础上获得了一些非常重要的学术结论。但需要注意的是，Q 指标不过是以股票价格界定公司绩效的一种变化格式，其数值的合理与否在很大程度上取决于股票市场自身的效率。在一个效率极低、甚至基本无效的股票市场上，按照这一指标来评价公司的绩效就失去了基础。正是基于这一点，当我们将 Q 指标用于实务中的企业绩效评价时，就应当切实地注意该指标的这一特性。

随着基于价值的管理模式（VBM）研究的逐渐盛行与深入，斯腾斯特公司（Stern Steward & Co.）的创始人之一斯特（Stewait, 1991）认为"会计利润、每股收益、利润增长速度都是衡量公司业绩的误导性指标。"[2] 1991 年，斯腾斯特公司首次提出经济增加值（EVA）的概念，"忘记那些盈余、每股盈余、盈余增长、投资报酬率、股利、甚至现金流，所有这些都是有根本缺陷的公司绩效和价值的衡量方法。EVA 才是真正重要的。"[3]。作为剩余收益或经济利润的一种变形，EVA 逐渐引起了人们的广泛关注。"EVA 最主要的优势，就在于它是唯一的可以直接和公司内在的市场价值相联系的业绩评价标准，它是导致一家公司产生资本

① 郎咸平. 郎咸平学术文选（下卷）［M］. 北京：人民出版社，2007：397。
② ［美］贝内特·思特三世，康雁等译. 探寻价值［M］. 北京：中国财政经济出版社，2004：57。
③ ［美］贝内特·思特三世，康雁等译. 探寻价值［M］. 北京：中国财政经济出版社，2004：154

市场的溢价（或者市价的折扣）的最终驱动力。"① "EVA 不仅是一种绩效评估方法。一个企业使用 EVA 时，EVA 成为综合财务管理系统中最重要的部分，它涵盖了公司金融决策制定的所有方面——从资本预算、购置价格，到与股东交流企业目标以及管理层的激励奖励制度。"② 但是，本书在多处已经说明，经济附加值指标的广泛应用，绝对不意味着传统的会计绩效指标的被抛弃。道理很简单，从反映直接的经营效率的角度，从直接的价值创造的角度，会计绩效指标仍然具有不可替代的重要作用。经济附加值等指标的运用是对企业绩效评价技术的提升，但不是对原有的大量绩效评价方法的简单替代。

经济附加值指标的广泛采用与人们对于价值创造的关注、对于价值评估技术的关注是密不可分的③。关注价值的创造与分配，就需要人们利用新的技术来评价绩效水平，借以更准确、更合理地判断企业的治理质量与管理水平。经济附加值正是这样的一种方法。

经济附加值指标的产生以及被广泛采用，与经济金融化、资本市场的发展以及投资者投资流动性的提高有着极为紧密的关系。在这种宏观经济环境之下，投资者所面对的不再是直接的实物投资，所承担的风险也不再是某一个或者某几个企业的不确定性，而是一个广阔的资本市场。在这样的资本市场上，人们所关注的问题就从传统的产品与服务、经营效率、会计绩效等转化为市场价值、资本的流动等。在投资者的眼里，财富不再是局限于各个企业中的具体的资产，而是那些具有高度流动性的金融资产。无论是市场价值、托宾 Q 还是经济附加值、市场附加值等，均是适应这种环境变化之后人们对于投资绩效的新的认识。从投资者对于投资绩效的认识改变到企业界接受这种改变并将之应用于企业绩效的评价，这中间不仅需要董事会、管理层观念的改变，更需要一定历史时期的积淀。

---

① ［美］贝内特·思特三世，康雁等译. 探寻价值［M］. 北京：中国财政经济出版社，2004：101。

② ［美］小唐纳德·H·丘，斯腾斯特公司，朱辇等译. 新公司金融：理论与实践［M］. 北京：中信出版社，2007：172。

③ ［美］蒂姆. 科勒等，邰子龙等译. 价值评估：公司价值的衡量与管理［M］. 北京：电子工业出版社，2007 年. 前言中指出："价值评估是一种历史悠久的金融方法。它的知识源自资本预算中的现值方法和默顿. 米勒（Merton Miller）与弗兰克. 莫迪格利亚尼（Franco Modigliani）教授在 1961 年《商业杂志》（Joumal of Business）上名为'股息政策、增长和股票的价值评估'文章中建立的价值评估方法。我们的知识主要依靠他们的贡献，不过其他人已经通过努力让他们的方法广为流传。特别值得一提的是，阿尔弗雷德·拉帕波特（Alfred Rappaport）教授（西北大学）和斯特恩（斯特恩. 施蒂华公司）是那些第一批把米勒和莫迪格利亚尼的企业估价公式应用到实际中的人。"从这个意义上讲，价值评估与经济附加值等是现代公司财务理论在实务当中有效应用的结果。

二、经济附加值的基本原理

（一）EVA 的计算

经济附加值（以下简称 EVA）的理论渊源可以追溯至 MM（1958）中关于公司价值的经济模型。斯特（Stewart，1991）在《探寻价值》一书中将 EVA 定义为投资报酬率 r 和资本成本率 c 之间的差额与投入资本的经济账面价值的乘积：[①]

$$EVA = （投资报酬率 - 资本成本）\times 投入资本$$
$$EVA = （r - c）\times IC = r \times IC - c \times IC$$

其中，IC 表示投入资本。

又，税后利息前利润 $= r \times IC$

故，$EVA = NOPAT - c \times IC$

其中，NOPAT 表示税后利息前利润（Net Operating Income After Taxes）。

即：EVA 是税后利息前利润与资本成本之差。资本成本一般采用加权平均资本成本（Weighted Average Cost of Capital，WACC）来计算，即：

$$资本成本 = WACC \times IC$$

其中，债务资本成本为公司所有债务承担的利息，由于利息根据会计准则是可以税前扣除的，故：

$$债务资本成本 = 贷款利率 \times （1 - 税率）$$

在西方企业界，股权资本成本一般采用资本资产定价模型（CAPM）来估算：

$$R_e = R_f + \beta \times （R_m - R_f）$$

不难看出，EVA 实际上是从税后净营业利润中减去资本成本的剩余收益。EVA 是税后利息前利润（NOPAT）与债务资本成本和股权资本成本之间的差额。由于资本成本被认为是一种机会成本，EVA 本质上是经济学中的扣除了会计成本和机会成本的经济利润。EVA 是对真实经济利润的估计，或者说是投资者收到的超过或者低于他们将资本投入其他相似风险证券所获得的最低报酬率的

---

① ［美］贝内特·思特三世，康雁等译. 探寻价值［M］. 北京：中国财政经济出版社，2004：119。

差额。

EVA 概念确认了企业经营绩效与股东价值之间的关系。股东价值是以企业在资本市场上的市场价值为基础的，在市场有效的情况下，公司的市场价值就是公司的企业价值（夏清华，2003）。根据现代公司财务的基本原理，公司的价值是其所经营的业务预期能产生的所有未来自由现金流量的现值总和。加尼等（Ghani et al., 2005）[7]用折现现金流（DCF）模型和 EVA 模型表示的公司价值进行了比较。根据 DCF 模型，自由现金流的折现价值等于公司的价值。相似地，根据 EVA 模型，公司的价值也可以用投入的资本加上每年价值创造的现值。两个模型分别为：

$$DCFM 模型：FCF = NOPAT - 资本的变化$$

$$EVA 模型：EVA = NOPAT - （WACC \times 投入资本）$$

$$公司价值 = 自由现金流量（FCF）的现值$$

或 = 初始账面资本 + EVA 现值①

孙铮和吴茜（2003）也指出 EVA 与市场价值的关系，即市场价值为投资成本与现行EVA 的资本化价值及预期 EVA 增值的资本化价值之和：

$$市场价值 = 投资成本 + 现行 EVA 的资本化价值$$

$$+ 预期 EVA 增值的资本化价值$$

在对公司市场价值的评估方法的研究中，一些学者认为 EVA 折现方法比传统的折现现金流方法有很大的优势。一方面，EVA 方法更为现实和直接（张纯，2003）；[8]另一方面，EVA 折现估价法较容易获取数据（顾银宽和张红侠，2004），[9]传统的股利折现法则由于我国上市公司很少且不稳定地派发股利，导致该方法效果不理想。基于 EVA 折现方法，当公司的盈利恰好等于投入资本要求的报酬率（即资本成本）时，投资者所愿意支付的价格不会高于股票账面价值；只有当盈利超过要求的报酬率时，投资者才会支付更高的价格。

从企业绩效评价的角度看，折现现金流量模型与经济附加值是两个完全不同的技术。前者是对企业创造价值的总体估算，经营活动创造的自由现金流越多，企业价值就越大。这是企业价值的总体，是对企业价值最大化追求目标的一种度量。而经济附加值指标则侧重于企业价值的创造对于股东财富增长的满足程度。从某种意义上讲，可以做如下划分：公司高管应当关注基于折现现金流量模型的企业价值的估价，通过创造更多的现金流量来实现最大程度的企业价值；董事会

---

① WaQar I. Ghani, Ahmet Tezel, Joseph M. Ragan, and A. J. Stagliano. Disclosure Of EVA Use in Corpo-rate Financial Reports: A Deseriptive [J]. Analysis The Journal of Applied Business Research, 2005, 21 (1), P. 83.

则从股东利益保护的角度，高度重视经济附加值的计算，借以判断企业的生产经营活动对于股东财富增加目标的满足程度，并在此基础上设计高管薪酬制度，评价公司高管的工作质量。

在经济附加值指标的计算中，存在着一个不容忽视的问题，就是会计观念与财务观念的冲突，这体现在生产经营绩效的计算与股权资本成本的估算之上。生产经营绩效尤其是净利润，是按照财务会计技术计算得出的一个数值，反映了某一个特定历史时期生产经营的效率与绩效。但是，股权资本成本作为股东的要求报酬率，是由投资者基于未来时期的现金股利与资本利得的预期加以确定的。其中的资本利得报酬客观上取决于股票市场的波动，与企业内部的现金流量没有直接的关联。经济附加值的计算显然忽视了股权资本成本的这一特征，将资本利得因素同样纳入了经济附加值的计算当中。从理论上讲，通过股东实际报酬率与要求报酬率即股权资本成本之间的比较的方式来评价股东财富的实现程度是最为科学的。

（二）会计调整①

斯特（Stewart，1991）指出会计利润很大程度上扭曲了真实的价值，为了更好地反映经济利润，斯腾斯特公司一共提出了 164 项调整。这些调整是为了矫正关于收益和投资的会计扭曲，以使得会计利润转为经济利润。"在会计模式下，注重的是利润，付出的现金被作为费用还是资本在处理上有很大区别，然而对于经济模式，现金的流向如何被记录无差别（除非影响税负）。"②

下面对几个比较典型的关于会计利润的扭曲进行说明：

1. 存货的后进先出法

在物价上涨的时候，选择后进先出法会降低公司的报表利润，这可以使公司减少应纳的所得税，从而使更多的现金节省下来。盈利下降而现金量增加，这让

---

① 本书的着眼点不是从技术上介绍经济附加值指标的计算方法，而是着眼于分析经济附加值指标与资本成本、与股东财富之间的相关性，进而对经济附加值指标在公司治理中的应用价值予以论证，因此相关的一些会计调整以及其他的计算问题都是简要地加以说明。有大量的书籍对经济附加值指标的计算进行详尽的分析和论证，比较重要的有：［美］贝内特·思特三世，康雁等译. 探寻价值［M］. 北京：中国财政经济出版社，2004；［美］汤姆. 科普兰、蒂姆. 科勒、杰克. 默林，贾辉然等译. 价值评估：公司价值的衡量与管理［M］. 北京：中国大百科全书出版社，1997；［美］S. 戴维·扬、斯蒂芬·F·奥伯恩，李丽萍等译. EVA 与价值管理——实用指南［M］. 北京：社会科学文献出版社，2002.

② ［美］贝内特·思特三世，康雁等译. 探寻价值［M］. 北京：中国财政经济出版社，2004：21。

我们开始关注盈利的质量问题。在这种情况下，会计模式下的价值是不能决定一个公司的股价的。

2. 研发支出的资本化与费用化

会计只将符合条件的研发支出进行资本化，其余的都费用化，然而将研发支出费用化会低估公司创造价值的能力，实际上费用化的研发支出与资本化的研发支出一样，同样能够使公司创造价值。会计上对研发支出的处理必定导致公司的真实价值不能体现出来。

3. 员工培训支出的费用化

在会计准则中，将员工培训支出费用化，计入当期损益，这降低了公司的利润。然而员工培训实际上应该看作是公司的一种投资，通过员工培训能够为公司未来创造更多的价值，而费用化会低估公司的真实价值。

4. 商誉摊销

在经济模式下商誉摊销是非现金开支的不可抵税的费用，对评估价值不产生影响。在会计体系下，商誉摊销会降低报表利润，这将导致企业真实价值的低估。

5. 递延税项

贷款中的递延税项被贷款人当做一笔债务，消耗公司借贷能力的准债务。然而如果换一个角度，在公司持续经营的状态下，带来递延税项的那部分资产就会不断得以补充，递延税项不必偿还，则它可以被合理地看成是所有者权益的一部分，只有在实际缴费时才确认费用，而不是按计提处理，这将使利润更接近于真实价值。

斯特（1991）认为资产负债表所反映的应该是投入到资本账户中的现金，而不是"资产"的价值。公司在员工培训、研发中的所有支出，还有那些预提账户（比如坏账准备、存货跌价准备、递延税项等）都应该从利润中剔除出去，再加回到股东权益的资本中。[10]

通过将权责发生制会计转化为收付实现制会计，消除会计扭曲。比如加回项：递延所得税准备、后进先出法下存货计价准备、累积的商誉摊销、资本化的研发支出和其他市场拓展支出、员工培训支出以及税后非正常损失（减非正常收益）。排除非正常损益，避开注入研发支出及前期市场拓展等有利于价值增值支出的不现实的当期摊销。韦弗（Weaver，2001）认为，调整后的税后利息前利润比净利润更接近现金流，是因为一方面它在计算时只用了支付的现金，而排除了商誉和无形资产摊销的非现金支出，应用先进先出法；另一方面，不承认一般公认会计原则（Generally Aceel3ted Accounting Principles，GAAP）关于研究开发、广告、经营租赁费用的处理，又将 EVA 与现金流分离，这种方式能够更准确反映在广告和培训上的投资。[11]

斯腾斯特公司相信这些调整能够使得 EVA 更好地反映公司的盈利性。但是尽管他们声称这些调整去除了一般公认会计原则（GAAP）所固有的一些扭曲，他们并没有找到足够的证据来支持自己的观点。后来的一些研究对会计调整的有效性提出质疑，他们认为会计准则建立在历史的经验累积上，且随经济发展而发展，有其很重要的合理性。斯腾斯特提出的这些调整尽管有些地方矫正了扭曲的会计信息，但是不可避免地又产生了新的扭曲（孙铮和吴茜，2003）。

为了验证 EVA 调整可以更好地解释未来收益的变化，玛祖卡等（Machuga et al.，2002）采用了实证方法分析 EVA 的调整项对每股收益（EPS）的变动影响程度，他们认为 EPS 的变动受到上一期 EPS 及其变动、上一期 EVA 调整项及其变动共同的影响，通过对 1981~1996 年 4382 家公司进行实证分析，发现 EVA 调整项比现金流和权责发生制计算的收益更能解释未来收益变化，并且包括以前年度收入增长的模型能够更好地准确预测未来 EPS。[12]

（三）资本成本

在经营效率及其绩效既定的情况下，经济附加值的多少就完全取决于股权资本成本的高低。高估股权资本成本，会低估经济附加值，反之，则会高估经济附加值。如何保证股权资本成本估算的质量就成为经济附加值指标使用中最为关键的一个问题。可惜的是，股权资本成本的估算至今仍然是公司财务领域中的一大难题。从理论上讲，各个企业的经营风险和财务风险不尽相同，其股权资本成本自然也会存在一定的差异。股权资本成本是企业经营风险与财务风险的函数，同时，在实务中还会受到其他因素的影响。如何估算股权资本成本？如何确定影响股权资本成本的核心因素？甚至如何对股权资本成本进行必要的调整？等等，都是企业界在计算经济附加值时绕不开的问题。股权资本成本估算问题如果得不到很好的、合理的解决，经济附加值指标的有效运用将没有可能。

从历史上看，20 世纪 80 年代之前，股利增长模型是英美企业界较常采用的股权资本成本估算方法。随着资产定价理论与模型的发展，20 世纪 90 年代之后，资本资产定价模型（CAPM）逐渐替代了股利增长模型而成为企业界应用最为普遍的估算方法。然而一些学者认为 CAPM 假设抽象，模型也比较简单，与资本市场的实际情况不符，我国之前的一些研究同样表明 CAPM 模型在中国市场上的应用偏差较大。为此，一些学者提出了采用其他的方法来计算资本成本，如孙铮和吴茜（2003）提出采用套利定价模型（APM）和期权定价模型（布莱克一斯格尔斯模型，Black – Scholes Model）来计算 EVA 中的资本成本。

EVA 方法首先在斯腾斯特公司的客户中得到很好的应用，然而由于各个公司的特性，韦弗（Weaver, 2001）认为他们计算 EVA 的方式也都有不同之处。事实上，没有两家公司在计算税后利息前利润和投入资本时的方法是一样的，资本成本的估算也不一致。基于韦弗（2001）所做的调查，尽管回答者对于 EVA 计算的不同之处不感到奇怪，但是计算技术上的差异却导致了最后 EVA 的结果相差很多。事实上，在实际操作中，关于 EVA 没有一个明确的定义，在税后利息前利润、投入资本和资本成本计算时都存在着很大的不同。税后利息前利润是税后的营运收益加回商誉摊销，然而只有一小部分企业对于像员工培训和广告投资等进行调整；对于投入资本的计算也有一个多样化的开始，按原理开始于净资产（总资产减去承担利息费用的流动负债），即承担利息短债、长期债券与所有者权益三者之和，但是一部分公司减去了所有负债，有些没做调整；尽管都用 CAPM 来估算资本成本，但对于市场风险溢价、公允价值还是账面价值、目标资本结构还是现实资本结构依然存在差异。如扎非里斯和贝欧伦（Zafiris & Bayldon, 1999）在计算 EVA 时采用的是股权资本的市场价值而不是账面价值，因为他们认为如此来做可以提供一个更有意义的相关机会成本，能够更清楚地认识到股权资本投资所能获得的报酬。即使相同行业，处在相同的经济状态下税后利息前利润和投入资本的计算也不一样，也没有采用相同的计算 EVA 的方法。斯特（Stewart, 1991）共提出了 164 项调整，但是平均来说，实施者一般只采用了 19 项。出于各项调整的复杂性，张小宁（2004）提出应当灵活理解 EVA 的内涵，不必拘泥于理论上的精确，而应当根据实际的需要来进行调整，反映当事人的利益和要求是企业实施 EVA 和确定 EVA 定义的准则[14]。

三、经济附加值与市场附加值

经济附加值是站在价值创造的角度对企业绩效进行的评价，而市场附加值则是站在市场的角度对于股权资本成本市场价值及其变化所做的评价。前者更多的是基于企业的治理质量与经营效率，而后者则更多地侧重于市场对于企业未来发展的评价。未来的经济附加值越多，按照企业资本成本进行折现的现值越大，市场附加值就越大。对于一个可以充分组合投资的投资者来讲，市场附加值显然更加重要。但从对某一个个体企业的绩效水平进行评价的角度，经济附加值则是不可替代的。

市场附加值（Market Value Added, MVA），指公司的市场价值与投资者投入资本的账面价值的差额。

$$MVA = 市场价值 - 投入资本$$

又根据 EVA 估价公式，市场价值 = 初始投入资本 + 未来所有 EVA 现值，则：

$$MVA = 未来所有 EVA 的现值①$$

通过市场附加值最大化可以增加股东财富，最大化所有未来。EVA 的现值与最大化公司内在的市场价值是等同的。斯特同时论证得出 EVA 估价模型只是对折现现金流新的诠释，与自由现金流估价模型等价，即在给定预测的基础上，未来所有 EVA 的折现值与已有投入资本之和，等于所有未来自由现金流的折现值。"这是不容置疑的数学真理。"②

维查耶库马（2011）指出，对于一家上市公司来讲，其市场价值是由它的股权资本市场价值加上公司债面值来表示的（债券的市场价值不容易获得），投入资本以股权资本和公司债的账面价值来计量。故：

$$MVA = 股权市场价值 - 股权的账面价值$$

MVA 很重要，因为它代表着财富创造的累积量。MVA 的变动额同样重要，特别是在设计基于股东财富增量收益或亏损的薪酬策略时。斯特（1991）认为 MVA 的变动额和 MVA 在评估公司绩效时同样重要。尽管 MVA 因为应用资本的账面价值计算，会随着通货膨胀而发生扭曲，但是这提供了一个很好的测量公司创造财富能力的评价方法。[10]

值得注意的是 EVA 和 MVA 的"附加值"（Value Added），虽然都被如此定义，但是在经济中表示的却是不同的意思。EVA 代表的是"经济利润"，而 MVA 代表的是"获得的资本价值"。EVA 以真实的经济绩效来评价公司股东价值的增加，MVA 用来通过管理和投入资本来估计公司的市场价值。

对于 EVA 与 MVA 之间的解释力度，不同的研究持有不同的观点。一种观点

---

① ［美］贝内特·思特三世，康雁等译. 探寻价值［M］. 北京：中国财政经济出版社，2004：152。
② ［美］贝内特·思特三世，康雁等译. 探寻价值［M］. 北京：中国财政经济出版社，2004：154。

以扎非里斯和贝欧伦（Zafiris & Bayldon，1999）为例，他们认为，EVA能够很好地解释MVA，跨期的EVA变动预示着未来公司MVA排名的变动；另一种完全相反的观点，以克雷默和彼得斯（Krartier & Peters，2001）[15]为例，他们认为，EVA并没有比应用稳定的财务指标比如NOPAT会更好地解释MVA，EVA变动额和MVA变动额的相关关系的论证也没有发现很大的不同，EVA作为MVA的替代的效力并没有取得令人满意的结果。

四、经济附加值、价值创造与绩效评价

绩效评价问题是一个历史问题，它随着经济环境的改变以及人们对企业本质认识的深化而出现改变。关注现金流量，关注价值创造，关注经济附加值，与人们更加关注股东利益的保护，以及投资者投资行为的市场化有着紧密的关系。

随着经济环境的变化，传统的财务指标对公司业绩评价的弊端逐渐显现出来。维查耶库马（2011）提出公司的绩效评价之所以存在着很大的困难是因为它受很多因素的影响，从公司自身的特点到行业的特点，再到整个宏观经济因素的影响，无不在影响着一个公司的绩效。传统的方法很容易因为报表的粉饰而受到影响；它们也没有考虑到风险因素和货币时间价值，不能使投资者明白价值创造复杂的过程。传统财务指标已经不足以评价新环境下的企业价值，公司需要复杂的有效的指标来评价公司的绩效。一些新兴的理念在理论界引起了广泛的关注。阿卜丁和海特（Abdeen & Haight，，2002）称这些新的指标为"第一等指标"（first class metrics），[15]主要包括EVA、VBM、MVA、现金流投资报酬率（Cash Flow Return on Investment，CFROI）、DCF、平衡计分卡（the Balanced Score Card，BSC）。其中，EVA受到了最广泛的关注，克雷默和彼得斯（Kramer & Peters，2001）发现一些在世界经济中起到标杆作用的公司都应用了EVA进行管理，如美国的电话电报公司（AT&T）、可口可乐、礼来制药公司（Eli Lilly）、桂格燕麦公司（QLLaker Oats）、百力通公司（Briggs and Stratton）、孟山都公司（Moilsailto）、联合利华（Unilever）等等，英国的劳埃德TSB集团（Lloyds）和本顿集团（the Burton Group），德国的费巴公司（Veba）和西门子等。

EVA的支持者，如扎非里斯和贝欧伦（1999），张纯（2003），他们认为EVA指标比传统的会计指标更能真实地反映公司的业绩，它在绩效评价和决策制定上有着足够的潜力，是"分析所有企业业务单元、公司战略绩效的有力武器"，是"最能综合反映企业经营质量和发展潜能的指标"（夏清华，2003）。从

股东的角度来说，韦弗（2001）指出 EVA 代表着财富创造的来源，即来自于公司的主要经济活动，与股东回报之间有着紧密联系；对于公司内部人士，玛出咖等（2002）提出 EVA 是进行策略选择的工具，它能预测未来公司的发展和创值能力，比其他指标能够更有效地预测未来收益。因此，EVA 是评价绩效表现最为完整的指标。随着 EVA 在世界范围内的推广，EVA 的绩效评价的有效性在不同的国家得到验证。扎非里斯和贝欧伦（1999）发现英国上市公司的数据表明 EVA 是预测未来可能结果的最好指标，即估计未来资本价值的最佳预测指标；潘缇埃等（Pantea et al.，2008）[16] 发现罗马尼亚的样本公司数据显示 EVA 不仅是一个可以对过去绩效进行评价的指标，也是一个制定预期未来绩效评价表现的指标；维查耶库马（2011）、瑞亚尼和乔希（Raiyani & Joshi，2011）证明 EVA 在印度的汽车行业和金融行业同样是一个很好地解释公司价值创造能力的指标，相比较之下传统指标并不合适；泰克和泰克（Teker & Teker，2011）[17] 在伊斯坦布尔证券交易所上市的土耳其银行的绩效数据表明，EVA 能够在银行排名上比 ROE 为决策者提供更多的关键信息。

EVA 的反对者，如克雷默和彼得斯（Kramer & Peters，2001）；孙烽和苏舟（2003）；[18] 王化成等（2004），[19] 他们认为 EVA 没有表现出明显的优于传统收益指标的特性。尽管 EVA 做了很多与增量价值相关的会计调整，但是它并没有提高自己的价值相关性。克雷默和彼得斯（Kramer & Peters，2001）认为考虑到会计调整的复杂性，采用 EVA 可能会得不偿失，使得应用 EVA 的边际成本与边际收益之间不能很好地配比，玛祖卡等（2002）也发现即使是分析师也不常用 EVA 数据。EVA 还因为它的短期性和历史性，而不能很好地评估公司未来的长期的业绩（孙烽和苏舟，2003）。反对者如布朗（Brown，2000）[20] 还认为在现实复杂的环境中，只应用 EVA 这一种绩效评价方式来评价所有场景的所有时间是不现实的。世界 500 强中除应用了 EVA 之外也应用了其他指标，如价值管理、市场增加值、平衡计分卡和其他非财务指标，即使是 EVA 的支持者，如韦弗（2001）与阿卜丁和海特（2002）在利用 EVA 时也没有放弃其他指标的使用。

为了更好地研究 EVA 在实践领域的应用效果，学者们做了大量的调研活动。韦弗（2001）他们发现公司应用 EVA 主要是为了加强财务的管理，加尼等（Ghani et al.，2005）认为之所以选择了 EVA 而不是其他财务指标，是因为公司的管理层发现在最近的研究中，EVA 的变化与普通股的市价之间有一种正相关的关系，这种关系产生的财务压力迫使他们采用了 EVA。然而并不是所有的公司都基于这种压力而选择了。EVA，阿卜丁和海特（2002）发现世界 500 强中一部分公司采用了 EVA，大多数公司仍然采用传统的方式，通过利润增长和对增值产品、服务、客户的宣告等来增加股东价值。对于应用 EVA 之后，是否有助于价值的提升，不同的研究也提出了不同的观点。支持者夏尔马和库马尔（Sharma & Kumar, 2010）[21]认为使用 EVA 的公司在采用之后较其他公司盈利水平有所增加，即使他们在使用之前和之后的盈利水平都有可能高于其他公司。反对者阿卜丁和海特（2002）认为之所以会出现应用 EVA 公司的绩效高于没有应用 EVA 公司的绩效，主要原因并不是因为 EVA 的作用，而是因为应用 EVA 的公司的收入、资产、股东权益本身就要高于没有应用 EVA 的公司，例如较大的公司规模自然能够产生更多的绩效。

EVA 被用来作为划分公司财务状况的重要依据，根据 EVA 的正负及与股权资本成本的大小，可以将公司分为三类：价值创造型、价值损害型、财务困境型。它们分别代表了公司创造了价值，损害到股东的价值，损害到股东和债权人的价值（吴超鹏和吴世农，2005）[22]。相比较之下，瑞亚尼和乔希（2011）发现诸多评价指标如投入资本报酬率（Return on Capital Employed, ROCE）、ROE、EPS、净边际利润、经营边际利润等，由于行业特性及公司本身的特质，这些指标缺乏一个合理的比较基准，不能够很好地对公司的财务状况进行评价。基于 EVA 率的价值创造结果，与财务竞争力评价结果之间存在着较强的相关关系，将二者结合，可以构建出企业财务竞争力评价体系（何瑛，2011）。[23]

EVA 应用领域的传统思想如玛祖卡等（2002），孙烽和苏舟（2003）认为 EVA 偏重于资金密集型的传统行业，如制造行业等，并且与投资项目的规模有很大相关性。然而在阿卜丁和海特（2002）的调查中，47 家世界 500 强公司应用最多的是电信和网络通信行业（6 家公司）和化学行业（6 家），然后是商业银行（3 家）、食品药物行业（3 家）、零售业（3 家），其余行业只有一两家或者是没有，这推翻了传统的观念。加尼等（2005）对 269 家应用 EVA 的公司分析同样发现 EVA 在各个行业都有应用，其中 1999 年在服务部门中有 55% 的公司应用了 EVA，EVA 与行业无直接关系，EVA 已经不再是只有高有形资产比例的公司才能使用的工具。克雷默和彼得斯（2001）认为在传统领域，EVA 并没有表现出更强的相关性，它并不会因为公司资本密集程度的变化而导致自身反映财务状况的能力变化。EVA 已经不再是只对于那些有着巨大固定资产投入的传统行业的公司有用，对于新兴行业中的公司更为重要（张纯，2003）。

五、EVA 的拓展应用

EVA 不仅是一种评价企业业绩的指标，它更是一整套完整的应用体系。斯特（Stewart，1991）建议"把 EVA 作为目标设定、资本配置、绩效评估、奖金分配以及同市场领头投资者们进行沟通交流的基础"。① 他认为使用 EVA 的一个重要原因是经营与战略投资决定和对他们的业绩回顾性评价之间的联系。韦弗（Weaver，2001）指出公司应用 EVA 除了加强财务的管理外，其他四个比较主要的原因是用来做薪酬指标、EVA 与股价间的关系、EVA 与现金流的关系、EVA 与净现值的关系。甚至"EVA 可以应用于业绩评估、业务规划、员工薪酬、目标设置、投资者沟通，等等"（张小宁，2004）。EVA 已经形成了一个管理体系（高晨和汤谷良，2007）[24]。孙铮和吴茜（2003）采用 4 个 M 的形式来展现了这个完整的 EVA 应用体系，它分别为："评价指标（Measurement）、管理体系（Management）、激励制度（Motivation）和理念体系（Mindset）"。然而尽管 EVA可以应用到如此多的领域，加尼等（Gham et al.，2005）发现大多数样本公司只用 EVA 来做绩效评价和薪酬激励，而忽视了其他用途，EVA 还未发挥出它的最大价值。

（一）EVA 分解与业绩评价

随着人们对经济附加值指标评价的提高，这一指标也出现了被滥用的可能。虽然在实务层面上尚没有、也不可能出现企业内部分阶段、分解运用经济附加值的成功案例，但理论上却已经受到了一些人的推崇和建议。切实地理解经济附加值的实质，是人们合理、高效运用这一指标的基础。

支持 EVA 分解的认为 EVA 即可应用于整个企业，也可应用于具体部门、车间、甚至流水线、个人，它的实施范围很广泛（张小宁，2004）。当员工（特别是销售员工）知道关注于 EVA 将会提供给他们单个生产线或客户的边际收益时，他们能够放弃靠数额来评估他们效率的方法，采用更为合适的经济价值方法。高级管理人员很清楚 EVA 绩效评估系统的成功运用需要给管理人员提供合适的工具，为使 EVA 更好地应用在员工的业绩评价中，可以构建一个完整的价值管理体系，按价值驱动因素将 EVA 在各层级之间分解，从而形成全员的业绩考核标准，并且保证全员业绩考核与 EVA 考核内在的一致性（卢闯等，2010）。[25] 张小宁（2004）指出，EVA 还可以分解为对企业不同方面管理行为的业绩评价——营业 EVA、投资 EVA、融资 EVA、避税 EVA、营业外 EVA。营业 EVA 代表着企业自己的生产经营活动所创造的价值，投资 EVA 代表着企业在外部投资过程中

---

① ［美］贝内特·思特三世，康雁等译. 探寻价值 ［M］北京：中国财政经济出版社，2004：155。

创造的价值，融资 EVA 是企业的筹资行为所创造的价值，避税 EVA 是企业合理的避税行为创造的价值，营业外 EVA 是企业营业收入以外的其他收入产生的。EVA 在这 5 个方面的分解，可以更加清楚地了解到公司的价值创造源泉所在。孙铮和吴茜（2003）提出，EVA 是一种文化，一种将创造价值的观念深入人心的企业文化，EVA 的引进使得全体员工的行为和业务活动统一到创造股东财富上来。

EVA 分解的反对者阿卜丁和海特（Abdeen & Haight，2002）认为 EVA 分解是相当复杂的一个过程，甚至可能是不可能实现的目标。加尼等（2005）实际调查中的公司也只是将 EVA 应用于公司层面。他们建议应用。EVA 来测量高级管理者的绩效，应用其他的指标来测中级和低级管理者。

必须说明的是，虽然经济附加值指标可以被用在企业内部各个分部的绩效考核上，但分阶段、分层次考核经济附加值可能没有足够的学术支持。与传统的会计指标比较，经济附加值最大的贡献在于将股东的报酬率要求——股权资本成本——纳入到公司绩效的评价之中，在两权分离、中小股东难以直接影响公司治理的情况下，这种绩效评价方法无疑给股票投资者提供了一种直接的价值创造信息，可以直观地判断公司治理以及公司管理对于股东利益所形成的影响。本书已经说明，股东利益保护以及股东财富最大化目标的实现属于公司治理的主旨所在，显然不是分阶段、分层次的管控可以左右和影响的。因此，经济附加值是一个综合性的、全面性的绩效评价指标，是一个侧重于股东财富满足的指标。对于企业内部的各个环节、各个层次而言，它们的主要功用在于为创造现金流做出自己的贡献，因而不具备综合性、全面性的特点。同时，从技术上讲，分阶段、分层次的估算资本成本与计算现金流等也存在诸多问题，未必有理论上的支持。过分地强调经济附加值指标的重要性，并试图在企业内部的各个环节上运用这一指标，意味着这一指标的被滥用，不可能产生有益的结果。

（二）EVA 与薪酬管理

高管薪酬问题必须划分为顶级高管比如 CEO 与一般管理人员的薪酬，这是两个完全不同的领域。在很多情况下，顶级高管身兼公司治理与管理双层职能，其薪酬的设计往往会从这两个层面上予以考虑。比如，能否满足股东财富最大化目标会成为影响顶级高管薪酬的一个重要因素。但一般管理人员则与公司治理无关，他们的基本职责就是提高企业的运营效率，创造更多价值。这些管理人员的薪酬制度应以管理效率为核心决定因素。从这个意义上讲，经济附加值指标主要是用于对顶级高管的薪酬设计上。

EVA 被认为是"企业管理在考核与激励上的革命"（张小宁，2003）。[26] 瑞亚尼和乔希（2011）认为 EVA 能够很好地将管理者的兴趣与股东联系到一起，成为制定决策和高级管理者薪酬管理的工具。它的最大的贡献就是"能够给管理者强有力的激励与补偿"（孙铮和吴茜，2003）。在解决代理人问题上，EVA 的办法是独到的，它所强调的不是管理者能够做出多少贡献，而是管理者是否能被激励去为股东做贡献。EVA 已经被广泛地应用到了薪酬激励当中，阿卜丁和海特（2002）和加尼等（2005）认为它是绩效目标与其他指标（如运营效率、顾客满意度、成本降低等）一起成为薪酬计划制定中的重要参考因素。不仅公司的管理者薪酬制定时要考虑到 EVA，即使是独立董事，他们的薪酬制定同样与公司价值创造能力存在相关关系（杜胜利和张杰，2004）[27]。

虽然股价上升理论上代表着公司创造了更多的价值，但是公司依据股价来制定薪酬有很多弊端，因为股票价格围绕真实价值的波动往往与市场不一致，如果仅因为股价涨了，高级管理人员就能受到奖励，这很容易导致高管为推高股价而实际损害公司真实的价值。而且公司股价不能在公司层以下分解，它不能被用来评价某个部门的绩效表现。一套基于 EVA 的股票期权激励模式，可以在将薪酬激励和业绩贡献联系起来的同时，避免股市的弱式有效性对股票期权产生的不利影响，对于解决股票价格失真的问题在一定程度上起到了帮助作用（聂丽洁等，2004）。[28]EVA 激励是一种比例分成的分享制，首先给劳动者报酬，然后给投资方要求的报酬，最后再将剩余价值在二者间分配，它将利润分成变为 EVA 创值的分成，缩小了负面激励的可能性。并且从管理上看，它抑制了很多的低效投资，是非常有意义的（张小宁，2003）。

在价值管理体系之下，高管薪酬的设计可以从两个方面予以考虑：一个是现金流的角度，现金流增加，高管薪酬应当提高，借以对高管的工作进行激励，现金流下降，高管薪酬则应当下调。另一个则是资本成本的角度，资本成本提高，高管薪酬应当下降，而资本成本下降，高管薪酬应当提高。从目前的研究来看，关于资本成本与高管薪酬之间的关系的研究显然是极为不足的。

顶级高管薪酬的设计应当围绕着股权资本成本的升降来进行，这与股权资本成本自身所隐含的大量公司治理信息有着紧密的关系。单纯从管理层面上来看，股权资本成本的提高意味着管理行为的某种程度的失当，这种失当提高了股东所承担的风险程度。顶级高管的工作必然要高度关注股权资本成本的波动及其幅度。当然，在薪酬设计中考虑股权资本成本因素，这还有赖于股权资本成本估算技术的成熟以及股权资本成本估算值的合理。

（三）EVA 与投融资决策

EVA 不仅可以应用于绩效管理和薪酬制定，在进行投融资决策时，它的作用同样是明显的。

传统的投资决策程序是基于折现现金流来进行的，阿卜丁和海特（2002）指出用 EVA 进行预测决策同样类似于净现值法。EVA 的应用能够回答被收购公司是否能够增加收购公司的价值，以及它是否能为未来创造附加值。EVA 在绩效评价时可以实现分解来分析各个方面的绩效，同理，在并购中 EVA 同样可以实现分解，这种分解是基于并购能够使双方达到共赢的基础之上的。具体而言可分解为：新成立公司能产生的预期投资 EVA；无论并购是否发生，并购双方都能获得的基本 EVA；协同效应产生的 EVA；上市带来的 EVA；进入新行业、获得新的市场机会或某行业产品目录许可带来的先入优势 EVA 收益。如此分解克服了自由现金流折现模型的现金流不利于管理带来的缺陷，有助于并购双方均能够实现利益最大化（黄晓楠等，2007）[29]。枫丹等（Fountaine et al., 2009）将 EVA 作为一个投资组合分离准则，能够提供预测投资组合分离需要的具有经济价值的有用信息。EVA 能够使管理层更关注资产的管理，资源的收集，以及包含经营杠杆的资本结构。这对于发展中的公司很有吸引力，他们发现应用 EVA 可能比应用投资报酬率（Return on Investment，ROI）更好，因为当公司采用 ROI 时，管理者可能对投资的机会缺乏热情，他们可能会拒绝那些会减少当前投资收益的新的投资机会，尽管这些投资机会会增加公司价值[30]。

在应用 EVA 进行决策管理时，阿卜丁和海特（2002）认为最好的方法是将其与传统的方法如净现值法、回收期方法等结合，只有这样才能得出最佳的投资决策。一些研究也基于此观点提出了股东价值管理的创新思路，将 EVA 与传统方法结合来寻找投资项目的价值驱动要素，更好地实现股东价值最大化（孙烽和苏舟，2003）。然而现实却并未如此理想，加尼等（2005）发现大多数公司仅仅是单独使用了 EVA，而不是将 EVA 与其他传统方式的结合，如此一来反而降低了 EVA 方法的决策价值。

EVA 包含的成长性、资本成本、企业价值的信息是传统会计指标所不具有的，这些信息通过影响投资决策最终影响企业资本结构的形成。从理论分析来看，EVA 指标应该比传统的会计指标能更好地解释资本结构的形成。然而实际当中 EVA 并没有对我国上市公司的资本结构产生较大程度的影响，而且这种微弱的影响还存在着滞后性，EVA 在解释上市公司资本结构的形成时，并没有比会计指标（EPS、ROE）有更大优势（沈维涛和叶晓铭，2004）[31]。

必须指出的是，从目前的情况来看，净现值法则依旧是资本预算决策中最科学合理的项目绩效评价方法，没有其他更好的方法来替代，经济附加值同样如此。至于在融资决策中使用经济附加值更是没有科学依据。融资决策不是简单意义上的财务行为，它与股权结构的调整、财务风险的调控有着直接的关系，其直接的影响因素是企业的资本成本。

（四）EVA 与成本管理

EVA 不仅在绩效管理中有着广泛应用，在成本管理领域同样被认为是一个占据重要位置的工具（杜荣瑞等，2009）。[32]现有的成本管理方法有很多，比如预算管理、平衡计分卡（Balance Score Card，BSC）、作业成本法（Activity - Basecl Costing，ABC）等，现有研究中很多都将一种工具定位为一个全能的工具，这显然是不科学的。不同的成本管理工具的关注重点不同，每种方法都有一定的优缺点，预算关注于资源配置和计划，BSC 关注于综合描述和制定战略，EVA 强调股东财富和价值创造，ABC 强调作业和流程；等等。正因为各工具主要关注点不同，所以要建立完善的管理控制系统，就需要综合利用各工具的长处，取长补短，实现最优利用（高晨和汤谷良，2007）。

EVA 作为成本管理的工具，要想实现最优化的管理，最好的方式是与其他方法结合起来运用。比较主流的观点是将 EVA 与 BSC 相结合，来形成一个综合的评价系统。BSC 强调了学习与成长、内部业务流程、顾客与财务四个维度，它是财务指标与非财务指标的有机组合，而 EVA 强调了公司的价值创造能力，它去除了投资者资本成本的影响，比传统利润指标更能使管理者关注股东财富，将 EVA 作为 BSC 中财务指标的核心，更能准确地反映公司创造的价值。EVA 与 BSC 的结合使得财务指标及非财务指标得到价值衡量，保证了股东财富最大化目标的实现（范松林和李文娟，2004；[33]刘运国和陈国菲，2007[34]）。安科蒂尔等提出（Anctil et al.，1998）[35]除了与 BSC 结合以外，EVA 还可以与 ABC 结合，建立一个以 ABC 为基础、以实现 EVA 最大化为目标的成本管理系统，这个预算系统的建立能够帮助决策者识别 EVA 增长的机会，如外购和放弃不盈利的商品、作业经理们间的良好沟通等。

EVA 作为成本管理工具的运用在理论界得到了广泛的认可，但是由于其取数困难、技术条件还不具备等原因，未在我国实际的成本管理中得到广泛的应用（高晨和汤谷良，2007）。杜荣瑞等（2008）指出，一种以 EVA 为基础的业绩指标的新兴MAC技术（管理会计与控制技术）正在兴起，尽管各公司之间 MAC 的使用情况还存在很大的差异。[36]

以上就 EVA 的拓展应用进行了简要的分析。必须指出的是，任何一个指标其在应用的时候都是有利有弊的，不可能解决所有的问题，EVA 同样如此。在一些实际应用中，很明显，人们尚没有完全地、清晰地了解这一指标的性质，在应用上存在着牵强附会的一面。EVA 指标的应用在很大程度上受制于资本成本的估算，而资本成本的估算又是现代公司财务理论中长期以来都没有得到很好解决的一个学术难题。资本成本估算中存在的所有困难都将毫无疑问地落在 EVA 指标的计算之中，这在很大程度上限制了 EVA 的应用。

从以上介绍中不难看出，无论是学术界还是企业界，在经济附加值领域存在的主要问题是对该指标的理解尚存在严重的不足和偏颇，其直接结果就是导致指标的滥用。这是一个值得警惕的问题。

六、EVA 的影响因素研究

伴随 EVA 应用研究的逐渐完善，一些学者开始研究哪些因素会对 EVA 产生影响。斯腾斯特公司在计算 EVA 时进行了很多的会计调整，如员工培训费用资本化、研发费用费用化部分改为资本化等等。那么这些调整真的会使得 EVA 更加贴近于真实的利润吗？曾（Tseng，2008）将柯布—道格拉斯生产函数引入 EVA 影响因素的研究中，他采用了四个变量——内部培训与开发、引进的科技、资本、劳动力，来解释它们是否真的会对 EVA 产生影响。结果是比较乐观的，内部员工培训开发能够很明显地影响 EVA，引进的科学技术尽管对 EVA 的影响不如内部员工培训明显，但是它与内部员工培训间有一个既不互补也不替代的独立关系，它仍然影响着 EVA；资本和劳动力对 EVA 无多大的影响。[37]这与理论是相符的，员工培训帮助了经济的发展，是提高公司 EVA 增长的重要因素，这也与斯特提出的将员工培训费用资本化的调整观点吻合，该调整使 EVA 评价方法比传统的方法更接近真实的经济价值。

目前，我国国资委已经全面启动导入 EVA 考核中央企业，中央企业独特的性质是否同样会影响到 EVA 呢？中央企业由于自身特性，高管的政治关联性一定程度上会影响着公司的绩效表现，在这一点上 EVA 并没有幸免于难，它同其他传统财务指标一样会受到高管政治联系的影响，唯一可以庆幸的是它受到的影响程度要小于传统财务指标，EVA 相对来说是更公平的，中央企业对 EVA 的引进是管理上一种进步的表现。不过，由于现在 EVA 计算时，资本成本率采用的是统一规定的数据 5.5% ，而不是根据实际情况算得的数据，这样还是降低了 EVA 绩效考核的有效性。如果用 CAPM 模型的行业资本成本率代替 5.5% 的统一规定，计算出的 EVA 排名会很明显地降低央企高管政治联系的影响，从而进一步提高 EVA 的公平性（卢闯等，2010）。

从理论上讲，EVA 的高低主要取决于两个方面的因素：生产经营效率与股权资本成本。生产经营效率越高，生产经营过程中创造的现金流就越多，企业价值也就越大，这是 EVA 提高的价值创造基础。股权资本成本越低，在现金流既定的情况下，EVA 越大。公司治理优秀，现金流风险较低等都会显著地降低股权资本投资者的要求报酬率，进而降低股权资本成本。当然，股权资本成本的升降是一个极其复杂的问题，不能简单地以升降来评判优劣。但在诸多因素都既定的情况下，通过改善公司治理与提升管理质量来降低资本成本，无论是对于投资者还是对于企业的长远可持续发展，无疑都是有利的。

七、EVA 未来研究领域展望

从现有文献来看，EVA 已经成为财务学者们的一个主要的研究领域，并且多数的文献将 EVA 作为公司绩效评价的工具进行研究，并且将它与传统财务指标进行比较。根据现有文献，发现仍然有很多的领域需要进一步的研究。

1. EVA 性质的了解与科学的应用

EVA 是一个既简单又复杂的指标，其中隐含着众多未解之谜。可以这么说，资本成本问题有多么复杂，EVA 就有多复杂。必须从股东利益保护的角度、从股东财富最大化目标的角度来理解这一指标，并将此作为对公司治理质量进行评判的一个指标。也就是说，EVA 指标绝不仅仅是对企业经营绩效进行评价的指标，甚至主要不是对经营绩效进行评价的指标。认识不到这个问题，EVA 在应用上就会陷入认识不足或者滥用的情形。

2. EVA 的会计调整

EVA 的会计调整是最有争议的部分，尽管斯腾斯特公司号称这些调整能够使 EVA 更加接近公司的真实价值，但是多达 164 项的调整也被广泛地认为没有必要，且带来巨大的工作量，并且会计调整也引发了置疑：其中一些调整是否真的能够使EVA更接近于真实价值？现阶段仍需要对会计调整进行进一步的研究，来发现哪些调整是必不可少的，而又有哪些调整是可以省略的。

3. EVA 与传统指标的比较

EVA与传统财务指标的比较也是一个研究的重点，现有研究并没有提供清晰的证据哪一种指标更有助于解释股票回报，更适合作为绩效评价的工具。而选取的样本公司又涉及各行各业，因此之后的研究可以关注于比较在不同的行业哪种指标会更有助于评价绩效。经济附加值指标只能是对传统绩效评价指标的补偿，不可能完全取代那些传统指标。

4. EVA 的应用

除被用作绩效评价的工具，EVA也可应用于薪酬激励、决策管理、成本管理等多个领域，但是除了绩效评价和薪酬管理，EVA在其他领域的应用还只处在理论研究阶段，实践性的应用研究仍比较匮乏，缺少案例研究和实地调研方法。且现阶段对于EVA应用的研究还比较零碎，未形成系统，缺乏一个完整的系统的应用框架，未来研究应关注EVA应用框架的建立。

参考文献：

［1］［美］S. 戴维·扬，斯蒂芬·F·奥伯恩著，李丽萍，史璐等译. EVA与价值管理：实用指南［M］. 北京：社会科学文献出版社，2002.

［2］孙铮，吴茜. 经济增加值：盛誉下的思索［J］. 会计研究，2003（3）：8-14.

［3］A. Vijayakumar. Economic Value Added（EVA）and Shareholders Wealth Creation：A Factor Analytic Approach［J］. Research Journal of Finance and Accounting，2011，2（12）：22-37.

［4］汪平. 理财目标论［J］. 财会通讯（综合版），2007（3）：6-10.

［5］Jagdish R. Raiyani and Nilesh K. Joshi. EVA Based Performance Measurement：A Case Study of SBI and HDFC Bank［J］. Management Insight，2011，7（1）：31-43.

［6］夏清华. 创利与创值——企业成长绩效的评价与控制［J］. 数量经济技术经济研究，2003（4）：96-99.

［7］WaQar I. Ghani，Ahmet Tezel，Joseph M. Ragan，and A. J. Stagliano. Disclosure Of EVA Use In Corporate Financial Reports：A Descriptive Analysis［J］. The Journal of Applied Business Research，2005，21（1）：81-92.

［8］张纯. 论新经济时代EVA的效用性［J］. 会计研究，2003（4）：19-22.

［9］顾银宽，张红侠. EVA贴现模型及其在上市公司价值评估中的实证研究［J］. 数量经济技术经济研究，2004（2）：129-135.

［10］［美］贝内特·思特三世，康雁等译. 探寻价值［M］. 北京：中国财政经济出版

社，2004。

[11] Samuel C. Weaver. Measuring Economic Value Added: A Survey of the Practices of EVA Proponents [J]. Journal of Applied Finance, 2001 (11): 7 – 17.

[12] Susan M. Machuga, Ray J. Pfeiffer, and JR. Kiran Verma. Economic Value Added, Future Accounting Earning, and Financial Analysts' Earning Per Share Forecasts [J]. Review of Quantitative Finance and Accounting, 2002, 18: 59 – 73.

[13] N Zafiris and R Bayldon. Economic Value Added and Market Value Added: A Simple Version and Application [J]. Journal of Applied Accounting Research, 1999, 5 (2): 84 – 105.

[14] 张小宁. 公司价值判断——EVA 分解及主成分分析 [J]. 中国工业经济，2004 (8): 97 – 104.

[15] Jonathan K. Kramer and Jonathan R. Peters. An Interindustry Analysis of Economic Value Added as a Proxy for Market Value Added [J]. Journal of Applied Finance, 2001, 11 (1): 41 – 49.

[16] Adnan M. Abdeen and G. Timothy Haight. A Fresh Look At Economic Value Added: Empirical Study Of The Fortune Five – Hundred Companies [J]. The Journal of Applied Business Research, 2002, 18 (2): 27 – 36.

[17] Marius Ioan Pantea, Valentin Munteanu, Delia Gligor, and Daria Sopoian. The Managerial Performances Evaluation through the Economic Value Added [J]. European Research Studies Journal, 2008, 11 (4): 1815 – 1826.

[18] Dilek Teker and Suat Teker. Economic Value added Performances of Publicly Owned Banks: Evidence from Turkey [J]. International Research Journal of Finance and Economics, 2011, 75: 132 – 137.

[19] 孙烽，苏舟. 论国有控股公司投资项目的股东价值管理 [J]. 中国工业经济，2003 (11): 41 – 46.

[20] 王化成，程小可，佟岩. 经济增加值的价值相关性——与盈余、现金流量、剩余收益指标的对比 [J]. 会计研究，2004 (5): 75 – 81.

[21] Pierce – Brown R. EVA® and other Arthurian Myths: A Comment on Zafiris & Bayldon (2000) [J]. Journal of Applied Accounting Research, 2000, 6 (1): 2 – 22.

[22] Anil K. Sharma and Satish Kumar. Economic Value Added (EVA) – Literature Review and Relevant Issues [J]. International Journal of Economics and Finance, 2010, 2 (2): 200 – 220.

[23] 吴超鹏，吴世农. 基于价值创造和公司治理的财务状态分析与预测模型研究 [J]. 经济研究，2005 (11): 99 – 110.

[24] 何瑛. 基于价值导向的电信运营企业财务竞争力综合评价与提升路径研究 [J]. 中国工业经济，2011 (11): 109 – 118.

[25] 高晨，汤谷良. 管理控制工具的整合模式：理论分析与中国企业的创新——基于中国国有企业的多案例研究 [J]. 会计研究，2007 (8): 68 – 75.

[26] 卢闯，杜菲，佟岩，汤谷良. 导入 EVA 考核中央企业的公平性及其改进 [J]. 中国工业经济，2010 (6): 96 – 105.

[27] 张小宁. 分享制企业激励制度的比较——利润分成、员工持股、EVA、分配权等的比较分析 [J]. 中国工业经济，2003（10）：83-88.

[28] 杜胜利，张杰. 独立董事薪酬影响因素的实证研究 [J]. 会计研究，2004（9）：82-88.

[29] 聂丽洁，王俊梅，王玲. 基于相对 EVA 的股票期权激励模式研究 [J]. 会计研究，2004（10）：80-83.

[30] 黄晓楠，瞿宝忠，丁平. 基于 EVA 的企业并购定价改进模型研究 [J]. 会计研究，2007（3）：42-46.

[31] Drew Fountaine, Douglas J. Jordan, and G. Michael Phillips. Using Economic Value Added as a Portfolio Separation Criterion [J]. Quarterly Journal of Finance and Accounting, 2009, 47（2）：69-81.

[32] 沈维涛，叶晓铭. EVA 对上市公司资本结构影响的实证研究 [J]. 经济研究，2004（11）：47-57.

[33] 杜荣瑞，肖泽忠，周齐武. 中国管理会计研究述评 [J]. 会计研究，2009（9）：72-80.

[34] 范松林，李文娟. 宝钢钢管公司构建价值贡献模型探索 [J]. 会计研究，2004（5）：57-61.

[35] 刘运国，陈国菲. BSC 与 EVA 相结合的企业绩效评价研究——基于 GP 企业集团的案例分析 [J]. 会计研究，2007（9）：50-59.

[36] Regina M. Anctil, James. S. Jordan, and Aruit Mukherji. Activity-Based Costing for Value Added® [J]. Review of Accounting Studies, 1998, 2（3）：132-264.

[37] 杜荣瑞，肖泽忠，周齐武，赵立新. 管理会计与控制技术的应用及其与公司业绩的关系 [J]. 会计研究，2008（9）：39-46.

[38] Chun-Yao Tseng. Internal R&D Effort, External Imported Technology and Economic Value Added：Empirical Study of Taiwan's Electronic Industry [J]. Applied Economics, 2008, 40（8）：1073-1082.

第六章 我国企业股权资本成本的估算

　　股权资本成本的估算是经济附加值计算中最为复杂、存在问题最多的一个环节，没有股权资本成本的准确、合理估算，经济附加值的计算就不可能有一个合理的结果，其绩效评价指标的作用也就难以发挥。本书第三章和第四章已经对资本成本的性质以及估算技术做了介绍和分析，本章将以我国上市公司数据为基础，对上市公司股权资本成本进行估算。不同的股权资本成本的估算技术由于考虑的具体因素不同，其结果也会有所不同，有时甚至差异较大。本章的结构如下：第一部分，详细分析研究期间不同股权资本成本估算方法下，各个年度各个行业的股权资本成本估算结果。第二部分，剔除 CAPM 估算结果。①，将其余四种股权资本成本的年度估算结果与中长期国债和公司债的票面利率以及股利报酬率进行对比分析。第三部分，剔除 CAPM 估算结果，分析研究期间混合样本背景下各个行业的股权资本成本估算结果，与相应的股利报酬率进行对比，并按照结果进行行业排序。

一、行业股权资本成本：年度数据分析

　　本章以 2000~2008 年②中国全部 A 股上市公司为研究样本，采用 CAPM、GLS（2001）模型、戈登（Gordon）模型（以下简写作 Cordon 模型）、OJ（2005）模型和 PEG 比率五种目前国内外广泛应用的估算模型方法来估算上市公司的股权资本成本，由于每种模型需要的具体变量数据、变量筛选规则不同，故每种方法下最终得到的有股权资本成本估算结果的样本数量不同，本章以表格形

---

　　① 剔除原因见下文。
　　② 鉴于我国上市公司预测数据的可得性，同时为了保证样本数量充足，本章仅对我国上市公司 2000~2008 年的股权资本成本进行估算。

式列示最终样本数量，并以图表形式列示各种估算模型所得的估算结果。

本章的数据来源为国泰安（CSMAR）数据库与色诺芬（CCER）数据库。在第一部分，我们采用五种方法分别估算我国 13 个行业的年度股权资本成本，行业划分遵循我国证券监督管理委员会 2001 年 4 月出台的《上市公司行业分类指引》。[①]

（一）各方法股权资本成本估算结果

1. CAPM 的估算结果

CAPM 是目前世界各国企业界普遍使用的股权资本成本估算技术，其估算公式为：

$$r_e = r_f + \beta \ (r_m - r_f)$$

在具体估算时，无风险利率（r_f）采用一年期定期存款利率的加权平均数作为替代，以天数为权数计算，2000 ~ 2008 年的加权平均利率分别为 2.25%、2.25%、2.02%、1.98%、2.03%、2.25%、2.35%、3.21%、3.93%。原始数据取自中国人民银行官方网站。[②] 市场投资组合报酬率（r_m）选取考虑现金股利再投资的综合年市场报酬率（流通市值加权平均法）。β 值采用统计分析同一时期市场每天（周、月）的报酬情况以及单个股票每天（周、月）的报酬计算得到，具体而言，就是通过考虑现金股利再投资的综合月市场报酬率（流通市值加权平均法）和考虑现金股利再投资的月个股报酬率（流通市值加权平均法）进行回归，一般采用样本公司某年的前 5 年的月个股报酬率与月市场报酬率（共60 组数值）回归斜率即为 B 值。但如依此规则计算，由于我国很少有公司会满足某年前60 个月都有月报酬率数据，所以可以获得的样本数量很少。本书采用样本某年前 2 年即 24 个月的月个股报酬率与月市场报酬率进行回归，因此如果某样本公司月个股报酬率的个数小于 24 个，该样本将会被删除，不会出现在最终 CAPM 估算结果中。

CAPM 估算 2000 ~ 2008 年的初始样本规模、删除样本规模与最终样本规模如表 6 - 1 所示。

---

① 中国证券监督管理委员会网站 http：//www. csrc. gov. cn/cn。

② http：//www. pbc. gov. cn/publish/zhengcehuobisi/631/1269/12692/12692_ . html。

表 6-1　　　　　　　　　　CAPM 估算样本筛选过程

年份	2000	2001	2002	2003	2004	2005	2006	2007	2008
初始样本规模*	2336	2336	2336	2336	2336	2336	2336	2336	2336
减：月个股报酬数据小于24个的	1607	1502	1406	1262	1192	1124	1066	973	970
最终样本规模	729	834	930	1074	1144	1212	1270	1363	1366

*初始样本规模均为2336，这是我们在国泰安数据库中下载各指标数据时得到的全部样本数量。其含义是在下载数据的时点，沪深两市全部A股上市公司的数量。本研究的数据筛选是每年单独处理的，各年之间的数据处理程序、原则保持一致，因而各年数据不会产生关联。

从表 6-1 可以看到，筛除了数据缺失的样本后，CAPM 方法下 2000~2008 年最终样本规模从 729 家到 1366 家不等，且呈逐年递增的趋势，这表明随着我国股票市场的逐渐发展，相应的数据采集与整理日趋完善。

采用 CAPM 估算我国上市公司股权资本成本的估算结果与样本数量的年度行业分布如表 6-2 和表 6-3 所示。

表 6-2　　　　　　　　　　CAPM 股权资本成本估算结果　　　　　　　单位：%

年份	2000	2001	2002	2003	2004	2005	2006	2007	2008
A	47.11	-19.55	-17.40	-3.89	-16.31	-11.50	127.37	187.68	-72.33
B	54.20	-27.56	-21.06	-4.31	-17.81	-10.61	117.42	180.99	-72.88
C	51.10	-21.47	-16.35	-3.33	-14.68	-10.36	120.00	177.49	-71.70
D	54.40	-22.88	-17.91	-3.45	-14.91	-10.16	116.66	165.14	-71.56
E	55.64	-21.96	-16.35	-3.50	-15.16	-11.40	128.74	178.46	-74.20
F	52.74	-22.05	-16.85	-3.28	-14.37	-8.87	97.39	142.96	-57.83
G	60.71	-25.79	-20.15	-3.97	-17.03	-11.54	127.34	179.71	-70.71
H	50.53	-21.96	-18.09	-3.75	-15.66	-11.13	119.05	179.42	-71.12
I	54.18	-23.38	-15.15	-3.58	-15.63	-10.40	122.70	230.64	-110.03
J	56.71	-25.01	-17.55	-3.67	-15.65	-11.80	131.00	188.33	-71.27
K	50.62	-21.44	-17.50	-3.28	-14.45	-10.98	123.32	176.34	-71.23
L	53.87	-24.58	-19.69	-4.35	-18.76	-12.92	129.82	192.67	-79.39
M	55.67	-23.58	-19.48	-4.02	-17.25	-12.00	129.64	189.84	-75.49
总计	52.87	-22.44	-17.30	-3.52	-15.27	-10.72	121.14	178.24	-71.77

从 6-2 可以看到，CAPM 的估算结果十分不合理，某些年份数值极大，例如，2000年、2006 年和2007 年，而其余年份竟然为负值。这主要是由于 2000 年以来，我国 A 股市场总流通市值起伏波动较大，造成 r_m 的数值波动极大，2000~2008 年

该数值依次为 56.32%、24.30%、-18.61%、3.63%、-15.78%、-9.92%、110.03%、174.38% 和 -62.64%。这体现了使用历史已实现报酬率进行股权资本成本估算的缺陷——无法真实体现投资者期望报酬率这一资本成本的本质。因此，在本章后面进行综合分析的时候不考虑此种方法的估算结果。①

表6-3　　　　　　　　　　　CAPM 估算的行业样本个数

年份	2000	2001	2002	2003	2004	2005	2006	2007	2008	总计
A	13	17	18	23	24	24	26	30	31	206
B	6	10	13	16	20	21	25	28	29	168
C	343	415	475	558	605	647	682	747	753	5225
D	36	39	41	47	50	54	56	62	64	449
E	7	9	11	14	15	17	21	24	24	142
F	22	27	32	41	45	50	53	56	57	383
G	45	50	54	62	64	68	77	82	80	582
H	75	78	80	90	92	96	95	97	94	797
I	10	10	11	13	13	15	16	16	16	120
J	74	74	83	89	94	96	95	98	97	800
K	25	28	31	37	37	39	39	40	40	316
L	10	10	11	11	12	14	14	13	13	108
M	63	67	70	73	73	71	71	70	68	626
总计	729	834	930	1074	1144	1212	1270	1363	1366	9922

2. GLS（2001）模型的估算结果

GLS（2001）模型的一般公式为：

$$P_0 = bps_0 + \sum_{t=1}^{11} \frac{(roe_t - r_e)bps_{t-1}}{(1 + r_e)^t} + \frac{(roe_{12} - r_e)bps_{11}}{r_e(1 + r_e)^{11}}$$

由于国泰安数据库中没有本书研究期间内权益净利率（roe）的全部预测数据，本章借鉴黄娟娟和肖珉（2006）的做法，应用实际数据进行替代[1]，即：

---

① 一些学术文献应用达摩达兰（Damodaran）对中国股票市场风险溢价的估算数据替代市场风险溢价（$r_m - r_f$），进而使用 CAPM 估算中国公司股权资本成本。这样得到的估算值要比我们前面应用 CAPM 估算得到的数值"理想"一些，本章在此并未采用这种方法，在本书的第七章将使用这一方法，以说明其具体应用。然而，我们必须明确的一点是应用达摩达兰估算中国股票市场风险溢价的数据代入 CAPM 中来估算中国公司股权资本成本这种思路存在一个致命的弊端——β 系数的取值与市场风险溢价的取值具有严重的不一致性。这也正是本章未采用这一方法的根本原因。

$roe_t = \dfrac{eps_t}{bps_{t-1}}$。$roe_{12}$ 为历史的行业权益净利率，取公司上市到 2010 年止的 roe 的简单平均数。理论上，行业权益净利率对于一个行业在长期来看应该是稳定的，我们利用样本上市以来的平均 roe 值作为行业权益净利率具有合理性。在计算过程中，同样借鉴黄娟娟和肖泯（2006）的研究方法，筛掉 roe 大于 100% 以及小于 −10% 的数据，并且某个公司至少要有五年的数据，其 roe 才能纳入行业 roe 的计算。这样，roe_3 到 roe_{12} 形成一个等差数列，公差为 $\dfrac{roe_{12} - roe_3}{9}$，也即第 3 至 12 年的衰减率，即可求得 roe_4 到 roe_{11}。

在具体数据选取及计算过程中，本书进行了如下筛选：（1）删除无期初收盘价格的样本；（2）删除每股账面价值为空以及为负的样本；（3）删除权益净利率为空的样本；（4）删除采用 GLS（2001）模型最终计算时，目标值不在 −0.001 ~ 0.001 之间的样本；（5）分别删除 2003 年、2006 ~ 2008 年的一个异常样本的股权资本成本估算值。

GLS（2001）模型估算 2000 ~ 2008 年的初始样本规模、删除样本规模与最终样本规模如表 6 − 4 所示。

表 6 − 4 GLS（2001）模型估算样本筛选过程

年份	2000	2001	2002	2003	2004	2005	2006	2007	2008
初始样本规模	2336	2336	2336	2336	2336	2336	2336	2336	2336
减：无期初收盘价格的	1412	1275	1196	1129	1069	973	970	918	819
每股账面价值为空或为负的	12	15	22	31	35	48	72	75	54
股权资本净利率为空的	8	9	14	22	20	22	11	17	15
目标单元格不在 −0.001 ~ 0.001 之间	21	30	38	45	57	52	40	30	28
删除异常资本成本值				1			1	1	1
最终样本规模	883	1007	1066	1108	1155	1241	1242	1295	1419

采用 GLS（2001）模型估算我国上市公司股权资本成本的估算结果与样本数量的年度行业分布（如表 6 − 5 和表 6 − 6 所示）。

表 6 - 5　　　　　　　　　GLS（2001）模型股权资本成本估算结果　　　　　单位：%

年份	2000	2001	2002	2003	2004	2005	2006	2007	2008	平均
A	1.99	1.42	1.77	2.40	2.92	3.80	4.88	3.34	1.75	2.70
B	6.03	4.92	6.51	7.98	8.81	11.60	17.71	10.37	4.77	8.74
C	3.24	2.49	3.08	5.67	4.66	6.42	6.94	5.12	3.03	4.52
D	3.35	2.62	3.18	3.93	4.12	5.69	5.47	5.72	2.83	4.10
E	2.74	1.94	2.72	3.43	4.09	6.98	6.91	6.27	3.18	4.25
F	3.92	2.95	3.64	4.88	4.97	6.20	6.76	5.84	3.38	4.73
G	2.40	1.49	2.30	2.54	3.45	4.17	5.04	5.05	2.48	3.21
H	3.59	2.22	2.83	3.42	6.30	6.28	6.37	4.95	2.71	4.30
I	4.64	3.44	3.68	4.31	5.32	13.73	10.11	8.52	4.86	6.51
J	3.09	2.20	2.66	3.32	4.72	6.56	11.03	6.17	3.17	4.77
K	2.19	1.56	2.23	2.53	5.04	4.62	4.89	3.83	1.94	3.20
L	2.82	1.97	4.99	2.71	3.48	3.79	4.67	3.11	5.48	3.67
M	2.44	1.99	2.59	3.11	4.13	5.29	6.05	5.15	2.81	3.73
平均	3.26	2.40	3.24	3.86	4.77	6.55	7.45	5.65	3.26	4.49

　　从表 6 - 5 可以看出，应用 GLS（2001）模型估算 2000～2008 年 9 年间行业股权资本成本估算结果介于 1.42%（2001 年 A 行业即农、林、牧、渔业）与 17.71%（2006 年 B 行业即采掘业）之间。9 年间中国上市公司股权资本成本的均值为 4.49%，中值为 3.83%（2007 年 K 行业的股权资本成本数值）。

　　分行业来看，采掘业（B）的股权资本成本最高，均值为 8.74%，农、林、牧、渔业（A）的股权资本成本最低，均值为 2.7%。具体来看，采掘业（B）与金融业（I）在每个年度的股权资本成本稳健地高于其他行业。分年度来看，2006 年全样本股权资本成本均值最高，为 7.45%，2001 年最低，均值为 2.40%。

表 6 - 6　　　　　　　　　GLS（2001）模型估算的行业样本个数

年份	2000	2001	2002	2003	2004	2005	2006	2007	2008	总计
A	16	19	20	20	20	26	27	29	30	207
B	13	16	20	20	20	23	23	26	34	195
C	452	529	573	607	638	693	695	719	794	5700
D	41	47	50	53	56	62	64	64	64	501
E	11	14	13	15	19	22	22	27	30	173

续表

年份	2000	2001	2002	2003	2004	2005	2006	2007	2008	总计
F	31	38	43	46	50	53	53	57	59	430
G	54	59	57	57	63	69	68	74	82	583
H	74	83	83	86	86	88	87	90	92	769
I	10	11	13	14	15	14	15	17	27	136
J	76	83	89	85	82	85	84	87	90	761
K	31	36	34	37	36	36	36	37	44	327
L	11	8	10	11	10	11	11	10	12	94
M	63	64	61	57	60	59	57	58	61	540
总计	883	1007	1066	1108	1155	1241	1242	1295	1419	10416

3. Gordon 模型的估算结果

Gordon 模型认为，投资者的预期报酬率等于股利报酬率加上股利增长率，其一般公式为：

$$r_e = \frac{dps}{P_0} + g$$

对于未来第一期每股股利（dps_1），本书采用上市公司年度宣告支付的股利，不考虑季度支付的股利，因为季度支付股利只占总股利的一小部分。若上市公司不派发股利，则每股股利为0，股权资本成本即为长期增长率（g）。每股股利增长率（g）一般是通过对公司以往的收入额、股利等财务指标的增长率进行计算，必须结合各种环境因素、公司管理层战略等主客观因素进行预测。本书具体计算时，使用当期的可持续增长率替代。

在具体数据选取及计算过程中，本书进行了如下筛选：（1）删除无期初收盘价格的样本；（2）删除每股股利增长率为空、为负以及大于1的样本。

Gordon 模型估算 2000～2008 年的初始样本规模、删除样本规模与最终样本规模如表6-7所示。

表6-7　　　　　　　　Gordon 模型估算样本筛选过程

年份	2000	2001	2002	2003	2004	2005	2006	2007	2008
初始样本规模	2336	2336	2336	2336	2336	2336	2336	2336	2336
减：没有期初盘价格的	1412	1275	1196	1129	1069	973	970	918	819
每股股利增长率为负的	34	39	34	56	51	87	54	35	125

续表

年份	2000	2001	2002	2003	2004	2005	2006	2007	2008
每股股利增长率大于1的	2	1	5	4	4	2	4	0	3
没有每股股利增长率的	108	174	197	195	224	322	244	774	804
最终样本规模	780	847	904	952	988	952	1064	609	585

采用 Gordon 模型估算我国上市公司股权资本成本的估算结果与样本数量的年度行业分布如表6-8和表6-9所示。

表6-8　　　　　　　　Gordon 模型股权资本成本估算结果　　　单位：%

年份	2000	2001	2002	2003	2004	2005	2006	2007	2008	平均
A	8.56	6.03	5.30	4.35	4.61	6.03	5.21	5.27	4.41	5.53
B	13.52	7.16	5.76	8.12	13.39	17.10	21.33	18.95	23.54	14.32
C	8.86	6.64	6.01	7.53	8.67	7.98	10.28	13.71	10.36	8.89
D	10.85	7.30	6.57	8.29	7.67	6.80	9.15	10.27	5.77	8.07
E	9.47	5.61	4.38	3.51	5.83	6.11	7.14	10.93	8.65	6.85
F	6.72	6.18	7.71	8.86	10.04	11.46	9.65	12.02	8.72	9.04
G	11.96	10.61	7.41	7.29	6.30	6.43	7.16	11.79	10.88	8.87
H	8.25	6.89	5.92	6.72	7.66	7.88	11.31	14.51	8.84	8.66
I	4.52	3.57	12.40	8.63	15.22	13.55	12.76	51.96	15.48	15.34
J	9.83	9.18	8.12	8.21	9.19	8.41	12.17	16.79	8.95	10.09
K	6.57	8.51	5.03	7.07	6.79	7.02	8.13	10.19	7.27	7.40
L	8.03	5.82	7.10	7.42	6.26	6.20	4.97	10.45	10.87	7.46
M	11.94	8.74	6.41	6.20	6.62	5.31	8.46	9.41	8.21	7.92
平均	9.16	7.10	6.78	7.09	8.33	8.48	9.82	15.10	10.15	9.11

从表6-8可以看出，应用 Gordon 模型估算2000~2008年9年间行业股权资本成本估算结果介于3.51%（2003年 E 行业即建筑业）与51.96%（2007年 I 行业即金融、保险业）之间。9年间中国上市公司股权资本成本的均值为9.11%，中值为8.12%（2002年 J 行业的股权资本成本数值）。

分行业来看，金融、保险业（I）的股权资本成本最高，均值为15.34%，农、林、牧、渔业（A）的股权资本成本最低，均值为5.53%。具体来看，9年间，采掘业（B）与金融业（I）分别在4个年度和3个年度的股权资本成本稳健地高于其他行业。分年度来看，2007年全样本股权资本成本均值最高，为

15.10%，2002年最低，均值为6.78%。

表 6 – 9　　　　　　　　　　**Gordon 模型估算的行业样本个数**

年份	2000	2001	2002	2003	2004	2005	2006	2007	2008	总计
A	14	19	17	18	18	17	17	12	8	140
B	12	11	17	19	21	21	23	16	21	161
C	405	446	486	517	542	536	601	341	306	4180
D	38	38	42	45	49	51	56	34	23	376
E	9	11	12	14	17	20	20	16	16	135
F	29	37	39	42	44	41	47	42	39	360
G	47	52	49	50	55	44	60	25	37	419
H	66	72	73	79	77	72	76	41	45	601
I	3	4	6	5	6	3	3	4	14	48
J	68	66	74	74	68	63	70	37	37	557
K	23	25	30	26	35	32	32	20	20	243
L	9	9	8	8	8	9	10	4	3	68
M	57	57	51	55	48	43	49	17	16	393
总计	780	847	904	952	988	952	1064	609	585	7681

4. OJ（2005）模型的估算结果

OJ（2005）模型的一般公式为：

$$r_e = A + \sqrt{A^2 + \frac{eps_1}{P_0}\left[\frac{eps_2 - eps_1}{eps_1} - (\gamma - 1)\right]}$$

其中，$A = \dfrac{\gamma - 1 + dps_1/P_0}{2}$

γ 为每股盈余（eps）非正常增长额的长期增长率，本书仿照沈红波（2007）的处理，令为 5%。[2]

在具体数据选取及计算过程中，本书进行了如下筛选：（1）删除无期初收盘价格的样本；（2）删除无每股盈余的样本。且当 $eps_1 > eps_2$ 时，令 $eps_1 = eps_2$；当根号下的数值为负数时，参照霍普（Hope et al.，2009）的做法，令 $r_e = A$。[3]

OJ（2005）模型估算 2000～2008 年的初始样本规模、删除样本规模与最终样本规模如表 6 – 10 所示。

表 6 – 10　　　　　　　　OJ（2005）模型估算样本筛选过程

年份	2000	2001	2002	2003	2004	2005	2006	2007	2008
初始样本规模	2336	2336	2336	2336	2336	2336	2336	2336	2336
减：没有期初收盘价格的	1412	1275	1196	1129	1069	973	970	918	819
没有 eps1 或 eps2 的	3	11	15	22	30	32	31	19	14
最终样本规模	921	1050	1125	1185	1237	1331	1335	1399	1503

采用 OJ（2005）模型估算我国上市公司股权资本成本的估算结果与样本数量的年度行业分布如表 6 – 11 和表 6 – 12 所示。

表 6 – 11　　　　　　　OJ（2005）模型股权资本成本估算结果　　　　单位：%

年份	2000	2001	2002	2003	2004	2005	2006	2007	2008	平均
A	4.66	5.06	5.53	6.24	5.63	6.35	12.05	7.17	6.43	6.57
B	7.09	5.31	8.92	15.65	10.11	11.99	18.29	25.39	5.10	11.98
C	5.27	5.90	7.54	7.33	6.84	9.70	14.80	6.84	7.68	7.99
D	4.75	4.88	7.81	6.17	6.37	8.96	11.44	6.63	9.00	7.33
E	4.13	4.19	4.30	6.42	6.89	7.79	13.77	8.76	9.69	7.33
F	5.68	6.43	6.65	8.25	8.56	8.87	14.63	8.02	6.69	8.20
G	5.80	5.54	5.70	5.71	6.78	8.70	14.01	9.21	6.53	7.55
H	5.33	5.40	6.20	7.01	7.63	11.02	15.84	6.91	6.77	8.01
I	5.23	5.58	7.73	7.57	6.71	10.16	30.54	8.79	10.00	10.26
J	5.71	5.57	6.67	7.42	7.29	10.28	18.50	8.56	7.24	8.58
K	6.03	5.67	5.32	7.61	6.86	8.39	16.00	5.29	6.42	7.51
L	4.34	5.56	5.39	6.89	4.66	6.41	12.18	8.41	6.23	6.67
M	4.87	4.91	5.99	6.37	5.99	9.46	15.31	7.95	8.22	7.67
平均	5.30	5.38	6.44	7.59	6.95	9.08	15.95	9.07	7.38	8.13

从表 6 – 11 可以看出，应用 OJ（2005）模型估算 2000～2008 年 9 年间行业股权资本成本估算结果介于 4.13%（2000 年 E 行业即建筑业）与 30.54%（2006 年 I 行业即金融、保险业）之间。9 年间中国上市公司股权资本成本的均值为 8.13%，中值为 6.86%（2004 年 K 行业的股权资本成本数值）。

分行业来看，采掘业（B）的股权资本成本最高，均值为 11.98%，农、林、牧、渔业（A）的股权资本成本最低，均值为 6.57%。具体来看，9 年间，采掘业（B）与金融业（I）分别在 6 个年度和 2 个年度的股权资本成本稳健地高于其他行业。分年度来看，2006 年全样本股权资本成本均值最高，为 15.95%，2000年最低，均值为 5.30%。

表 6 – 12　　　　　　　　OJ（2005）模型估算的行业样本个数

年份	2000	2001	2002	2003	2004	2005	2006	2007	2008	总计
A	17	21	22	23	22	28	28	30	30	221
B	13	16	20	21	24	25	25	28	36	208
C	471	545	597	637	670	734	736	771	839	6000
D	41	47	50	54	56	62	64	65	65	504
E	11	14	15	16	19	22	23	27	30	177
F	32	38	43	48	52	55	56	61	63	448
G	54	62	63	66	74	79	78	85	93	654
H	79	89	91	92	92	94	94	95	96	822
I	11	12	13	14	16	16	16	18	28	144
J	81	88	93	95	95	98	97	99	96	842
K	31	37	37	39	39	40	40	41	47	351
L	11	11	11	13	12	12	12	12	14	108
M	69	70	70	67	66	66	66	67	66	607
总计	921	1050	1125	1185	1237	1331	1335	1399	1503	11086

5. PEG 比率的估算结果

应用 PEG 比率估算股权资本成本的一般公式为：

$$r_e = \sqrt{\frac{eps_2 - eps_1}{P_0}}$$

在具体数据选取及计算过程中，本书进行了如下筛选：（1）删除无期初收盘价格的样本；（2）删除无每股盈余的样本。（3）删除 $eps_2 - eps_1$ 为负的样本。

PEG 比率估算 2000 ~ 2008 年的初始样本规模、删除样本规模与最终样本规模如表 6 – 13 所示。

表 6 – 13　　　　　　　　PEG 比率估算样本筛选过程

年份	2000	2001	2002	2003	2004	2005	2006	2007	2008
初始样本规模	2336	2336	2336	2336	2336	2336	2336	2336	2336
减：没有期初收盘价格的	1412	1275	1196	1129	1069	973	970	918	819

续表

年份	2000	2001	2002	2003	2004	2005	2006	2007	2008
没有 EPS$_1$ 或 EPS$_2$ 的	3	11	15	22	30	32	31	19	14
EPS$_2$ - EPS$_1$ 为负的	622	629	492	569	648	504	344	907	603
最终样本规模	299	421	633	616	589	827	991	492	900

采用 PEG 比率估算我国上市公司股权资本成本的估算结果与样本数量的年度行业分布如表 6 - 14 和表 6 - 15 所示。

表 6 - 14　　　　　　　　　PEG 比率股权资本成本估算结果　　　　　单位：%

年份	2000	2001	2002	2003	2004	2005	2006	2007	2008	平均
A	10.96	7.87	9.33	12.11	9.41	24.07	18.84	21.84	12.08	14.06
B	7.42	8.79	9.49	15.21	13.46	24.36	24.61	28.36	7.26	15.44
C	9.27	9.70	10.80	11.21	12.85	17.75	21.76	18.67	12.07	13.79
D	5.64	5.33	10.44	7.74	7.99	11.06	15.49	13.51	14.98	10.24
E	24.60	13.07	3.57	7.48	8.65	13.19	17.22	11.11	8.32	11.91
F	7.06	7.17	6.78	15.33	9.70	16.14	18.53	15.54	10.55	11.87
G	11.96	7.67	6.23	11.57	14.42	20.60	25.77	24.57	10.43	14.80
H	14.75	9.13	8.89	9.50	10.26	17.45	19.74	11.64	7.64	12.11
I	24.64	9.53	10.35	10.50	16.86	16.28	44.14	15.30	9.09	17.41
J	13.01	8.18	9.52	13.46	18.49	20.05	28.18	20.61	10.63	15.79
K	10.10	6.36	8.68	12.11	12.07	17.67	23.03	6.53	7.51	11.56
L	9.41	5.34	3.80	24.04	5.62	5.37	16.78	26.39	7.41	11.57
M	12.25	9.22	11.18	8.67	11.90	22.75	22.73	16.77	10.84	14.03
平均	12.39	8.26	8.39	12.22	11.67	17.44	22.83	17.76	9.91	13.43

从表 6 - 14 可以看出，应用 PEG 比率估算 2000 ~ 2008 年 9 年间行业股权资本成本估算结果介于 3.57%（2002 年 E 行业即建筑业）与 44.14%（2006 年 I 行业即金融、保险业）之间。9 年间中国上市公司股权资本成本的均值为 13.43%，中值为 11.57%（2003 年 G 行业的股权资本成本数值）。

分行业来看，金融、保险业（I）的股权资本成本最高，均值为 17.41%，电力、煤气及水的生产和供应业（D）的股权资本成本最低，均值为 10.24%。具体来看，9 年间，采掘业（B）与金融业（I）分别有 2 个年度的股权资本成本稳健地高于其他行业。分年度来看，2006 年全样本股权资本成本均值最高，为 22.83%，2001 年最低，均值为 8.26%。

表 6 – 15　　　　　　　PEG 比率估算的行业样本个数

年份	2000	2001	2002	2003	2004	2005	2006	2007	2008	总计
A	4	7	8	10	7	11	20	10	14	91
B	6	7	15	18	16	14	22	22	10	130
C	149	231	351	318	298	453	526	242	495	3063
D	11	13	31	25	29	47	45	16	50	267
E	1	3	4	10	11	13	16	17	26	101
F	13	18	24	23	34	31	44	21	32	240
G	18	20	34	30	37	51	60	31	47	328
H	24	30	50	55	53	63	75	40	59	449
I	4	6	8	9	7	8	16	9	24	92
J	29	42	53	52	42	66	75	39	61	459
K	16	21	13	25	20	22	33	15	25	190
L	3	4	6	6	5	7	10	4	9	54
M	21	19	36	34	30	41	49	26	48	304
总计	299	421	633	616	589	827	991	492	900	5768

6. 股权资本成本估算值的平均（AVERAGE）

通过对上述五种估算方法所得的股权资本成本估算结果进行分析，可知 CAPM 的估算结果极不合理。因此，在本章以后的拓展分析以及第九章 EVA 的计算分析中，我们排除掉 CAPM 方法，仅分析 CLS（2001）模型、Gordon 模型、OJ（2005）模型和 PEG 比率四种方法。我们将这四种方法所得的股权资本成本估算值的均值称作 AVERAGE。

具体来讲，计算 AVERAGE 的样本为四种方法分别得到的样本的交集，其估算值为四种方法分别得到的估算值的简单算术平均值。本书采用不同股权资本成本估算技术所得估算值的均值作为最终的股权资本成本数值，其原因在于时至今日，学术界对于不同估算技术的有效性问题尚未达成一致意见。研究者们只好期望通过多种技术方法来进行稳健性测试，同时检验多个估算结果的平均数、单个估算方法结果以及多种方法估算结果的主成分与研究要素之间的关系。瑞巴和詹金斯（Hrihar & Jenkins，2004）期望提供一个不同估测技术可得到的合理样本[4]。霍普等（2008）则期望以此减少估算误差。海利和卢茨（Hail & Luez，2006）报告这些方法估算结果的简单平均与风险替代变量之间的关系是一致的理论上预期的方向[5]。

平均股权资本成本（AVERAGE）估算结果与样本数量的年度行业分布如表 6 –16 和表 6 –17 所示。

表6-16　　　　　　　　　　AVERAGE 股权资本成本估算结果　　　　　　　　单位：%

年份	2000	2001	2002	2003	2004	2005	2006	2007	2008	平均
A	3.72	4.80	5.23	5.96	7.07	7.75	7.60	6.71	6.20	6.12
B	7.66	6.99	8.28	12.68	12.00	16.73	17.70	22.62	6.74	12.38
C	7.02	5.87	6.99	7.96	8.00	9.97	13.59	11.66	8.32	8.82
D	8.39	6.59	7.61	6.61	6.75	7.89	10.54	10.49	5.81	7.85
E	—	4.36	4.31	5.22	6.86	7.19	12.53	9.29	7.39	7.14
F	6.44	6.53	6.72	9.77	9.28	9.84	12.39	10.72	6.72	8.71
G	8.75	6.28	5.03	4.87	5.75	6.76	10.21	10.31	6.87	7.20
H	6.55	6.37	5.30	5.95	7.65	10.64	13.12	9.42	7.08	8.01
I	—	5.38	9.37	8.93	4.24	—	26.68	14.94	9.20	11.25
J	7.25	5.90	6.27	7.60	9.00	10.01	15.49	11.15	6.72	8.82
K	5.87	4.54	5.37	7.07	7.09	8.35	10.38	7.78	4.96	6.82
L	6.02	5.95	5.63	4.75	5.46	6.27	9.11	3.60	6.64	5.94
M	5.52	6.25	5.44	5.80	6.81	9.88	12.99	9.37	8.34	7.82
平均	6.65	5.83	6.27	7.17	7.38	9.27	13.26	10.62	7.00	8.22

从表6-16可以看出，AVERAGE 在2000~2008年9年间行业股权资本成本估算结果介于3.60%（2007年 L 行业即传播与文化产业）与26.68%（2006年 I 行业即金融、保险业）之间。9年间中国上市公司股权资本成本的均值为8.22%，中值为7.08%（2008年 H 行业的股权资本成本数值）。

分行业来看，采掘业（B）的股权资本成本最高，均值为12.38%，传播与文化产业（L）的股权资本成本最低，均值为5.94%。具体来看，9年间，采掘业（B）与金融业（I）分别有在5个年度和3个年度的股权资本成本稳健地高于其他行业。分年度来看，2006年全样本股权资本成本均值最高，为13.26%，2001年最低，均值为5.83%。

表6-17　　　　　　　　　　　AVERAGE 行业样本个数

年份	2000	2001	2002	2003	2004	2005	2006	2007	2008	总计
A	2	5	6	7	5	3	11	3	3	45
B	6	3	13	15	11	11	19	14	5	97
C	119	164	267	241	222	299	414	90	167	1983
D	11	11	23	18	26	36	37	6	15	183
E	0	1	4	9	10	11	14	10	13	72

续表

年份	2000	2001	2002	2003	2004	2005	2006	2007	2008	总计
F	11	17	21	19	28	21	37	14	18	186
G	13	14	26	19	25	25	45	7	20	194
H	14	21	35	42	43	46	59	18	29	307
I	0	2	5	4	1	0	3	1	13	29
J	19	31	41	36	27	40	53	15	23	285
K	12	13	9	15	16	16	26	9	12	128
L	1	4	5	3	4	6	8	1	2	34
M	16	12	25	25	19	22	35	7	10	171
总计	224	298	480	453	437	536	761	195	330	3714

关于以不同方法估算结果的平均值作为资本成本数值的做法，学界历来有不同的看法。根本而论，如此计算确实没有学术上的支持。不同的估算技术所得出的不同的股权资本成本估算数值实际上是在考虑了不同因素的基础上得出的结论，体现了人们对于资本成本的不同的认识。计算平均值恰恰抹杀了这种认识上的差异，无助于人们对于资本成本认识的深化。然而，在资本成本估算问题得到根本性的统一认识之前，平均各种估算技术的数值以求出资本成本水平，不妨视为是综合各种因素估算资本成本的做法，从这个意义上讲，这样处理具有一定程度的合理性。

（二）股权资本成本估算结果的 ANOVAR 分析

为了分析我国企业股权资本成本是否存在行业差异和年度差异，我们进行了ANOVAR 分析，四种模型估算结果的分析见表 6 - 18。

表 6 - 18　　　　　各模型股权资本成本估算结果的 ANOVAR 分析

Panel A：GLS（2001）模型股权资本成本估算结果的 ANOVAR 分析

差异源	SS	Df	MS	F	P - value
行业	0.0273	12	0.0023	13.9738	0.0000 ***
年份	0.0309	8	0.0039	23.6948	0.0000 ***
误差	0.0156	96	0.0002		
总计	0.0738	116			

Panel B：Gordon 模型股权资本成本估算结果的 ANOVAR 分析

	SS	Df	MS	F	P – value
行业	0.0840	12	0.0070	3.9095	0.0001 ***
年份	0.0676	8	0.0085	4.7190	0.0001 ***
误差	0.1719	96	0.0018		
总计	0.3235	116			

Panel C：OJ（2005）模型股权资本成本估算结果的 ANOVAR 分析

差异源	SS	Df	MS	F	P – value
行业	0.0237	12	0.0020	3.5234	0.0002 ***
年份	0.1087	8	0.0136	24.2018	0.0000 ***
误差	0.0539	96	0.0006		
总计	0.1863	116			

Panel D：PEG 比率股权资本成本估算结果的 ANOVAR 分析

差异源	SS	Df	MS	F	P – value
行业	0.0466	12	0.0039	1.8269	0.0542 *
年份	0.2515	8	0.0314	14.7809	0.0000 ***
误差	0.2042	96	0.0021		
总计	0.5023	116			

注：*** 表示在1%的显著性水平下显著；** 表示在5%的显著性水平下显著；* 表示在10%的显著性水平下显著。

在四种估算方法中，除了 PEG 比率下股权资本成本估算值行业差异的 P 值（0.0542）大于0.01外，其他所有的 ANOVAR 分析的 P 值都小于0.01，这说明每种估算方法下，我国企业的股权资本成本均存在着显著的行业差异和年度差异。

行业差异方面，在四种方法中，除了 PEG 比率外，另外三种方法——GLS（2001）模型、OJ（2005）模型和 Gordon 模型——的估算结果均显示农、林、牧、渔业（A）的股权资本成本最低，GLS（2001）模型和 OJ（2005）模型均估算出采掘业（B）的股权资本成本最高，且金融、保险业（I）的股权资本成本是次高的，而 Gordon 模型和 PEG 比率均估算出金融、保险业（I）的股权资本成本最高，Gordon 模型估算采掘业（B）的股权资本成本是次高的，PEG 比率估算采掘业（B）的股权资本成本是第三位高的。从行业股权资本成本估算值综合来看，四个模型的结论是较为一致的，即采掘业（B）与金融、保险业（I）这两个行业的股权资本成本相对于其他行业较高，而农、林、牧、渔业（A）的股权资本成本相对于其他行业较低。

年度差异方面，在四种方法中，除了 Gordon 模型估算出 2007 年的股权资本成本最高以外，另外三种方法——GLS（2001）模型、OJ（2005）模型和 PEC 比率——的估算结果均显示 2006 年的股权资本成本最高，GLS（2001）模型和 PEG 比率均得出 2001 年的股权资本成本最低的结论，而 OJ（2005）模型和 Gordott 模型分别估算 2000 年和 2002 年的股权资本成本最低，且 OJ（2005）模型估算 2001 年的股权资本成本是次低的。从年度股权资本成本估算值综合来看，四个模型的结论也是较为一致的，即年度股权资本成本最高值位于 2006～2007 年，而年度股权资本成本最低值位于 2001 年左右。

（三）股权资本成本估算结果的配对 t 检验

为了分析上述四种估算方法的股权资本成本估算结果是否存在显著差异，我们对 2000～2008 年的单个样本（即每个公司）及各行业的股权资本成本估算值分别做了两两的配对 t 检验。

1. 单个样本股权资本成本估算值的配对 t 检验

首先，我们将 2000～2008 年 9 年间四种方法估算值的平均值（AVERAGE）的 3714 个公司作为混合样本进行配对 t 检验，以检验每种估算方法得到的单个公司股权资本成本是否存在显著差异。采用 AVERAGE 的样本进行检验的原因在于该样本在四种估算方法下均有估算值，使得各种模型两两配对结果具有可比性。结果分析见表 6 – 19。

表 6 – 19　　　　　**Gordon 模型与 GLS（2001）模型的配对 t 检验**

Panel A：Gordon 模型与 GLS（2001）模型配对样本统计

	平均值	样本量	标准差	标准误差
Gordon	0.0806	3714	0.0777	0.0013
GLS（2001）	0.0509	3714	0.0310	0.0005

Panel B：Gordon 模型与 GLS（2001）模型配对样本相关性

	样本量	相关系数	Sig.
Gordon & GLS	3714	0.2080	0.0000 ***

Panel C：Gordon 模型与 GLS（2001）模型配对样本检验

	配对差异					t	df	Sig.(2 – tailed)
	平均值	标准差	标准误差	差异95%的置信区间				
				下限	上限			
Gordon – GLS	0.0297	0.0774	0.0013	0.0272	0.0322	23.40	3713	0.0000 ***

注：*** 表示在1%的显著性水平下显著；** 表示在5%的显著性水平下显著；* 表示在10%的显著性水平下显著。

表 6 – 19 显示，就 9 年间 3714 个混合样本公司的股权资本成本平均值而言，依 Gordon 模型估算结果为 8.06%，依 GLS（2001）模型估算结果为 5.09%。两种方法估算结果的相关系数为 0.2080，且在 1% 的显著性水平下显著相关。平均来看，Gordon 模型的估算结果较 GLS（2001）模型的估算结果大 2.97%，这一差异在 1% 的显著性水平上显著。这表明，Gordon 模型对单个公司的股权资本成本估算值要显著地大于 GLS（2001）模型的估算值。

表 6 – 20 显示，就 9 年间 3714 个混合样本公司的股权资本成本平均值而言，依 OJ（2005）模型估算结果为 12.8%，依 GLS（2001）模型估算结果为 5.09%。两种方法估算结果的相关系数为 0.5350，且在 1% 的显著性水平下显著相关。平均来看，OJ（2005）模型的估算结果较 GLS（2001）模型的估算结果

表 6 – 20   OJ（2005）模型与 GLS（2001）模型的配对 t 检验

Panel A：OJ（2005）模型与 GLS（2001）模型配对样本统计

	平均值	样本量	标准差	标准误差
OJ（2005）	0.1280	3714	0.0872	0.0014
GLS（2001）	0.0509	3714	0.0310	0.0005

Panel B：OJ（2005）模型与 GLS（2001）模型配对样本相关性

	样本量	相关系数	Sig.
OJ & GLS	3714	0.5350	0.0000 ***

Panel C：OJ（2005）模型与 GLS（2001）模型配对样本检验

	配对差异					t	df	Sig.(2 – tailed)
	平均值	标准差	标准误差	差异95%的置信区间				
				下限	上限			
OJ – GLS	0.0771	0.0753	0.0012	0.0747	0.0796	62.40	3713	0.0000 ***

注：*** 表示在1%的显著性水平下显著；** 表示在5%的显著性水平下显著；* 表示在10%的显著性水平下显著。

大 7.71%，这一差异在 1% 的显著性水平上显著。这表明，OJ（2005）模型对单个公司的股权资本成本估算值要显著地大于 GLS（2001）模型的估算值。

表 6-21 显示，就 9 年间 3714 个混合样本公司的股权资本成本平均值而言，依 PEG 比率估算结果为 9.95%，依 GLS（2001）模型估算结果为 5.09%。两种方法估算结果的相关系数为 0.5440，且在 1% 的显著性水平下显著相关。平均来看，PEG 比率的估算结果较 GLS（2001）模型的估算结果大 4.86%，这一差异在 1% 的显著性水平上显著。这表明，PEG 比率对单个公司的股权资本成本估算值要显著地大于 GLS（2001）模型的估算值。

表 6-21　　　　　　　　PEG 比率与 GLS（2001）模型的配对 t 检验

Panel A：PEG 比率与 GLS（2001）模型配对样本统计

	平均值	样本量	标准差	标准误差
PEG	0.0995	3714	0.0863	0.0014
GLS（2001）	0.0509	3714	0.0310	0.0005

Panel B：PEG 比率与 GLS（2001）模型配对样本相关性

	样本量	相关系数	Sig.
PEG & GLS	3714	0.5440	0.0000 ***

Panel C：PEG 比率与 GLS（2001）模型配对样本检验

	配对差异					t	df	Sig.（2 – tailed）
	平均值	标准差	标准误差	差异 95% 的置信区间				
				下限	上限			
PEG – GLS	0.0486	0.0741	0.0012	0.0462	0.0510	39.98	3713	0.0000 ***

注：*** 表示在 1% 的显著性水平下显著；** 表示在 5% 的显著性水平下显著；* 表示在 10% 的显著性水平下显著。

表 6-22 显示，就 9 年间 3714 个混合样本公司的股权资本成本平均值而言，依 Gordon 模型估算结果为 8.06%，依 OJ（2005）模型估算结果为 12.80%。两种方法估算结果的相关系数为 0.2050，且在 1% 的显著性水平下显著相关。平均来看，OJ（2005）模型的估算结果较 Gordon 模型的估算结果大 4.74%，这一差异在 1% 的显著性水平上显著。这表明，OJ（2005）模型对单个公司的股权资本成本估算值要显著地大于 Gordon 模型的估算值。

表 6 - 22 **Gordon 模型与 OJ（2005）模型的配对 t 检验**

Panel A：Gordon 模型与 OJ（2005）模型配对样本统计

	平均值	样本量	标准差	标准误差
Gordon	0.0806	3714	0.0777	0.0013
OJ（2005）	0.1280	3714	0.0872	0.0014

Panel B：Gordon 模型与 OJ（2005）模型配对样本相关性

	样本量	相关系数	Sig.
Gordon & OJ	3714	0.2050	0.0000 ***

Panel C：Gordon 模型与 OJ（2005）模型配对样本检验

	配对差异					t	df	Sig.（2 - tailed）
	平均值	标准差	标准误差	差异95%的置信区间				
				下限	上限			
Gordon – OJ	- 0.0474	0.1043	0.0017	- 0.0508	- 0.0441	- 27.71	3713	0.0000 ***

注：*** 表示在1%的显著性水平下显著；** 表示在5%的显著性水平下显著；* 表示在10%的显著性水平下显著。

表 6 - 23 显示，就 9 年间 3714 个混合样本公司的股权资本成本平均值而言，依 PEG比率估算结果为 9.95%，依 Gordon 模型估算结果为 8.06%。两种方法估算结果的相关系数为 0.2240，且在 1% 的显著性水平下显著相关。平均来看，

表 6 - 23 **Gordon 模型与 PEG 比率的配对 t 检验**

Panel A：Gordon 模型与 PEG 比率配对样本统计

	平均值	样本量	标准差	标准误差
PEG	0.0995	3714	0.0863	0.0014
Gordon	0.0806	3714	0.0777	0.0013

Panel B：Gordon 与 PEG 比率配对样本相关性

	样本量	相关系数	Sig.
PEG & Gordon	3714	0.2240	0.0000 ***

Panel C：Gordon 与 PEG 比率配对样本检验

	配对差异					t	df	Sig.（2 - tailed）
	平均值	标准差	标准误差	差异95%的置信区间				
				下限	上限			
PEG – Gordon	0.0189	0.1023	0.0017	0.0156	0.0222	11.25	3713	0.0000 ***

注：*** 表示在1%的显著性水平下显著；** 表示在5%的显著性水平下显著；* 表示在10%的显著性水平下显著。

PEG 比率的估算结果较 GOrdon 模型的估算结果大 1.89%，这一差异在 1% 的显著性水平上显著。这表明，PEG 比率对单个公司的股权资本成本估算值要显著地大于 Gordon 模型的估算值。

表 6 - 24 显示，就 9 年间 3714 个混合样本公司的股权资本成本平均值而言，依 PEG 比率估算结果为 9.95%，依 OJ（2005）模型估算结果为 12.80%。两种方法估算结果的相关系数为 0.9940，且在 1% 的显著性水平下显著相关。这一高度相关的结果从侧面反映了两者估算原理的相似性，即 PEG 比率是 OJ（2005）模型的特例。平均来看，OJ（2005）模型的估算结果较 PEG 比率模型的估算结果大 2.85%，这一差异在 1% 的显著性水平上显著。这表明，OJ（2005）模型对单个公司的股权资本成本估算值要显著地大于 PEG 比率的估算值。

表 6 - 24 　　　　　　OJ（2005）模型与 PEG 比率的配对 t 检验

Panel A：OJ（2005）模型与 PEG 比率配对样本统计

	平均值	样本量	标准差	标准误差
PEG	0.0995	3714	0.0863	0.0014
OJ（2005）	0.1280	3714	0.0872	0.0014

Panel B：OJ（2005）模型与 PEG 比率配对样本相关性

	样本量	相关系数	Sig.
PEG & OJ	3714	0.9940	0.0000 ***

Panel C：OJ（2005）模型与 PEG 比率配对样本检验

	配对差异					t	df	Sig. (2 - tailed)
	平均值	标准差	标准误差	差异 95% 的置信区间				
				下限	上限			
PEG - OJ	- 0.0285	0.0096	0.0002	- 0.0288	- 0.0282	- 180.93	3713	0.0000 ***

注：*** 表示在 1% 的显著性水平下显著；** 表示在 5% 的显著性水平下显著；* 表示在 10% 的显著性水平下显著。

通过以上分析可知，如果采用四种方法对单个公司的股权资本成本估算值进行比较，OJ（2005）模型 > PEG 比率 > Gordon 模型 > GLS（2001）模型，且这种大小对比关系均在 1% 的显著性水平上显著。

2. 行业股权资本成本估算值的配对 t 检验

其次，我们将 2000 ~ 2008 年 9 年间四种方法得到的 117 个行业股权资本成本估算值作为混合样本进行配对 t 检验，以检验每种估算方法得到的行业股权资本成本是否存在显著差异。结果分析见表 6 – 25。

表 6 – 25　　　　　　**Gordon 模型与 GLS（2001）模型的配对 t 检验**

Panel A：Gordon 模型与 GLS（2001）模型配对样本统计

	平均值	样本量	标准差	标准误差
Gordon	0.0911	117	0.0529	0.0049
GLS	0.0449	117	0.0258	0.0024

Panel B：Gordon 模型与 GLS（2001）模型配对样本相关性

	样本量	相关系数	Sig.
Gordon & GLS	117	0.4750	0.0000 ***

Panel C：Gordon 模型与 GLS（2001）模型配对样本检验

	配对差异					t	df	Sig. （2 – tailed）
	平均值	标准差	标准误差	差异95%的置信区间				
				下限	上限			
Gordon – GLS	0.0462	0.0466	0.0043	0.0377	0.0548	10.74	116	0.0000 ***

　　注：*** 表示在 1% 的显著性水平下显著；** 表示在 5% 的显著性水平下显著；* 表示在 10% 的显著性水平下显著。

　　表 6 – 25 显示，就 9 年间 117 个混合样本行业的股权资本成本平均值而言，依 G0rdon 模型估算结果为 9.11%，依 GLS（2001）模型估算结果为 4.49%，两种方法估算结果的相关系数为 0.4750，且在 1% 的显著性水平下显著相关。平均来看，Gordon 模型的估算结果较 GLS（2001）模型的估算结果大 4.62%，这一差异在 1% 的显著性水平上显著。这表明，Gordon 模型对行业股权资本成本估算值要显著地大于 GLS（2001）模型的估算值。

　　表 6 – 26 显示，就 9 年间 117 个混合样本行业的股权资本成本平均值而言，依 OJ（2005）模型估算结果为 8.15%，依 CLS（2001）模型估算结果为 4.49%，两种方法估算结果的相关系数为 0.6750，且在 1% 的显著性水平下显著相关。平均来看，OJ（2005）模型的估算结果较 GLS（2001）模型的估算结果大 3.67%，这一差异在 1% 的显著性水平上显著。这表明，OJ（2005）模型对行业股权资本成本估算值要显著地大于 GLS（2001）模型的估算值。

表 6 - 26　　　　OJ（2005）模型与 GLS（2001）模型的配对 t 检验

Panel A：OJ（2005）模型与 GLS（2001）模型配对样本统计

	平均值	样本量	标准差	标准误差
OJ（2005）	0.0815	117	0.0404	0.0037
GLS	0.0449	117	0.0258	0.0024

Panel B：OJ（2005）模型与 GLS（2001）模型配对样本相关性

	样本量	相关系数	Sig.
OJ & GLS	117	0.6750	0.0000 ***

Panel C：OJ（2005）模型与 GLS（2001）模型配对样本检验

	配对差异					t	df	Sig. (2 - tailed)
	平均值	标准差	标准误差	差异95%的置信区间				
				下限	上限			
OJ – GLS	0.0367	0.0298	0.0028	0.0312	0.0421	13.31	116	0.0000 ***

注：*** 表示在 1% 的显著性水平下显著；** 表示在 5% 的显著性水平下显著；* 表示在 10% 的显著性水平下显著。

　　表 6 - 27 显示，就 9 年间 117 个混合样本行业的股权资本成本平均值而言，依 PEG 比率估算结果为 13.44%，依 CLS（2001）模型估算结果为 4.49%，两种方法估算结果的相关系数为 0.5290，且在 1% 的显著性水平下显著相关。平均来

表 6 - 27　　　　　PEG 比率与 GLS（2001）模型的配对 t 检验

Panel A：PEG 比率与 GLS（2001）模型配对样本统计

	平均值	样本量	标准差	标准误差
PEG 比率	0.1344	117	0.0661	0.0061
GLS（2001）	0.0449	117	0.0258	0.0024

Panel B：PEG 比率与 GLS（2001）模型配对样本相关性

	样本量	相关系数	Sig.
PEG & GLS	117	0.5290	0.0000 ***

Panel C：PEG 比率与 GLS（2001）模型配对样本检验

	配对差异					t	df	Sig. (2 - tailed)
	平均值	标准差	标准误差	差异95%的置信区间				
				下限	上限			
PEG – GLS	0.0895	0.0568	0.0053	0.0791	0.0999	17.04	116	0.0000 ***

注：*** 表示在 1% 的显著性水平下显著；** 表示在 5% 的显著性水平下显著；* 表示在 10% 的显著性水平下显著。

看，PEG 比率的估算结果较 GLS（2001）模型的估算结果大 8.95%，这一差异在 1% 的显著性水平上显著。这表明，PEG 比率对行业股权资本成本估算值要显著地大于 GLS（2001）模型的估算值。

表 6-28 显示，就 9 年间 117 个混合样本行业的股权资本成本平均值而言，依 Gordon 模型估算结果为 9.11%，依 OJ（2005）模型估算结果为 8.15%，两种方法估算结果的相关系数为 0.2480，且在 1% 的显著性水平下显著相关。平均来看，Gordon 模型的估算结果较 OJ（2005）模型的估算结果大 0.96%，这一差异在 1% 的显著性水平上显著。这表明，Gordon 模型对行业股权资本成本估算值要显著地大于 OJ（2005）模型的估算值。

表 6-28　　　　　　Gordon 模型与 OJ（2005）模型的配对 t 检验

Panel A：Gordon 模型与 OJ（2005）模型配对样本统计

	平均值	样本量	标准差	标准误差
Gordon	0.0911	117	0.0529	0.0049
OJ（2005）	0.0815	117	0.0404	0.0037

Panel B：Gordon 模型与 OJ（2005）模型配对样本相关性

	样本量	相关系数	Sig.
Gordon & OJ	117	0.2480	0.0070 ***

Panel C：Gordon 模型与 OJ（2005）模型配对样本检验

	配对差异					t	df	Sig. (2 - tailed)
	平均值	标准差	标准误差	差异 95% 的置信区间				
				下限	上限			
Gordon - OJ	0.0096	0.0581	0.0054	- 0.0011	0.0202	1.78	116	0.0770 *

注：*** 表示在 1% 的显著性水平下显著；** 表示在 5% 的显著性水平下显著；* 表示在 10% 的显著性水平下显著。

表 6-29 显示，就 9 年间 117 个混合样本行业的股权资本成本平均值而言，依 PEG 比率估算结果为 13.44%，依 Gordon 模型估算结果为 9.11%，两种方法估算结果的相关系数为 0.1890，且在 5% 的显著性水平下显著相关。平均来看，PEG 比率的估算结果较 Gordon 模型的估算结果大 4.33%，这一差异在 1% 的显著性水平上显著。这表明，PEG 比率对行业股权资本成本估算值要显著地大于 Gordotl 模型的估算值。

表 6 – 29　　　　　　　　**Gordon 模型与 PEG 比率的配对 t 检验**

Panel A：Gordon 模型与 PEG 比率配对样本统计

	平均值	样本量	标准差	标准误差
PEG	0.1344	117	0.0661	0.0061
Gordon	0.0911	117	0.0529	0.0049

Panel B：Gordon 模型与 PEG 比率配对样本相关性

	样本量	相关系数	Sig.
PEG & Gordon	117	0.1890	0.0420 *

Panel C：Gordon 模型与 PEG 比率配对样本检验

	配对差异					t	df	Sig. (2 – tailed)
	平均值	标准差	标准误差	差异95%的置信区间				
				下限	上限			
PEG – Gordon	0.0433	0.0765	0.0071	0.0293	0.0573	6.12	116	0.0000 ***

注：*** 表示在1%的显著性水平下显著；** 表示在5%的显著性水平下显著；* 表示在10%的显著性水平下显著。

　　表 6 – 30 显示，就 9 年间 117 个混合样本行业的股权资本成本平均值而言，依 PEc比率估算结果为 13.44%，依 OJ（2005）模型估算结果为 8.15%，两种方法估算结果的相关系数为 0.7110，且在 1% 的显著性水平下显著相关。这一高

表 6 – 30　　　　　**OJ（2005）模型与 PEG 比率的配对 t 检验**

Panel A：OJ（2005）模型与 PEG 比率配对样本统计

	平均值	样本量	标准差	标准误差
PEG 比率	0.1344	117	0.0661	0.0061
OJ（2005）	0.0815	117	0.0404	0.0037

Panel B：OJ（2005）模型与 PEG 比率配对样本相关性

	样本量	相关系数	Sig.
PEG & OJ	117	0.7110	0.0000 ***

Panel C：OJ（2005）模型与 PEG 比率配对样本检验

	配对差异					t	df	Sig. (2 – tailed)
	平均值	标准差	标准误差	差异95%的置信区间				
				下限	上限			
PEG – OJ	0.0528	0.0469	0.0043	0.0442	0.0614	12.18	116	0.0000 ***

注：*** 表示在1%的显著性水平下显著；** 表示在5%的显著性水平下显著；* 表示在10%的显著性水平下显著。

度相关的结果从侧面反映了两者估算原理的相似性，即 PEG 比率是 OJ（2005）模型的特例。平均来看，PEC 比率的估算结果较 OJ（2005）模型的估算结果大5.28%，这一差异在 1% 的显著性水平上显著。这表明，PEG 比率对行业股权资本成本估算值要显著地大于 Gordon 模型的估算值。

通过以上分析可知，如果采用四种方法对行业的股权资本成本估算值进行比较，PEG 比率 > Cordon 模型 > OJ（2005）模型 > GLS（2001）模型，且这种大小对比关系均在 1% 的显著性水平上显著。而对于单个公司的股权资本成本估算结果的配对检验中，OJ（2005）模型的估算值 > PEG 比率的估算值。产生这一差别的原因在于样本方面的差异。

在行业的股权资本成本估算结果配对检验中，每个模型的样本都是独立的，是根据模型的特殊要求进行筛选得到的。在单个公司的股权资本成本估算结果配对检验中，每个模型的样本都是完全相同的。举例来讲，在 2000～2008 年 9 年间行业的股权资本成本估算结果配对检验中，OJ（2005）模型的混合样本规模是 11086 个，而 Gordon 模型的混合样本规模是 7681 个，这主要是因为应用 OJ（2005）模型的过程中，参照了霍普等（2009）的处理方法，采用了平滑的方法，即：当 $eps_1 > eps_2$ 时，令 $eps_1 = eps_2$；当根号下的数为负数时，令 $r_e = A$。这无疑会增加 OJ（2005）模型的样本量，但同时会低估众多 $eps_1 > eps_2$ 的公司的股权资本成本；而在应用 Gordon 模型时并无类似的平滑处理，反而筛除了众多每股股利增长率为空或为负的样本。这便导致 OJ（2005）模型的估算结果小于Gordon 模型的估算结果。在单个公司的股权资本成本估算结果配对检验中，OJ（2005）模型与 Gordon 模型的样本是完全相同的，3714 个样本是经过四个模型共同筛选后得到的样本，在筛选过程中可能筛掉了很多 OJ（2005）模型中被低估的股权资本成本，这样 OJ（2005）模型的估算结果就可能大于 Gordon 模型的估算结果了。因此本书认为，针对相同样本，即单个公司的股权资本成本估算结果所进行的四种方法配对检验更为客观。

（四）行业股利报酬率

以上分别列示了 2000～2008 年各年度 13 个行业分别采用 CAPM 模型、GLS（2001）模型、Gordon 模型、OJ（2005）模型和 PEG 比率五种方法的股权资本成本估算值，以及后四种方法的平均值（AVERAGE）。为了深入进行分析，我们进一步计算了股权投资者实际的股利报酬率，即 2000～2008 年各年度行业股利报酬率。

我们用当期期末每股股利（D_1）除以期初每股市价（P_0）得到股利报酬率。这两个数据均来自国泰安数据库。在具体数据选取及计算过程中，删除无期初收盘价格（P_0）的样本。

2000~2008 年各年股利报酬率计算的初始样本规模、删除样本规模与最终样本规模如表 6-31 所示。

表 6-31 股利报酬率计算的样本筛选过程

年份	2000	2001	2002	2003	2004	2005	2006	2007	2008
初始样本规模	2336	2336	2336	2336	2336	2336	2336	2336	2336
减：没有期初收盘价格的	1412	1275	1196	1129	1069	973	970	918	819
最终样本规模	924	1061	1140	1207	1267	1363	1366	1418	1517

2000~2008 年各年各行业股利报酬率计算结果及样本个数年度行业分布见表 6-32 和表 6-33。

表 6-32 各行业股利报酬率 单位：%

年份	2000	2001	2002	2003	2004	2005	2006	2007	2008	平均
A	0.85	0.24	0.36	0.48	0.57	0.84	0.66	0.56	0.23	0.53
B	1.49	0.72	1.15	1.33	1.63	1.59	3.23	1.70	0.61	1.49
C	0.82	0.47	0.58	0.78	0.87	0.93	1.30	0.88	0.29	0.77
D	1.03	0.76	0.94	1.20	1.16	1.34	2.03	1.37	0.31	1.13
E	0.88	0.31	0.44	0.39	0.48	1.11	1.28	1.06	0.39	0.70
F	1.00	0.68	0.97	1.09	1.49	1.64	1.94	1.83	0.61	1.25
G	0.36	0.20	0.32	0.34	0.48	0.40	0.48	0.45	0.22	0.36
H	0.68	0.38	0.50	0.53	0.92	1.12	1.38	1.00	0.34	0.76
I	0.41	0.30	0.18	0.28	0.34	0.55	1.05	1.57	0.57	0.58
J	0.49	0.18	0.30	0.35	0.56	0.56	0.81	0.44	0.21	0.43
K	0.53	0.49	0.66	0.50	0.84	1.02	1.16	0.63	0.37	0.69
L	0.49	0.26	0.27	0.18	0.13	0.38	0.29	0.41	0.19	0.30
M	0.48	0.20	0.21	0.28	0.30	0.30	0.66	0.32	0.19	0.33
平均	0.73	0.40	0.53	0.60	0.75	0.91	1.25	0.94	0.35	0.72

从表 6-32 可以看到，2000~2008 年 9 年间 13 个行业股利报酬率介于 0.13%（2004年 L 行业即传播与文化产业）与 3.23%（2006 年 B 行业即采掘

业）之间。9 年间中国上市公司行业股利报酬率的均值为 0.72%，中值为 0.56%（2007 年 A 行业的股利报酬率数值）。

分行业来看，采掘业（B）的股利报酬率最高，均值为 1.49%，传播与文化产业（L）的股利报酬率最低，均值为 0.30%。具体来看，9 年间，采掘业（B）在 5 个年度的股利报酬率稳健地高于其他行业。分年度来看，2006 年的股利报酬率均值最高，为 1.25%，2008 年的股利报酬率最低，均值为 0.35%。

表 6-33　　　　　　　　**股利报酬率计算样本个数的行业分布**

年份	2000	2001	2002	2003	2004	2005	2006	2007	2008	总计
A	18	22	24	24	25	30	31	31	30	235
B	13	16	20	21	25	28	29	31	37	220
C	472	549	602	644	680	747	753	784	849	6080
D	41	47	50	54	56	62	64	65	65	504
E	11	14	15	17	21	24	24	27	30	183
F	32	39	44	49	53	56	57	62	64	456
G	54	62	64	68	77	82	80	86	93	666
H	79	90	92	95	95	97	94	95	96	833
I	11	12	13	14	16	16	16	18	28	144
J	81	89	94	96	95	98	97	99	97	846
K	31	37	37	39	39	40	40	41	47	351
L	11	11	12	14	14	13	13	12	14	114
M	70	73	73	72	71	70	68	67	67	631
总计	924	1061	1140	1207	1267	1363	1366	1418	1517	11263

二、各方法年度股权资本成本

在本章的第一部分中，我们着重分析了五种股权资本成本估算方法下，2000～2008 年各年度 13 个行业的股权资本成本估算结果。第二部分，我们将着重考虑 GLS（2001）模型、Gordon 模型、OJ（2005）模型、PEG 比率以及这四种方法的平均值（AVERAGE）下，2000～2008 年各年不分行业的股权资本成本估算结果，并将其与相应年度的国债报酬率、公司债报酬率以及股利报酬率进行对比，以期得到有价值的分析结论。

国债报酬率与公司债报酬率均用我国中长期国债与公司债的报酬率进行替

代。为此，第一，要求国债与公司债的期限均在 5 年以上。第二，采用票面利率表示报酬率。故不计算除固定利率之外的其他计息方式，如国债中的零息、实际利率，公司债中的实际利率。国债和公司债票面利率的相关数据直接从国泰安数据库中获得，我们将简单算术平均数作为当年国债和公司债的报酬率。

表 6-34 和图 6-1 分别将我国企业按照四种股权资本成本估算技术得到的估算值以及四种技术估算值的平均值与我国中长期国债报酬率、公司债报酬率、股利报酬率进行对比。经过对比，我们可以得到如下几点结论：

（1）对于年度股权资本成本的估算，PEG 比率得到的估算值最大，GLS（2001）模型得到的估算值最小，Gordon 模型、OJ（2005）模型和四种方法的均值（AVERAGE）基本处于同一水平，数值介于 PEG 比率与 GLS（2001）模型的估算值之间。

（2）PEG 比率、Gordon 模型、OJ（2005）模型和四种方法的均值（AVER-ACE）估算的年度股权资本成本显著大于年度中长期国债报酬率和公司债的票面利率；即使是估算值最低的 GLS（2001）模型得到的年度股权资本成本估算值也在多数年份大于中长期国债报酬率和公司债的票面利率。这与股东要求报酬率（即股权资本成本）高于债权人要求报酬率的基本常识是一致的。

表 6-34　　　　　　　　年度股权资本成本与国债报酬率、
公司债报酬率、股利报酬率之对比 *　　　　　　　单位：%

年份	2000	2001	2002	2003	2004	2005	2006	2007	2008
GLS（2001）模型	3.16	2.36	3.02	4.71	4.72	6.25	7.86	5.32	3.02
Gordon 模型	9.30	7.26	6.35	7.41	8.34	7.99	10.12	13.46	10.20
OJ（2005）模型	5.32	5.65	6.99	7.27	6.96	9.57	15.15	7.62	7.51
PEG 比率	10.50	8.91	9.94	11.36	12.51	17.90	22.24	18.09	11.22
AVERAGE	6.97	5.93	6.60	7.55	7.85	9.71	13.15	11.56	7.63
国债报酬率	—	3.31	2.62	3.05	4.64	3.36	2.84	3.87	3.77
公司债报酬率	—	—	—	—	—	4.80	—	5.69	6.45
股利报酬率	0.73	0.42	0.54	0.68	0.82	0.91	1.26	0.88	0.31

注："—"表示数据缺失。

* 在此需要说明的是，本表中各年各种方法（GLS（2001）模型、Gordon 模型、OJ（2005）模型、PEG 比率和 AVERAGE）的数值以及股利报酬率的数值是按照前述每种方法样本删选过程筛选的全部样本公司当年股权资本成本的平均值，而不是前面对应表格中该年行业股权资本成本数值的平均数以及股利报酬率数值的平均数。举例而言，"GLS（2001）模型"一行的数据不是表 6-5 中的最后一行，前者是 2000~2008 年各年全部企业股权资本成本的平均数，后者是 2000~2008 年各年 13 个行业股权资本成本的平均数。

（3）各年度股利报酬率不仅显著小于各种方法股权资本成本估算值，表明股利报酬与股东要求的报酬相距甚远，而且均低于国债报酬率和公司债报酬率。这真实地反映了我国上市公司股利支付很低的客观现实。在其他因素不变的情况下，较低的股利报酬率将加大投资者对于股票价格的依赖程度，加大股票市场的投机成分（汪平等，2012）。[6]

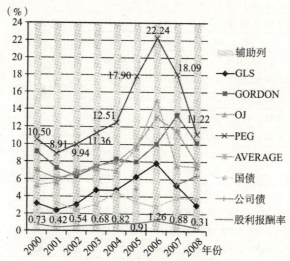

图 6-1　年度股权资本成本及其与国债报酬率、公司债报酬率、股利报酬率之对比

三、行业股权资本成本：全样本数据分析

本章的第一部分按照五种股权资本成本估算方法估算了 2000～2008 年 13 个行业的股权资本成本数值。在第三部分，我们将着重考虑 GLS（2001）模型、Gordon 模型、OJ（2005）模型、PEG 比率以及这四种方法的平均值（AVER-AGE）下，9 年间各个行业全部样本的股权资本成本估算结果，即利用 2000～2008 年的混合样本数据得到各行业的股权资本成本的平均值，并将其与该行业股利报酬率进行对比，以期得到有价值的分析结论。

表 6-35 和图 6-2 分别将我国行业按照四种股权资本成本估算技术得到的估算值以及四种技术估算值的平均值与股利报酬率进行对比。经过对比，我们可以得到与本章第二部分类似的结论：

表 6 –35 行业股权资本成本与股利报酬率的描述性统计[*]

除观测数外，其他单位：%

		A	B	C	D	E	F	G	H	I	J	K	L	M	总
GLS（2001）模型	平均值	2.80	8.87	4.62	4.21	4.58	4.84	3.29	4.32	6.56	4.77	3.19	3.74	3.69	4.58
	中值	2.52	8.33	3.72	3.99	4.20	4.59	2.82	3.70	5.46	3.67	2.85	2.52	3.17	3.67
	标准差	2.09	6.74	18.15	1.95	3.04	2.20	2.63	5.68	5.00	13.18	3.28	5.39	2.48	14.11
	观测数	207	195	5700	501	173	430	583	769	136	761	327	94	540	10416
Gordon 模型	平均值	5.54	15.04	8.70	8.13	6.86	9.18	8.59	8.34	15.42	9.77	7.28	6.92	7.89	8.72
	中值	4.86	12.65	6.42	6.41	5.50	7.22	6.21	6.27	10.17	6.58	5.99	5.28	5.60	6.36
	标准差	4.41	12.61	9.04	7.25	5.12	7.69	7.78	8.40	18.84	11.18	6.38	6.00	8.49	8.99
	观测数	140	161	4180	376	135	360	419	601	48	557	243	68	393	7681
OJ（2005）模型	平均值	6.78	12.40	8.20	7.55	8.01	8.42	7.74	8.08	10.61	8.69	7.56	6.71	7.63	8.19
	中值	4.49	8.26	4.89	5.14	5.85	5.66	4.79	5.30	7.18	5.22	5.17	4.82	4.90	4.93
	标准差	9.16	11.43	7.96	6.03	6.55	7.62	8.55	7.13	12.06	9.07	8.57	6.23	8.28	8.14
	观测数	221	208	6000	504	177	448	654	822	144	842	351	108	607	11086
PEG 比率	平均值	15.27	17.82	14.62	11.47	10.89	12.69	16.19	12.55	17.98	16.54	12.56	11.52	14.77	14.46
	中值	10.10	13.44	10.38	8.35	7.98	9.45	9.13	9.00	11.79	10.68	8.56	6.55	9.47	9.86
	标准差	16.94	15.46	14.78	10.16	9.04	12.33	22.21	12.42	19.64	17.36	15.05	14.74	16.25	15.29
	观测数	91	130	3063	267	101	240	328	449	92	459	190	54	304	5768
AVERAGE	平均值	6.34	14.10	9.28	7.97	8.06	9.16	7.25	8.56	10.76	9.25	7.27	6.51	8.16	8.97
	中值	5.50	13.52	7.91	7.10	6.98	8.52	6.55	7.31	8.59	7.64	6.93	5.69	6.85	7.57
	标准差	3.10	7.46	5.90	4.02	4.06	4.38	3.82	5.14	8.79	5.63	3.36	3.21	4.90	5.57
	观测数	45	97	1983	183	72	186	194	307	29	285	128	34	171	3714
股利报酬率	平均值	0.53	1.53	0.77	1.14	0.74	1.29	0.36	0.77	0.62	0.44	0.69	0.29	0.33	0.73
	中值	0.00	0.84	0.00	0.70	0.30	0.89	0.00	0.15	0.00	0.00	0.00	0.00	0.00	0.00
	标准差	1.06	2.32	1.34	1.32	1.13	1.45	0.71	1.24	1.07	0.90	1.01	0.46	0.83	1.28
	观测数	235	220	6080	504	183	456	666	833	144	846	351	114	631	11263

[*]在此需要说明的是，本表中各年各种方法（GLS（2001）模型、Gordon 模型、OJ（2005）模型、PEG 比率和 AVERAGE）的"平均值"以及股利报酬率的数值是按照前述每种方法样本删选过程筛选的全部样本公司各个行业股权资本成本的平均值，而不是前面对应表格中各个行业股权资本成本年度数值的平均数以及股利报酬率数值的平均数。举例而言，"GLS（2001）模型"一行的数据不是表 6 –5 最后一列，前者是 2000～2008 年各行业全部企业股权资本成本的平均数，后者是 2000～2008 年各年 13 个行业每年股权资本成本的平均数。

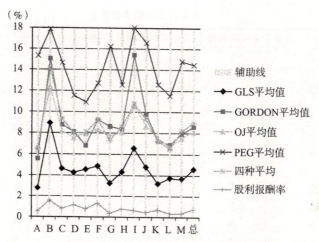

图6－2 行业股权资本成本平均值及其与股利报酬率之对比

（1）对于行业股权资本成本的估算，呈现与年度股权资本成本估算基本类似的规律，即 PEG 比率得到的估算值最大，GLS（2001）模型得到的估算值最小，Gordon 模型、OJ（2005）模型和四种方法的均值（AVERAGE）基本处于同一水平，数值介于 PEG 比率与 GLS（2001）模型的估算值之间。

（2）行业股权资本成本显著大于股利报酬率。进一步印证了本章第二部分的结论，股利报酬率过低这一现实必须引起我国上市公司董事会、管理高层以及证券监管部门的高度关注，并予以科学的管控。

分行业看，本章第一部分已经针对每种估算技术得到的股权资本成本估算值进行分析，采掘业（B）和金融、保险业（I）两个行业的估算结果均是最高的（如表6－36所示）；仓储和房地产业（J）、交通运输业（F）、制造业（C）在除了 PEG 比率外的其他方法中，估算值均排在 3－5 位。农、林、牧、渔业（A）和传播与文化产业（L）则处于股权资本成本最低的行列。

从表6－36中还可以看出，根据各种估算技术得到的金融、保险业（I）的股权资本成本均排名前两位，然而该行业的股利报酬率却较低，在 13 个行业中仅排名第8 位。与之形成较为明显对照的是，农、林、牧、渔业（A）的股权资本成本虽然很低，但其股利报酬率的排名却仅次于金融、保险业（I）。这表明金融、保险业（I）的长期增长率较高，而农、林、牧、渔业（A）的可持续增长率较低。采掘业（B）的股权资本成本和股利报酬率均排名前两位，说明该行业的股利报酬水平与可持续增长水平都是较高的。

表 6 - 36　　　　　　　　　　　　　行业股权资本成本排序

排序	GLS (2001) 模型	Gordon 模型	OJ (2005) 模型	PEG 比率	AVERAGE	股票报酬率
1	B	I	B	I	B	B
2	I	B	I	B	I	F
3	F	J	J	J	C	D
4	J	F	F	G	J	C
5	C	C	C	A	F	H
6	E	G	H	M	H	E
7	H	H	E	C	M	K
8	D	D	G	F	E	I
9	L	M	M	K	D	A
10	M	K	K	H	K	J
11	G	L	D	L	G	G
12	K	E	A	D	L	M
13	A	A	L	E	A	L

参考文献:

[1] 黄娟娟, 肖珉. 信息披露、报酬不透明度与权益资本成本 [J]. 中国会计评论, 2006, 4 (1): 69 - 84.

[2] 沈红波. 市场分割、跨境上市与预期资金成本——来自 Ohlson - Juettner 模型的经验证据 [J]. 金融研究, 2007, 320 (2): 146 - 155.

[3] Ole - Kristian Hope, Tony Kang, Wayne B. Thomas, and Yong Keun Yoo. Impact of Excess Auditor Remuneration on the Cost of Equity Capital around the World [J]. Journal of Accounting, Auditing and Finance, 2009, 24 (2): 177 - 210.

[4] Hribar P. and Jenkins N. T. The Effect of Accounting Restatements on Earnings Revisions and the Estimated Cost of Capital [J]. Review of Accounting Studies, 2004, 9 (2 - 3): 337 - 356.

[5] Hail L., Leuz C. International Differences in the Cost of Equity Capital: Do Legal Institutions and Securities Regulation Matter? [J]. Journal of Accounting Research, 2006, 44 (3): 485 - 531.

[6] 汪平, 邹颖, 肖倩. 资本成本、股利支付与最佳股利政策——理论分析与经验解释 [J]. 经济与管理研究, 2012, (8): 64 - 72.

第七章 终极股权结构、政府控制层级与股权资本成本

传统财务理论关注对资本结构问题的研究，但自 20 世纪 90 年代以来，鉴于公司治理丑闻的大量出现，学术界对于股权结构的研究进入到一个崭新的阶段。作为股东要求报酬率的同义词，股权资本成本的高低及其波动必然受到股权结构的影响。政府股东的强势不仅是我国国有企业的特征，而且也是我国上市公司的一大特征，极大地影响着这些企业的公司治理以及管理行为。政府股东及其控股比例对资本成本产生什么影响是价值管理及绩效考核中的核心问题。数据显示：有近八成的上市公司的终极控股股东为政府股东；我国上市公司的终极控股权和终极所有权是分离的；政府终极控股的上市公司的平均股权资本成本显著低于公众持有公司或家族公司；终极控股比例并不能对股权资本成本产生显著影响；政府终极控股的上市公司的控制层级的增加会导致股权资本成本的减少。

一、文献回顾

随着我国国有企业改革的逐步进行，为减少国家对国企的政治干预，让国企顺利实现市场化经营，政府逐步转入幕后，往往通过中间机构实现对上市公司的终极控股。民营企业为了利用较少的资金投入获得较大的控股权，也建立了多层级的股权关系链来控股上市公司。但在我国这样一个证券市场不成熟、监管力度不到位、中小股东利益保护程度低的国家，终极控股股东很可能利用其超额控制权侵占中小股东利益，并且通过较复杂的横向和纵向股权结构，将侵占行为予以掩盖。基于此，大量研究围绕着终极控股权对公司价值的影响而展开，尽管目前得到的结论并非完全一致，但普遍认为终极股权结构与公司价值之间存在相关关系。一旦公司价值受到影响，股东的利益也将受到株连，这就极有可能影响到股东对投资报酬率的要求。站在企业的角度，将影响到企业的股权资本成本。

（一）终极控股股东性质、政府控股与股权资本成本

1. 终极控股股东的概念界定

伯利和米恩斯（Bele & Means，1932）开创了所有权和控制权之间分离问题的研究,他们将控制权界定为通过法定权利或施加压力，实际上有权选择董事会成员或其多数成员的权力。[1]自此，所有权分散与集中问题的讨论经历了近一个世纪的争论，学术界研究普遍认为大多数国家存在股权集中的现象，而且越是不发达国家，股权集中情况越明显，越是发达而且中小股东利益保护好的国家，股权相对分散。LLSV（1999）通过研究认为家族终极所有者平均控制了各国最大20家企业市值的25%,[2]克拉森等（Claessens et al.，2000）通过研究东亚9国2980家公司的情况发现超过2/3的公司是由单一大股东控制的。[3]法乔和郎咸平（Faceio & Lang，2002）通过对西欧13个国家的研究发现，在5232家样本公司中，除较发达的国家外，股权集中度整体偏高，尤其在新兴国家中，所有权集中度更高。[4]

基于所有权集中度问题展开对公司治理的两个核心问题的研究：一是公司管理者与公司股东之间的代理问题；二是拥有控股权的大股东与中小股东之间的代理问题。虽然第一个核心问题仍备受关注，但是第二个问题也让很多学者投入研究。对于终极控股股东的研究始于LLSV（1999）对于终极所有权和终极控股权的研究,他们主要是通过层层追溯所有权关系来寻找最大和最终的控股股东。通过对全球多个国家企业的调查研究，LLSV（1999）发现大部分公司拥有终极控股股东,而且终极控股股东会通过采用金字塔结构持股方式、交叉持股、发行双重投票权股票等股权结构安排或者是制定或委派管理者的方式强化其对公司的控制。他们将终极控股股东定义为对上市公司持有的直接与间接投票权的总和超过事先设定的阈值的股东。[2]

对于是否持有终极控制权，施莱弗和维什尼（Shleifer & Vishny，1997）、[5] LLSV（1999）和克拉森等（2000）均认为其所有权必须超过一定的临界点，即控股阈值。LLSV（1999）根据经验采用10%或20%作为阈值来研究终极股权结构，卡宾和利驰（Cubbin & Leech，1983）提出了有效控制权的公式：$P^* = Z_a$ $\sqrt{\prod H/(1 + Z_a^2 \prod)}$ 其中，P^* 为控股阈值，Z_a 为使得正态分布 $P(z \leq Z) = \alpha$ 时的 Z 值，α 表示股东大会中大股东赢得投票权的概率，$\prod$ 表示除第一大股东外其他股东投票的概率，H 为股权集中度的赫菲德尔系数（Herfindahl index）。[6]

终极所有权和终极控股权是两个概念，终极所有权代表控制性股东持有的股份所代表的其在上市公司中的利益关系，终极控股权是指控股股东依其所持有的股份所代表的上市公司投票权比例（丁新娅，2009）。[7] 以往学者（苏坤等，2008；[8]许永斌，2008；[9]甄红线和史永东，2008[10]）都是用现金流权来表示终极所有权，终极控股权一般采用投票权表示，投票权指直接控股比例加上间接控制链条上的最小的持股比例，或者说终极控股股东对上市公司的终极控股权等于各控制链条中各个层级的现金流权比例的最小值之和。如 LLSV（1999）和克拉森等（Claessens et al.，2000）将控股权和现金流权作为对立概念进行的界定：控股权是指终极控股者对目标公司重大决策的表决权、投票权，而现金流权是指按实际投入目标公司的资金占总投资的比例所决定的终极控制者享有公司收益的权力。具体来说，用控股股东通过所有控制链累计持有上市公司的所有权权益比例来表示控股股东的现金流权比例，其中每条控制链顶端对终端公司的所有权权益比例等于该条控制链上各层股东持股比例的乘积，而控股权比例等于各控制链上最弱的投票权相加之和（俞红海等，2010）。[11]

学术界普遍认为可以通过终极控股权实现对上市公司的终极控制。终极控股权是从产权的角度来衡量企业的最终所有者，通过产权控制链，实现实际所有权与投票权的偏离，进而对上市公司拥有超过其现金流权的控制权。因为国外存在表决权信托，当企业所有者转移其投票权或者说控股权的时候，终极控制权与终极控股权之间是有偏离的。政治干预、社会关系网的介入，使得终极控制权与终极控股权之间的偏离拉大了。如果通过股东大会、董事会和执行部门实现对公司的控制，如关鑫等（2010）试图从社会资本控制链角度来探索终极控制问题，且他们认为终极控制权可以界定为股权控制链条及与其交互配合的社会资本控制链条的最终控制者，通过直接和间接方式面对公司拥有的实际控制权[12]。

国内刘芍佳等（2003）将国家终极控股股东界定为：政府通过其直属部门享有超过20%投票权的直接控股或者政府通过其所拥有的或控股的公司对上市公司实施表决权的间接控股[13]。对于控股股东，我国证监会新修订的年报准则《公开发行证券的公司信息披露内容与格式准则第2号（年度报告的内容与格式）》规定，公司控股股东包括公司第一大股东，或者按照股权比例、公司章程或经营协议或其他法律安排能够控制公司董事会组成、左右公司重大决策的股东。而之前中国证监会发布的《关于发布〈上市公司章程指引〉》第41条规定控股股东需要满足下列条件之一：此人单独或者与他人一致行动时，可以选出半数以上的董事；此人单独或者与他人一致行动时，可以行使公司30%以上的表决权或者可以控制公司 30% 以上表决权的行使；此人单独或者与他人一致行动时，持有公司：30% 以上的股份；此人单独或者与他人一致行动时，可以以其他方式在事实上控制公司。但是这个阈值如何确定呢？我国学者蒲自立和刘芍佳（2004）就控股的阈值确定做了专项研究，并采用卡宾和利驰（Cubbin & Leeeh, 1983）的概率投票模型估算控制权，并得出 1997 ~ 2000 年所有上市公司的控股阈值均值为 42.07%。[14] 林建秀（2007）也是采用这一概率投票模型确定大股东持股比例在 50% 以下公司的有效控股权比例。[15] 但是施东晖（2000）曾指出这一有关终极控股股东是否存在的标准没有考虑股份分布状况的问题，所以他对终极控制股东的标准又加上了第一大股东的持股比重大于第二至第十大股东的持股比重之和。[16]

由于历史以及社会制度的原因，国有企业在我国国民经济中始终居于主体的地位，客观上决定着整个经济系统的质量。与私人资本与家族资本比较，国有资本具有明显的规模优势。基于此，关于我国政府股东的性质与特质的研究具有更加重大的意义。在国有企业改革进一步深化进行的背景之下，人们需要深入地探讨政府股东的权利义务问题，这既事关国有企业的公司治理的优化，也事关国有资本投资效率的提高。

拥有终极控股权的大股东性质的划分一般按照所有者的性质进行划分，根据我国所有权的特点，从大的范畴来分，一般将其划分为国有与非国有。我国对股本类型的统计按照国有股和境内法人股进行划分，其中，国有股分为国家持有和国有法人持有，境内法人股份分为境内非国有法人持股、境内自然人持股[6]。但是这类分类方法遭到了刘芍佳等（2003）的批判，认为这种分类方式是针对其直接持股人而言的，这里面我们看不清法人股的股权属性，同时不能明确这些上市公司最终被什么类型的控股股东控制。所以为避免这一情况发生，刘芍佳等（2003）则将拥有终极控制权的股东分为国家和非国有终极控股股东两大类，叶勇等（2005）在继承上述说法的基础上，将拥有终极控制权的股东分为三种：国家作为终极控制股东、非国家作为终极控制股东、无法确认终极控制股东的一般法人[17]。甄红线和史永东（2008）将拥有控制权的非国家股东分为自然人和外资企业，并将其与国家控制企业类型并列。

在上述分类基础上，对国家控股股东进行内部细分主要是按照控股的国家机构所处的位置，即政府层级进行划分。对国家控股股东性质的细分是大股东性质研究的重点内容。对于非国家控股的分类相对简单，LLSV（1999）没有将政府控股细分，反而是将非政府控股分为个人、股份分散的金融机构、股份分散的公司和杂项，而且这几类是与政府控股并列的。很多学者没有对非国家控股的上市公司进行内部细分。笔者将上述细分概括如图 7-1 所示。

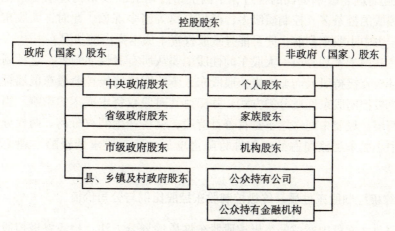

图 7-1　我国控股股东类型

通过以上研究，将拥有终极控股权的股东定义为通过控制链直接和间接持有的投票权超过控股阈值 20%，当两个或者两个以上股东控股阈值都超标时，以最大投票权拥有者作为终极控股股东，终极控股股东通过其股权实现对上市公司的控制。终极控股股东的性质主要是按照国有、非国有进行划分，之后进行内部划分，国有控股的上市公司可以按照政府层级进行划分。本章延续这条思路，将终极控股股东性质分为政府控股和非政府控股，政府控股的上市公司按照政府控制层级分为：政府（中央）、政府（省级）、政府（市级）、政府（县级）、政府（乡镇）、政府（村级），非政府控股的上市公司只分析终极控股股东为个人或家族的情形。

本书赞同多数学者观点，认为终极控股股东可以通过终极控股权实现对上市公司的终极控制，终极控股权就是当终极股东拥有的投票权比例超过某一阈值时，累计所有控制链条上现金流权的最小值之和。终极所有权比例是指各控制链各层上持股比例的乘积之和。

按照市场化的规律，控股股东只能按照所有权的大小对下属公司进行控制，但是所有权与控股权之间并非完全一致的，它们之间存在偏离的现象。正如前面所述，大股东可以通过很多途径来使其获得超额控制权。按照克拉森等（2000）的研究，控制层级越多，两权分离的可能性越大，中小股东利益受损的可能性也越大，中小股东要求的报酬率就越高，即企业要负担的资本成本越高。但是，他们并未把中国的情况纳入研究范围。主要是由于中国很大比例上市公司的控制层级虽然多，但是所有权和控股权基本上均为国家所有，不存在两权分离的情况。近年来，随着国企改革步伐的推进，中国上市公司的股权结构逐渐复杂化，也呈现实现控股的链条多，控制层级多，两权分离等诸多现象。此时，大股东有动力和能力侵占中小股东利益，并可能导致股权资本成本提高的状况。

以往我国学者划分第一大股东的性质主要从所有者性质角度，这种划分方式主要是针对直接持股人而非终极控股股东，不能明确终极控股股东的属性。本章将讨论终极控制股东性质分类方式，并探讨其对股权资本成本的影响。当控制层级超过两层，只要中间一层不是百分百持股，就将产生两权分离。两权分离度越大，对中小股东利益侵占的可能性将随之增加，股东要求的报酬率理论上应该提高。

2. 终极控制股东性质、终极控制股东控股比例与公司价值

按照前文文献中所述的终极控股股东性质的划分方法，检验终极控股股东性质与公司业绩之间关系的研究很多，主要可以分为两类：一类认为两者紧密相关，许小年和王燕（2000）[18]的实证结果支持了上述观点。邓德军和周仁俊（2007）认为大股东性质不同，其目标函数就不同，进而对管理层的监督能力不同，在其文章中归纳了大量有关控股股东性质与公司价值相关的实证研究成果。[19]施东晖（2000）也通过验证法人控股与国有控股公司业绩的差别程度，得出了法人控股型公司的绩效显著优于国有控股型公司。贺勇和刘冬荣（2011）认为，国有企业因其所有者缺位以及代理链条过长将导致对利益相关者的合理要求满足程度低，但是私有产权企业具有维护企业声誉的积极性，从而其对利益相关者的要求满足程度更高。[20]杨德勇和曹永霞（2007）认为，不同股东在公司治理中的作用使股权控制类型对绩效产生显著影响，具体表现为：以社会法人为主要股东的股权分散型公司的绩效表现要好于法人控股型公司，法人控股型公司的绩效则好于国有控股型。[21]另一类认为两者不显著相关，朱武祥和宋勇（2001）认为终极控股股东的性质对公司业绩缺乏影响力。[22]赵中伟（2008）也认为终极控股股东的性质与公司价值无关。[23]林建秀（2007）将第一大股东分为政府和自然人，结果发现两类上市公司的业绩差异并不显著。

公司存在终极控股股东即公司存在可以有效抵制经理层机会主义行为的监督者，他们为了自身利益可以有效地阻止经理人阶层的自利行动，保障个人和公司利益，第一大股东的控股比例越大，监督动机越强，从而公司价值被保存的越多。这也是詹森和梅克林（Jensen & Meekling，1976）、[24]施莱弗和维什尼（1986）[25]所支持的观点。然而，随着大股东控制比例的增加，原来相对分散的

股权结构逐渐集中，而且形成了 20 世纪 80 年代经济学家承认的有关股权结构的主流状态。大股东有足够的动力和权力控制上市公司，并获取个人收益，所以此时有大量研究者认为大股东的控制比例与公司价值有负相关关系，这一观点的支持者包括 LLSV（2000;[26]2002[27]），迪克和仁嘉里斯（Dyck & Zingales，2004),[28]丹尼斯和麦康诺（Denis & McConnell，2003)[29]等。

很多研究并非笼统地研究股权结构与公司价值之间的关系，而是研究国家持股比例与公司价值、法人股比例与公司价值、流通股比例与公司价值之间的关系、第一大股东控制比例与公司价值之间的关系。概括起来研究结果也呈现两面性，一种观点认为各类型股东的股权集中度与公司价值没有显著相关关系，德姆塞茨和雷恩（Demsets & Lehn，1985）考察了 511 家美国大公司，发现股权集中度与企业经营业绩会计指标（净资产报酬率）并不相关。[30] 美黑兰（Mehran，1995）发现，股权结构与企业业绩（托宾 Q 值和资产报酬率）均无显著相关关系。[31] 胡德尼斯（Holderness，2001）认为，股权结构对企业价值影响显著的证据甚少。由于保护投资者权益的法制比较完善，经理人市场比较有效，对上市公司的评价和控制权收购等资本市场功能有效性比较高，很难区分股权结构在企业价值变化中的作用。[32] 朱武祥和宋勇（2001）的研究成果没有发现两者的显著相关关系。施东晖（2000）认为由于国有股东和流通股东在公司治理中的低效率和消极作用，其持股比重与公司绩效之间并没有显著关系，法人股东在公司治理中的作用则根据持股水平而定。另一观点却证明两者之间存在显著的 U 型、倒 U 型、正相关和负相关关系。伯利和米恩斯（1932）的经典论著《现代公司与私有财产》暗含指出：公司股权越分散，公司经营绩效越差；相反，公司股权相对集中，公司绩效会提高。施东晖（2003）发现股权集中度与公司产出率之间有显著相关关系。施莱弗和维什尼（1986）的研究认为一定的股权集中度是必要的。因为大股东具有限制管理层以牺牲股东利益来谋取自身利益行为的经济激励及能力，从而既可避免股权高度分散情况下的"免费搭车"问题，又能有效地监督经理层的行为。徐莉萍等（2006）的研究结论证明股权集中度与经营绩效之间是正相关关系。[33] 李亚静等（2006）以企业价值创造评价指标——经济附加值（EVA）及相关变量作为公司价值的度量，对沪市上市公司股权结构与公司价值的相关关系进行了分析。实证结果表明，股权结构对公司价值有显著的影响。主要体现在：股权集中度与公司价值间呈现显著的负相关关系。这说明上市公司中股权集中度越高的公司，公司价值越低；国家股比例与公司价值创造间显著的负相关关系，表明了国家股东在公司价值创造活动中的负面效应；法人股比例与公司价值创造间具有正相关关系，说明了法人股东既能激励又有能力来监督和控制公司管理人员，在公司治理中扮演着重要的角色；实证结果不支持流通股比例与公司价值创造的正相关关系。[34]吴淑琨（2002）通过对上市公司1997～2000年的数据的实证分析，结果表明：股权集中度、内部持股比例与公司绩效均呈显著性倒 U 型相关；第一大股东持股比例与公司绩效正相关；国家股比例、境内法人股与公司绩效呈显著性 U 型相关，这说明当国家或法人持股比例较低时，与公司绩效负相关，而在持股比例较高时，与公司绩效正相关；流通股比例与公司绩效呈 U 型关系，即在流通股比例高低的两端，公司绩效均表现出较高水平。[35]沈艺峰和江伟（2007）认为第一大股东的持股比例与公司价值呈先下降后上升的非线性关系。当法人股比重低于 20% 或超过 60% 时，法人股东在公司治理中会发挥积极作用，使持股比重和绩效表现存在正向关系；当法人股比重在 20% ～60%时，法人股东有可能追求自利目标而背离公司价值目标，此时持股比重和绩效体现为负向关系。[36]杨德勇和曹永霞（2007）的研究结果表明第一大股东的持股比例与银行绩效显著负相关。

通过梳理可以看出，多数学者承认股权集中是股权结构的主流状态。终极控股股东性质不同，公司价值是有差异的。同时，大部分学者认为股权集中度与公司价值相关，但是有些证明是正相关，有些证明是正 U 型或者倒 U 型相关。目前很多文献研究终极控股股东性质、终极控股股东持股比例两变量交叉对公司价值的影响，即研究不同终极控股股东控制的上市公司的股权集中度与公司价值的影响，但是缺乏一致性的结论。依据公司价值与股权资本成本负相关的关系，可推理出，终极控股股东性质可以对股权资本成本产生显著影响，但是终极控股股东持股比例与股权资本成本的相关关系没有一致结论。

3. 政府控股与股权资本成本

在前文有关终极控股股东性质的划分中，对政府终极控股的上市公司是我国学者研究的热点。刘星和安灵（2010）按照政府层级的不同将政府控股的样本分为中央直属上市公司、省级政府控制上市公司、市县级政府控股的上市公司，通过与公司价值的回归分析发现地方控股的上市公司尤其是市县级控股的上市公司的业绩显著低于中央控股的上市公司。[37]刘运国和吴小云（2009）将政府控股的上市公司分为中央和地方政府控股，并通过实证检验中央政府控股的上市公司被控股股东掏空的程度相对于地方政府小。[38]夏立军和方轶强（2005）将政府控股的上市公司分为县级政府控股、市级政府控股、省级政府控股和中央政府控股，并证明市县级政府控股的企业价值明显低于省级、中央政府控股。总体上，都认为政府层级会对企业价值产生显著影响，县市级政府控股的公司的企业价值低于其他政府层级控股的公司[39]。那么不同层级政府控股的公司股权资本成本会有什么差异呢？这是本章研究的一个重点问题。

（二）控制层级、控股链条数、两权分离度与股权资本成本

1. 控制层级、控股链条概念界定

终极控股股东通过控制上市公司的第一大股东实现对上市公司控制，终极控股股东若直接是第一大股东属于直接控股，若通过中间公司实现对上市公司控制属于间接控股。

控制层级是指对于有终极控股股东的上市公司而言，角雪岭（2007）界定控制层级为终极控股股东到上市公司之间的控制链所包含的控制层次数，实际上指的是终极控股股东控股上市公司跨越的链条长度（简称控制层级），[40]也就是终极股权结构的长度。这与何威风（2009）、[41]刘星和安灵等（2010）界定的控制层级有明显不同，后者认为控制层级是指最终控股股东所处的政府级别（中央、省、市、县），事实上他们的所谓"控制层级"，准确地讲，应该是"政府层级"。王雪梅（2012）对控制层级做了如下划分：如果控股股东不经任何中间机构实现对上市公司的控制，即控股股东直接控股上市公司，或者称其为一级控股；若终极控制股东与上市公司之间有一个中间机构即为二级控股，有两个中间机构为三级控股，依次类推，通过实证统计得出结论：控制层级一般不超过五级。[42]因此，从上市公司一直层层追溯到终极控股股东的控制链的长度，或者说是控制层级的层数，就是控制层级。终极控股股东可以通过单一股权链条实现对上市公司的控制，也可以通过多条股权链条共同作用实现对上市公司的控制。控股链条即实现终极控股股东到上市公司的最小持股比例超过固定阈值的股权链条，实现终极控股的链条如果是一条则股权结构特征比较单纯，如果是多条，则可能具有金字塔结构、水平结构和交叉持股的复合特征。一般而言，控制层级越多，控股股东就可以隐蔽的通过更少的现金流权实现对上市公司的控制，同理，如果终极控股股东通过构建多链条股权结构，则它不仅可以纵向实现超额控制，横向也可以实现超额控制，增大其财务杠杆效应。

2. 两权分离度概念界定

这里的两权即前文提到的终极控股权和终极所有权，也可以认为是终极控股股东的投票权和现金流权。LLSV（1999）、克拉森等（2000）将所有权定义为获

得现金流的权利，控制权定义为投票权，所以终极控股权和终极所有权分别用最终控股股东的投票权与现金流权来表示。两权分离即衡量投票权与现金流权的偏离。当终极控股股东直接控股上市公司时，并且按照一股一票的原则，公司的所有权和控股权是合一的，但是若控股股东间接持有上市公司的股份，只要中间不是百分百持有，就一定存在终极控股权大于终极所有权的情况。克拉森等（2000）认为金字塔式控股结构和交叉持股是分离现金流权与投票权的方法。他们将交叉持股理解为终极所有者通过持有同一商业集团内的另一家公司的股份，即通过几层控制层级来控制上市公司的投票权，这里的实际含义是多元控制链条。

两权分离度可以用终极控股股东的控制权减去所有权，即：$C - O = \min(C_1, C_2, C_3, \cdots) - \prod_{i=1}^{N} C_i$，也可以取终极控股股东的控制权与所有权之比表示，即：$C/O = \min(C_1, C_2, C_3, \cdots) / \prod_{i=1}^{N} C_i$。其中 C 表示终极控股权，O 表示终极所有权，$C_i$ 表示不同控制层级的控股比例。

3. 控制层级、控股链条数与股权资本成本

通过贝伯夏克等（Bebchuk et al.，1999）、[43] LLSV（1999）、法乔和郎咸平（2002）的研究得出金字塔股权结构、交叉持股和双重股权是导致两权分离的重要原因。安青松和祝晓辉（2004）认为控制层级越多，终极控股股东的控制权就可以以几何级数的形式放大[44]。LLSV（1998）认为理论上看，如果控制链条上上一层公司可以有效地控制下一层公司，那么随着控制层级增加，在终极控股股东保有终极控股权的情况下，终极所有权（现金流权）可以无限小，造成了两权之间的分离。控股权与现金流权分离度越高，表明可以用较少的现金流权获得较大的控股权，大股东从而有可能利用控制权侵害小股东的利益，主要是因为他们获得的除去掠夺成本之后的净收益要远远超过其努力经营公司所能分得的现金流[45]。所以，从理论上推理，如果控制层级足够多，处于顶层的终极控股股东就可以用相对较少的资金投入获取对下属企业的控股权，控股股东获取了超过现金流权的超额控制权，这导致终极控股股东有转移公司资源的动机。艾蒂格和郎咸平（Attig & Lang，2003）曾指出终极控股股东可以通过改变控制链条的长短来规避高风险项目可能给终极控股股东带来的风险冲击，同时，通过超长控制链条，实现控制权与所有权的分离，获取私有收益。[46]

夏冬林和朱松（2008）曾经提出通过金字塔结构控制上市公司的主体的初衷

不同，金字塔层级对企业的影响不同，他提出国有上市公司的企业价值随着金字塔层级的增多而提高[47]，这是因为通过控制层级的增加，可以减少政府对上市公司的干预，保证上市公司的经营免受政府的影响（程仲鸣，2010）；[48]但是民营企业上市公司，金字塔层级越多，代理成本越高，对上市公司的经营更加不利（毛世平和吴敬学，2008）。[49]刘运国和吴小云（2009）说明在自然人控制的上市公司中，金字塔控制层级越多，两权分离度越大，控股股东的掏空行为越严重。但中央政府控制的上市公司中，金字塔控制层级越少，控股股东的掏空行为越严重。毛世平和吴敬学（2008）的研究结果表明相对于直接控股的非金字塔结构，间接控股的金字塔结构更能降低企业价值，而且，若控制链条由多条股权链条组成，则表明两权分离的可能越大，而且对公司价值侵占的可能性越大。[50]邵丽丽（2007）发现金字塔层级与终极控股股东的现金流权负相关，与两权分离度正相关，通过金字塔控股的链条数与终极控股股东的现金流权正相关。[51]

4. 两权分离度与股权资本成本

按照金字塔结构理论，控制层级作为扩大两权分离度的有效工具，理论上而言，控制层级越多，两权分离度越大。克拉森等（2000）、法乔和郎咸平（2002）的研究证明，除美国以外，其他国家企业普遍存在所有权集中情况，而且，大部分终极控股股东的控制权超过其所有权。终极控股股东因拥有超级控制权，有能力也有动力去侵犯中小股东利益。并且大量的实证检验证明所有权和控制权的偏离降低了公司价值（克拉森等，2006；[52]林斯（Lins），2003[53]）、增加了信息不对称成本（艾蒂格和郎咸平，2003）、代理成本（克龙奎斯特和尼尔森，2003[54]）和外部审计成本（范和黄，2005）。[55]但是，克拉森等（2006）同时也认为随着终极大股东所有权（现金流权）的增加，公司价值有所增加，即激励效应存在。马磊和徐向艺（2010）证明两权分离度与公司价值没有明显单调关系；[56]刘星和安灵（2010）的研究表明所有权与控制权的分离程度与公司绩效之间的负相关不显著。苏坤等（2008）通过对1214个民营上市公司的研究、检验也得出两者之间的负向影响关系。克拉森等（2006）证明了公司的市场价值与两权分离度之间的负相关关系。甚至有学者认为所有权和控制权的分离水平是衡量控股股东利益侵占程度的重要因素。常（Chang，2003）发现，韩国上市公司也存在两权分离的情况，并且两权分离对中小股东造成了利益侵占。[57]艾蒂格（Attig，2007）用加拿大的数据证明，两权分离度与利益侵占之间有相关关系。[58]玛丽安等（Marianne et al.，2002）用印度商业集团公司检验发现两权分离会导致显著的隧道效应，并获取很多非经营性利润。[59]储（Chu，2008）以21

个国家和地区的 1791 家样本公司为例验证得出股本资本成本与最终控股者两权分离度存在正相关关系。[60]

魏卉和杨兴全（2011）的研究表明两权分离度与股权融资成本正相关。[61]施莱弗和维什尼（1997）就曾经提出要警惕所有权集中带来的潜在成本，这些成本主要来自大股东可能发生的侵占行为，如直接侵占其他股东、管理者和雇员的利益、为追求个人收益而进行的非企业利润最大化的行为等。并且随着两权分离度的加大这种侵占行为将加剧。而且范和黄（2002）通过观察 977 家公司的会计收益信息披露度与两权分离度的关系发现：随着两权分离度增大，会计收益信息披露的质量和数量都递减。[62]徐星美（2010）以东亚 8 个国家 15 年的上市公司为研究对象，发现在金字塔结构下，伴随着终极控股权和现金流权的分离，使得控股股东既不受控制权市场的威胁，又可以外部化大多数经济后果，从而加剧控股股东与外部投资者之间的代理冲突。这一冲突，影响外部投资者对公司未来现金流的预期，外部投资者面临更严重的信息风险，所以外部投资者要求的预期报酬率增加，这提高了公司的股权资本成本。[63]

二、研究设计

（一）提出假设与构建模型

鉴于我国国有企业的主体地位及政府股东的强势，对政府股东的控股情形进行分析并在此基础上了解政府股东对资本成本可能产生的影响具有重大的意义。本书已经阐明了如下观点：合格的公司治理的一个基本特征就是控股股东不能左右治理行为和管理行为，所有类型的股东在"同股同权，同股同利"方面都是一视同仁的，没有任何差异。一旦出现了控股股东或大股东侵害中小股东的利益，获取私利的情况，就表明公司治理的失效。因此，在合格的公司治理环境下，所有的股东——无论是大股东还是中小股东，无论是政府股东还是家族股东等——所承担的风险以及对未来现金流量的索偿权都是均一的，因此，他们的要求报酬率也应当是均一的。换言之，股权结构、控股股东等公司治理因素不会影响企业的资本成本。但实证数据显示，现实中的公司治理大多存在着各种各样的缺陷，这种缺陷表现在资本成本上就是不同的股东有可能会提出不同的报酬率要求，同时，不用类型之间股东的利益冲突会提高企业的风险程度，导致资本成本的提高。在我国的特殊经济环境下，政府股东对于被投资企业的公司治理和管理的影响已经引起了学术界和企业界的高度关注。

从理性的角度看，目前我国政府股东尚没有对被投资企业进行明确的资本成本规制。具体言之，政府股东对企业进行投资之后，并没有明确的报酬率要求。近年来实施的国企分红，客观上对国有企业提出了最低的报酬率要求，并将此要求贯彻到了企业的利润分红行为中。但是这种要求依然采取了行政管制的方式，按照行业对一些特定层次的企业提出了分红的具体要求。

无论是对于政府股东，还是对于国有企业，都必须明确如下事实：与其他类型的股东相比较，政府股东在要求报酬率方面，也就是在股权资本成本方面，有什么差异？政府股东不同层次的控股情形对资本成本有没有影响？等等。本部分将就政府股东对于资本成本的具体影响程度进行实证分析，为国有企业的价值管理以及经济附加值考核提供依据。

1. 假设

基于以上文献分析，本章提出如下假设。

假设1：政府与非政府终极控股的上市公司的股权资本成本显著不同。

假设2：对影响股权资本成本的部分变量进行控制后，终极控股股东的持股比例与企业的资本成本正相关。

假设3：对影响股权资本成本的部分变量进行控制后，政府终极控股的上市公司的控制层级与股权资本成本正相关，非政府终极控股的上市公司的控制层级与股权资本成本负相关。

假设4：对影响股权资本成本的部分变量进行控制后，通过单链条实现终极控股的股权资本成本低于通过多链条实现终极控股的股权资本成本。

假设5：对于政府终极控股的上市公司，在对影响资本成本的部分变量进行控制后，政府（省级）终极控股的上市公司的平均股权资本成本显著高于其他政府层级。

2. 控制变量选取

为排除一些重要变量对股权资本成本的影响，需要对一些变量进行控制。

（1）面值市值比（B/M）。面值市值比是投资者对企业未来期望的集中体现，是对企业未来发展潜力的一种度量方式。法玛和弗兰奇（1992）证明的影响预期报酬率的公司股权资本成本的三大风险因素之一就是面值市值比，并认为两者之间正相关。[64] 格布哈特等（Gebhardt et al. , 2001）也证实了两者之间的正相关关系。[65]叶康涛和陆正飞（2004）用中国上市公司 2000～2001 年的上市公司数据证明了这一因素是影响股权资本成本的重要因素，并证明两者之间的负相关关系。[66]本章面值市值比取期末面值市值比。

（2）资产负债率（DR）。陈晓和单鑫（1999）将负债分为长期负债和短期负债，考察长期负债和短期负债形成的财务杠杆对资本成本的影响，结果发现短期财务杠杆对资本成本没有影响，长期财务杠杆与加权平均资本成本和股权资本成本均存在负相关关系[67]。本章选用的资产负债率的计算公式为负债总额与资产总额之比。

（3）公司规模（SIZE）。陈晓和单鑫（1999）用资产账面值代表公司规模，发现企业规模与资本成本呈正相关关系。波斯通散和普拉姆利（Bostosan & Plumlee, 2002）曾证明在美国，企业规模与股权资本成本之间的负相关关系。[68]肖珉（2007）概括得出国外的文献认为股权资本成本与规模负相关，但是中国的研究证明两者之间正相关。[69]唐宗明和蒋位（2002）的研究证明，公司规模越小，信息透明度越低，中小股东利益被侵占的可能性越大。[70]本章公司规模取资产总额的自然对数。

（4）总资产周转率（AT）。资产周转的速度越快，表明企业资产的管理利用效率越高，企业的管理行为相应是高效的，这在一定程度上表明管理者与股东之间的代理冲突小，相应的，股东要求的报酬率会降低，两者之间理论上是负相关关系。本章的总资产周转率取营业收入与资产总额期末余额之比。

（5）流动性指标，换手率（TO）。公司股票的流动性越高，相对而言，投资风险降低，所以更受投资者喜爱，股权资本成本应该更低，两者之间理论上是负相关关系。本章取样本当年的上市公司股票的换手率。

（6）经营风险（DOL）。一般经营风险可以采用收益波动性来考察（叶康涛和陆正飞，2004）。理论上，企业的经营风险越大，股东要求的报酬率会相应提高，进而增加股权资本成本。本章对于经营风险的测量选用经营杠杆系数，取（营业收入－营业成本）/（利润总额＋财务费用）。

（7）成长性指标，股东权益增长率（RCA）。姜付秀和陆正飞（2006）指出，股东权益增长率、总资产增长率等可以作为影响股权资本成本的控制变量，[71]本章选用股权增长率（又称资本积累率），取（期末股东权益－期初股东权益）/期初股东权益。

（8）净资产报酬率（ROE）。企业的盈利不仅可以为股东带来股利收益，而且能提升股价，为股东带来资本利得。所以净资产报酬率越高，表明企业的盈利水平越好，股东对该公司股票越有信心，对股票的预期看好，认为股票的风险相对较低,会降低对股票要求的报酬率, 对公司而言即降低股权资本成本。所以, 理论上净资产报酬率与股权资本成本之间是负相关关系。

此外, 年份、国别、投资者法律保护程度等一般也作为影响股权资本成本的因素纳入考虑范围, 因为本章的数据均取自同一个国家, 所以国别、投资者法律保护程度等因素的差别不大, 不予考虑, 仅考虑年份因素的影响。

3. 模型构建

为了检验我国企业终极控股比例、控制层级、控股链条数、两权分离度对股权资本成本的影响, 我们针对个人或家族终极控股的样本构建模型 (1):

$$r_e = \lambda_0 + \lambda_1 CP + \lambda_2 DEVD + \lambda_3 CL + \lambda_4 CQ + \lambda_5 B/M + \lambda_6 DR + \lambda_7 SIZE + \lambda_8 AT$$
$$+ \lambda_9 TO + \lambda_{10} DOL + \lambda_{11} RCA + \lambda_{12} ROE + \lambda_{13} YEAR + \varepsilon \tag{1}$$

除检验上述自变量外, 政府终极控股的样本还需要检验政府层级对股权资本成本的影响, 为此针对政府终极控股的样本构建模型 (2):

$$r_e = \lambda_0 + \lambda_1 GL + \lambda_2 CP + \lambda_3 DEVD + \lambda_4 CL + \lambda_5 CQ + \lambda_6 B/M + \lambda_7 DR + \lambda_8 SIZE$$
$$+ \lambda_9 AT + \lambda_{10} TO + \lambda_{11} DOL + \lambda_{12} RCA + \lambda_{13} ROE + \lambda_{14} YEAR + \varepsilon \tag{2}$$

式 (1)、(2) 中, r_e 表示股权资本成本, CL 表示政府控制层级, CP 表示终极控股权比例, DEVD 表示两权分离度 (差值), CL 表示控制层级, CQ 表示控股链条数, B/M 表示面值市值比, DR 表示资产负债率, SIZE 表示上市公司规模, AT表示总资产周转率, TO 表示换手率, DOL 表示经营风险系数, RCA 表示股东权益增长率, ROE 表示净资产报酬率, YEAR 表示年份, ε 表示随机干扰, λ_i 表示不同变量与股权资本成本之间的相关系数, λ_0 表示截距。

(二) 样本选择及数据筛选

虽然自 2002 年起, 中国证监会要求上市公司必须披露公司实际控制人, 并且公布了公司的控制图谱, 但是直到 2004 年大部分公司才完成对以上信息的公布。本章选择 2004～2011 年非金融行业的 A 股全部上市公司作为研究样本, 数据主要来源于国泰安数据库与锐思金融研究数据库, 并以《证券导报》、《证券时报》等披露的上市公司数据资料作为补充。为了保证研究的严密性, 本章在选择 2004 年前所有上市公司数据的基础上, 删除信息不全 (没有披露公司的控制图谱) 而无法追溯其终极控股股东的上市公司, 基于前文的研究删除不存在终极控股股东的上市公司,① 删除无法确定控制层级的样本, 删除无法判断控制链条是否为多链条结构的样本。根据终极控股股东性质, 本章将终极控股股东首先分为政府和非政府, 政府按照政府层级分为政府（中央）、政府（省级）、政府（市级）、政府（县级）、政府（乡镇）、政府（村级）六类不同上市公司, 非政府控股的上市公司只分析终极控股股东属于个人或家族的情况。依据上述原则进行删除后, 最终共得到有效样本 11321 个。

本章采用 CAPM、OJ（2005）模型和 MPEG 比率②三种估算技术估算股权资本成本, 并以三种方法的均值作为股权资本成本数值（r_e）。在具体估算股权资本成本过程中, 需结合各估算模型的计算要求筛选样本。

1. CAPM

无风险报酬率的取值在实际应用中大致分为长期证券的利率水平（尤其是政府长期债券）和一年期定期存款的加权平均利率。作为反映国债市场价格总体走势的债券指数, 年国债指数报酬率指标反映了本年该市场国债的收盘指数相对于前一年交易收盘指数的增长情况。本章根据国泰安数据库提供的债券市场年国债指数数据, 选择上证国债指数（000012）的年指数报酬率作为反映当年国债整体利润水平的指标, 2004～2011 年累计交易日为 1943 天, 8 年的平均指数报酬率为 3.68%, 以此作为无风险报酬率。

市场风险溢价的估算本章采用达摩达兰的历史风险溢价模型提供的解决方法,③通过对中、美股票市场作比较, 以美国的成熟市场的风险溢价作为基准, 通过估算中国股权国家风险溢价, 最终确定中国市场风险溢价, 具体估算情况如表 7 -1所示。

---

① 根据控股关系图得出公司存在终极控股大于或等于 20% 的最大股东。

② MPEG 比率就是修正的 PEG 比率, 在本书的第四章中介绍了这个模型的估算方法, 与 PEG 比率相比较, MPEG 比率放松了 PEG 比率估算资本成本中 $dps_1 = 0$ 这一假设。但由于这种估算技术在国内外学术界应用不多, 因此在本书的其他章节中并未使用。

③ 本书在第六章中已经讨论了这种界定市场风险补偿的办法, 并认为如果是估算中国公司的股权资本成本水平, 这种方法是不适宜的。因此, 在分析我国上市公司股权资本成本水平的时候, 我们舍弃了这种方法。但本章的主旨不是要确定中国公司股权资本成本的水平, 而是在于对股权资本成本与股权结构、持股比例等的相关关系进行分析, 同时也因为 CAPM 是目前国际上企业界采用最为普遍的股权资本成本估算方法,因此本章 CAPM 的应用采用了与前 12 章不同的市场风险溢价。

表7－1　　　达摩达兰关于美国和中国2004～2011年市场风险溢价的估计

年份	美国市场风险溢价 Current Risk Premium for a mature equity market	中国股权国家风险溢价 Total Risk Premium	中国市场风险溢价 Country Risk Premium
2004	4.84%	1.35%	6.19%
2005	4.80%	1.20%	6.00%
2006	4.91%	1.20%	6.11%
2007	4.79%	1.05%	5.84%
2008	5.00%	2.10%	7.10%
2009	4.50%	1.35%	5.85%
2010	5.00%	1.05%	6.05%
2011	6.00%	1.05%	7.05%

资料来源：http://www.stern.nyu.edu/~adamodar.

β系数表示个股超额收益对市场超额收益的波动性，本章直接选自国泰安数据库。

用CAPM估算股权资本成本过程中，剔除因变量缺失导致无法估算的样本，剔除估算结果为负的样本，2004～2011年应用CAPM得到的有效样本量分别为：1096个、1164个、1018个、1151个、1276个、1293个、1459个和1619个。

2. OJ（2005）模型

OJ（2005）模型需要确定未来两期的预期每股收益、固定的股利增长率、预期每股股利及当前股票收盘价。未来两期的预期每股股利指分析师以本年为基础，预测未来第一年和第二年的每股收益，因不同分析师对该指标值进行了预测，所以本章取不同分析师预测值的均值。对于固定的股利增长率，沈红波（2007）采用的做法是，用5%替代；[72]韩录（2011）以CAPM中的无风险报酬率进行替代。[73]本章认为，固定的股利增长率可以用公司的可持续增长率来替代，取净资产报酬率与留存报酬率的乘积。预期每股股利：预期每股收益×平均股利支付率，平均股利支付率取过去三年的平均股利支付率。

在计算过程中，我们剔除了数据缺失的样本，剔除OJ（2005）模型应用过程中根号下为负值的样本，① 剔除股权资本成本估算值为负的样本。2004～2011年应用OJ（2005）模型得到的有效样本量分别为：127个、183个、278个、339

---

① 需要注意的是，这里的处理与第六章中OJ（2005）模型的应用是不同的，后者是沿用了Hope等（2009）的处理方式，而在本章中则直接将这样的样本予以剔除。

个、342 个、382 个、406 个和 368 个。

3. MPEG 比率

MPEG 比率应用未来两期的每股收益、未来一期的每股股利和期初每股市价，这些数据均取自国泰安数据库。股权资本成本估算过程中，我们剔除数据缺失的样本，剔除无计算结果的样本，剔除计算结果为负的样本。2004～2011 年应用 MPEG 比率得到的有效样本量分别为：138 个、217 个、260 个、349 个、427 个、496 个、540 个和 588 个。

因本章的股权资本成本取上述三模型估算结果的均值，所以需要筛选三模型的共同样本，8 年总共得到 2254 个共同样本。

按照前文中对控制变量的界定，在收集控制变量数据过程中发现经营杠杆系数和净资产报酬率等数值均有缺失，将无法收集到这些数值的样本去掉，本章最终实际获得有效样本 1471 个。

三、实证研究结果

(一) 描述性统计分析

我们按照实现终极控股的链条是单链条还是多链条将样本分为两类，不是连续变量，故将其设置成虚拟变量。在实现终极控股的链条中，将单链条设置成 1，以多链条为参照变量。在控制变量中，将年份变量设置成虚拟变量，以 2004 年为参照变量，2005～2011 年设置成 7 个虚拟变量。

其他连续变量的描述性统计特征见表 7-2。三模型估算的股权资本成本的平均值为 13.79%，CAPM、OJ（2005）模型和 MPEG 比率估算的股权资本成本的均值分布为 9.81%、17.28% 和 14.29%。终极所有权比例均值为 43.56%，两权分离度（差值）均值为 5.89%，控制层级均值为 2.34。

表 7-2　　　　　　　各变量的描述性统计特征*

变量	样本量	极小值	极大值	均值	标准差
三模型估算的平均股权资本成本（re）	1471	0.0562	0.6174	0.1379	0.0465
CAPM 估算的股权资本成本	1471	0.0592	0.1443	0.0981	0.0132
OJ（2005）模型估算的股权资本成本	1471	0.0104	0.7684	0.1728	0.0758

续表

变量	样本量	极小值	极大值	均值	标准差
MPEG 比率估算的股权资本成本	1471	0.0222	0.9540	0.1429	0.0720
终极控股权比例（CP）（单位：%）	1471	20.0000	86.7100	43.5614	14.1265
两权分离度（差值）（DEVD）（单位：%）	1471	0.0000	37.0299	5.8934	8.4500
控制层级（CL）	1471	1.0000	8.0000	2.3419	0.7803
面值市值比（B/M）	1471	0.0923	1.6188	0.7318	0.2602
资产负债率（DR）	1471	0.0047	0.9158	0.4566	0.1996
公司规模（SIZE）	1471	19.2426	28.1356	22.4555	1.2895
总资产周转率（AT）	1471	0.0584	5.3778	0.7655	0.5466
换手率（TO）	1471	0.0392	15.7965	2.9975	2.1529
经营杠杆率（DOL）	1471	-4.1636	25.1236	2.2228	1.4460
股东权益增长率（RCA）	1471	-0.5062	6.8589	0.1854	0.3453
净资产报酬率（ROE）	1471	0.0002	0.6175	0.1143	0.0729

＊因为表中股权资本成本值是小数，而在标识股权资本成本时用百分数，故此表中数值均取小数点后四位。

在1471个有效样本中，个人或家族终极控股的数量为308个，占20.94%，政府终极控股的数量为1163个，占79.06%。政府终极控股的样本中，政府（省级）终极控股的样本量最多，为482个，政府（乡镇）、政府（村级）终极控股的样本过少，分别为5个和6个，政府（县级）终极控股的样本也只有25个，所以在下文分析中，将政府（县级）、政府（乡镇）、政府（村级）这三类终极控股的样本合并为政府（县级及以下）终极控股的样本。详见表7-3。

表7-3　　　　　　　不同终极控股股东控股的上市公司所占比重

终极控股股东性质	频率	百分比	有效百分比	累积百分比
个人或家族	308.00	20.94	20.94	20.94
政府（中央）	346.00	23.52	23.52	44.46
政府（省级）	482.00	32.77	32.77	77.23
政府（市级）	299.00	20.33	20.33	97.55
政府（县级）	25.00	1.70	1.70	99.25
政府（乡镇）	5.00	0.34	0.34	99.59
政府（村级）	6.00	0.41	0.41	100.00
合计	1471.00	100.00	100.00	

上述不同终极控股股东控股的公司股权资本成本均值分别如下：政府终极控股的公司为13.67%，个人或家族终极控股的公司为14.25%。政府终极控股的上市公司中，省级政府终极控股的公司最高，为14.12%，中央政府终极控股的公司最低，为13.14%，市级政府终极控股的公司为13.53%，县级及以下政府终极控股的公司为14.02%。

（二）方差分析、相关性分析和回归分析

1. 方差分析

表7-4是对个人或家族与政府终极控股的公司平均股权资本成本所做的方差分析，分析结果表明，个人或家族与政府终极控股的上市公司的平均股权资本成本在0.1的显著性水平上存在着显著的差异。

表7-4   个人或家族与政府终极控股的平均股权资本成本的方差分析

	平方和	df	均方	F	显著性
组间	0.01	1.00	0.01	3.78	0.05
组内	3.17	1469.00	0.00		
总数	3.18	1470.00			

2. 相关分析

个人或家族终极控股的上市公司相应各变量的相关关系如表7-5所示，所有变量的两两相关系数均小于0.7，说明变量之间不强相关。平均股权资本成本与终极控股比例、控制层级、两权分离度（差值）均不显著相关，但在方向上与两权分离度（差值）是负向关系，与控制层级和终极控股比例是正向关系。平均股权资本成本与面值市值比、资产负债率、总资产周转率不显著相关，与其余控制变量在0.05的显著水平上均显著相关。

表 7 – 5　　　　　　　　个人或家族终极控股的各变量的相关性分析

变量	ACC	CP	DEVD	CL	B/M	DR	SIZE	AT	TO	DOL	RCA	ROE
ACC	1.00											
CP	0.04 0.48	1.00										
DEVD	−0.09 0.12	0.26 0.00	1.00									
CL	0.03 0.58	0.10 0.08	0.39 0.00	1.00								
B/M	−0.01 0.92	0.09 0.13	0.24 0.00	0.22 0.00	1.00							
DR	0.05 0.40	0.12 0.04	0.13 0.03	0.15 0.01	0.44 0.00	1.00						
SIZE	0.32 0.00	0.24 0.00	0.18 0.00	0.32 0.00	0.35 0.00	0.39 0.00	1.00					
AT	−0.05 0.36	0.06 0.31	0.08 0.16	0.00 0.99	−0.11 0.06	−0.08 0.17	−0.02 0.69	1.00				
TO	0.07 0.24	−0.31 0.00	−0.07 0.22	0.06 0.29	−0.32 0.00	−0.08 0.15	−0.16 0.00	−0.22 0.00	1.00			
DOL	−0.19 0.00	−0.05 0.36	0.11 0.05	0.22 0.00	0.01 0.85	0.10 0.09	−0.08 0.16	0.20 0.00	0.13 0.02	1.00		
RCA	0.25 0.00	0.07 0.20	−0.11 0.06	−0.02 0.71	−0.06 0.28	−0.23 0.00	0.14 0.01	−0.09 0.10	−0.08 0.15	−0.17 0.00	1.00	
ROE	0.30 0.00	0.24 0.00	−0.09 0.11	−0.17 0.00	−0.28 0.00	0.07 0.23	0.19 0.00	0.33 0.00	−0.28 0.00	−0.29 0.00	0.06 0.26	1.00

注：每个行变量对应的第一行数据表示 Pearson 相关性数值，第二行数据表示显著性概率。

　　表 7–6 反映了政府终极控股的样本各变量相关性分析的结果。所有自变量的两两相关系数均小于 0.7，说明各变量之间不存在强相关。平均股权资本成本与终极控股比例相关性不显著；与两权分离度（差值）在 0.1 的显著性水平上显著正相关；与控制层级在 0.05 的显著水平上显著负相关。平均股权资本成本与各控制变量的相关关系如下：在 0.05 的显著水平上，资产负债率与平均股权资本成本显著正相关；在 0.1 的显著水平上，面值市值比与平均股权资本成本显著负相关；在 0.1 的显著水平上，资产负债率、公司规模与平均股权资本成本显著正相关；在 0.05 的显著水平上，总资产周转率、换手率、股东权益增长率、净资产报酬率与平均股权资本成本显著正相关，经营杠杆率与平均股权资本成本显著负相关。

表7-6　　　　　　　　政府终极控股的各变量的相关性分析

变量	ACC	CP	DEVD	CL	B/M	DR	SIZE	AT	TO	DOL	RCA	ROE
ACC	1.00											
CP	-0.04	1.00										
	0.20											
DEVD	0.05	0.00	1.00									
	0.09	0.94										
CL	-0.06	0.01	0.47	1.00								
	0.04	0.75	0.00									
B/M	-0.06	0.16	-0.05	0.01	1.00							
	0.06	0.00	0.08	0.79								
DR	0.05	-0.01	-0.04	-0.03	0.34	1.00						
	0.10	0.74	0.18	0.25	0.00							
SIZE	0.05	0.36	-0.03	-0.10	0.38	0.27	1.00					
	0.09	0.00	0.27	0.00	0.00	0.00						
AT	0.10	0.01	0.01	0.01	-0.07	0.05	-0.06	1.00				
	0.00	0.64	0.80	0.70	0.03	0.07	0.03					
TO	0.16	-0.37	-0.01	-0.02	-0.44	-0.11	-0.36	0.06	1.00			
	0.00	0.00	0.62	0.52	0.00	0.00	0.00	0.04				
DOL	-0.07	-0.08	-0.01	0.04	0.02	0.06	-0.13	0.32	0.09	1.00		
	0.01	0.01	0.72	0.22	0.40	0.03	0.00	0.00	0.00			
RCA	0.17	-0.01	0.02	0.00	-0.10	-0.10	0.05	-0.03	0.02	-0.11	1.00	
	0.00	0.73	0.42	0.94	0.00	0.00	0.12	0.35	0.40	0.00		
ROE	0.18	0.02	0.12	-0.07	-0.32	-0.03	0.07	0.15	-0.13	-0.27	0.20	1.00
	0.00	0.48	0.00	0.02	0.00	0.24	0.01	0.00	0.00	0.00	0.00	

注：每个行变量对应的第一行数据表示 Pearson 相关性数值，第二行数据表示显著性概率。

3. 个人或家族终极控股公司的终极控股权、控制层级与股权资本成本的回归分析

针对个人或家族终极控股的 308 个有效样本，我们首先进行了终极控股权比例、两权分离度（差值）、控制层级、控股链条数与平均股权资本成本的多元线性回归分析。回归结果如表 7-7 所示，其中，终极控股权比例、控股链条数与平均股权资本成本不显著线性相关，两权分离度（差值）与平均股权资本成本在 0.1 的显著水平上显著负线性相关；控制层级与平均股权资本成本虽然线性关系不显著，但在方向上属于负向关系，这是符合理论预期的。但模型本身是不显著的，所以难以说明表中内容的实际意义。

表7-7 个人或家族终极控股的各自变量与股权资本成本的线性回归

模型		非标准化系数		标准系数 试用版	t	Sig.	共线性统计量		模型 显著性	模型 R方
		B	标准误差				容差	VIF		
1	（常量）	0.13	0.01		10.65	0.00			0.25	0.02
	终极控股权比例（CP）	0.00	0.00	0.07	1.13	0.26	0.91	1.10		
	两权分离度（差值）（DEVD）	-0.00	0.00	-0.14	-2.14	0.03	0.78	1.28		
	控制层级（CL）	0.01	0.01	0.08	1.25	0.21	0.83	1.20		
	控股链条数（CQ）	0.00	0.01	-0.01	-0.08	0.94	0.90	1.11		

为了保证结论的客观性，我们增添了前述控制变量，再次对平均股权资本成本与上述变量进行多元线性回归分析，分析结果如表7-8所示。

表7-8 个人或家族终极控股的各自变量、控制变量与股权资本成本的线性回归

模型		非标准化系数		标准系数 试用版	t	Sig.	共线性统计量		模型 显著性	模型 R方
		B	标准误差				容差	VIF		
1	（常量）	-0.13	0.07		-1.78	0.08			0.00	0.38
	终极控股权比例（CP）	0.00	0.00	-0.03	-0.48	0.63	0.68	1.47		
	两权分离度（差值）（DEVD）	-0.00	0.00	-0.10	-1.83	0.07	0.72	1.39		
	控制层级（CL）	0.00	0.00	0.00	0.07	0.95	0.69	1.44		
	控股链条数（CQ）	-0.01	0.01	-0.10	-1.95	0.05	0.77	1.30		
	面值市值比（B/M）	0.03	0.02	0.13	1.55	0.12	0.31	3.20		
	资产负债率（DR）	0.03	0.02	0.13	1.64	0.10	0.33	3.02		
	公司规模（SIZE）	0.01	0.00	0.17	2.51	0.01	0.46	2.19		
	总资产周转率（AT）	-0.01	0.01	-0.07	-1.23	0.22	0.72	1.39		
	换手率（TO）	0.00	0.00	0.20	2.83	0.00	0.45	2.24		
	经营杠杆率（DOL）	0.00	0.00	-0.09	-1.62	0.11	0.66	1.51		
	股东权益增长率（RCA）	0.02	0.00	0.16	3.16	0.00	0.82	1.22		
	净资产报酬率（ROE）	0.25	0.05	0.33	5.05	0.00	0.50	2.01		
	2005年	0.03	0.02	0.13	1.27	0.20	0.22	4.49		
	2006年	0.04	0.02	0.24	2.24	0.03	0.19	5.35		
	2007年	0.06	0.02	0.40	2.65	0.01	0.09	10.75		
	2008年	0.00	0.02	0.01	0.10	0.92	0.11	9.07		
	2009年	0.03	0.02	0.28	1.62	0.11	0.07	13.52		
	2010年	0.01	0.02	0.06	0.36	0.72	0.08	12.58		
	2011年	0.03	0.02	0.23	1.64	0.10	0.11	9.32		

表7-8表明，在0.1的显著水平上，两权分离度（差值）、控股链条数与平均股权资本成本存在显著的负向线性相关关系。从共线性统计量 VIF 可以看出，年份虚拟变量存在严重共线性问题，这与样本量少具有一定的关系。放弃年份虚拟变量，考察在控制其他变量的情况下，自变量与平均股权资本成本的关系，得出的结论与表7-7和表7-8的结论基本一致。[①]

4. 政府终极控股公司的终极控股权、控制层级与股权资本成本的回归分析

考虑到政府终极控股的上市公司分为四类：政府（中央）终极控股、政府（省级）终极控股、政府（市级）终极控股、政府（县级及以下）终极控股，所以需将政府层级中的政府（中央）终极控股、政府（市级）终极控股、政府（县级及以下）终极控股设置成三个虚拟变量，以政府（省级）终极控股为参照，进行回归分析，回归结果如表7-9所示。

表7-9　政府终极控股的各自变量、控制变量与股权资本成本的线性回归

| 模型 | | 非标准化系数 | | 标准系数试用版 | t | Sig. | 共线性统计量 | | 模型显著性 | 模型 R 方 |
		B	标准误差				容差	VIF		
	（常量）	0.16	0.01		19.37	0.00			0.00	0.02
	终极控股权比例（CP）	0.00	0.00	-0.04	-1.40	0.16	0.94	1.07		
	两权分离度（差值）（DEVD）	0.00	0.00	0.09	2.69	0.01	0.77	1.30		
2	控制层级（CL）	-0.01	0.00	-0.10	-2.69	0.01	0.65	1.54		
	控股链条数（CQ）	-0.00	0.00	-0.02	-0.73	0.47	0.90	1.11		
	政府（中央）	-0.01	0.00	-0.07	-2.21	0.03	0.75	1.33		
	政府（市级）	-0.01	0.00	-0.07	-1.99	0.05	0.78	1.28		
	政府（县级及以下）	-0.00	0.01	-0.01	-0.28	0.78	0.93	1.07		

表7-9表明，终极控股权比例、控股链条数与平均股权资本成本不显著线性相关，两权分离度、控制层级分别与平均股权资本成本显著正、负相关。政府（省级）终极控股的公司的平均股权资本成本显著高于政府（中央）终极控股和政府（市级）终极控股的公司，这意味着省级政府对于被投资企业具有较高的报酬率要求，希望通过企业投资获得更多的收益。

将前文所述控制变量进行控制后，回归结果如表7-10所示，终极控股比例

---

① 考虑篇幅问题，上述回归分析结果不在这里展示。

与平均股权资本成本不显著线性相关，两权分离度（差值）与平均股权资本成本在 0.05 的显著性水平上显著正相关；平均股权资本成本与控制层级在 0.05 的显著水平上显著负相关。控股链条数（虚拟变量）与平均股权资本成本不显著线性相关，说明通过单链条或多链条实现控股的上市公司的平均股权资本成本没有显著差别。对于政府层级变量，只有政府（中央）终极控股这一虚拟变量与平均股权资本成本显著负相关，说明政府（中央）终极控股公司的平均股权资本成本显著低于政府（省级）终极控股的公司。

表 7 - 10　　　政府终极控股的各自变量与股权资本成本的线性回归

| 模型 | 非标准化系数 | | 标准系数 | t | Sig. | 共线性统计量 | | 模型 显著性 | 模型 R 方 |
	B	标准误差	试用版			容差	VIF		
（常量）	0.06	0.03		2.18	0.03			0.00	0.55
终极控股权比例（CP）	0.00	0.00	0.04	1.31	0.19	0.74	1.35		
两权分离度（差值）（DEVD）	0.00	0.00	0.08	2.86	0.00	0.74	1.35		
控制层级（CL）	-0.00	0.00	-0.08	-2.56	0.01	0.59	1.68		
控股链条数（CQ）	0.00	0.00	0.00	0.07	0.94	0.85	1.17		
政府（中央）	-0.01	0.00	-0.05	-1.83	0.07	0.71	1.41		
政府（市级）	-0.00	0.00	-0.02	-0.85	0.40	0.76	1.32		
政府（县级及以下）	0.01	0.01	0.02	0.75	0.46	0.90	1.11		
面值市值比（B/M）	0.02	0.01	0.14	3.37	0.00	0.37	2.71		
资产负债率（DR）	0.06	0.01	0.25	6.35	0.00	0.40	2.48		
公司规模（SIZE）	0.00	0.00	-0.01	-0.35	0.72	0.44	2.26		
总资产周转率（AT）	0.01	0.00	0.07	2.43	0.02	0.80	1.25		
换手率（TO）	0.00	0.00	0.17	4.82	0.00	0.49	2.03		
经营杠杆率（DOL）	0.00	0.00	-0.04	-1.53	0.13	0.77	1.31		
股东权益增长率（RCA）	0.02	0.00	0.11	4.44	0.00	0.92	1.08		
净资产报酬率（ROE）	0.10	0.02	0.16	5.06	0.00	0.60	1.66		
2005 年	0.01	0.01	0.03	0.86	0.39	0.47	2.13		
2006 年	0.04	0.01	0.29	7.30	0.00	0.39	2.56		
2007 年	0.05	0.01	0.42	7.74	0.00	0.21	4.87		
2008 年	-0.01	0.01	-0.07	-1.71	0.09	0.33	3.07		
2009 年	0.03	0.01	0.20	3.78	0.00	0.23	4.40		
2010 年	0.00	0.01	0.00	-0.01	0.99	0.23	4.27		
2011 年	0.03	0.01	0.23	5.05	0.00	0.29	3.46		

四、结　论

　　1958 年的 MM 资本结构无关理论开启了现代公司财务理论的大门。按照这一理论,在一个假设的环境下, 资本结构不影响企业的资本成本。随着人们对于股权结构问题关注度的提高, 股权结构与资本成本之间、与企业价值之间的关系自然也会受到人们的关注, 并引发新的研究。本书已经说明, 在一个合格的、优秀的公司治理环境之下, 公司董事会视所有的股东为一人, 彼此之间没有任何差异。无论是控股股东还是中小股东, 他们都承担着同样的风险, 对于未来的预期是相同的, 因而他们各自的要求报酬率也是相同的。就是说, 股权结构对于资本成本不会产生影响。这也是我们判断公司治理是否合格的一个标准。但在现实中, 由于公司治理存在着诸多的缺陷, 使得不同的股东之间产生了重大的利益冲突, 直至影响到企业的健康发展。在我国, 由于政府股东的强势地位, 政府股东客观上对于被投资企业的公司治理与公司管理都产生了重大的、不可忽视的影响。很多实证研究中发现的政府股东持股无助于企业绩效的提高就反映了这样的一个事实。

　　通过对文献进行梳理发现大部分研究成果认为: 终极控股股东性质不同, 企业价值有差异;国有上市公司的终极控股股东所处政府层级不同, 企业价值显著不同;两权分离度与企业价值有显著的正相关关系。理论上, 企业价值与股权资本成本之间存在负相关关系, 所以, 终极控股股东性质、终极控制股东持股比例、两权分离度应该与股权资本成本具有相关关系。同时, 以往有学者发现:两权分离度与股权资本成本显著正相关, 增加控股链条数和控制层级是实现两权分离的有效手段, 所以, 控股链条数与股权资本成本理论上正相关。控制层级理论上应该与股权资本成本正相关, 但这种情况只在个人或家族终极控股的上市公司中成立;在政府终极控股的上市公司中控制层级与股权资本成本负相关。基于以上分析,本章提出了 5 个假设, 建立了针对个人或家族终极控股上市公司与政府终极控股上市公司的股权资本成本的两个线性回归模型, 并以我国 2004 ~ 2011 年非金融行业的沪深两市的上市公司数据为样本, 进行了实证研究。

　　研究结果表明, 政府股东依然是我国上市公司控股股东的主体, 约有八成的公司的控股股东是政府股东。这是我国历史发展的一个结果。终极控股股东的终极控股比例并不会引起股权资本成本的提高, 不是股权资本成本的显著影响因子。对于政府终极控股的上市公司而言, 控制层级的增加会导致股权资本成本的降低，这与政府对上市公司的政治干预减少有一定的关系；两权分离度越大，股权资本成本越高，这与以往研究的结论一致；政府（省级）的股权资本成本相对较高，这与我国地方政府的绩效考核体系及监管体系是紧密联系的，未来对地方政府官员的绩效考核体系的科学性有待进一步探讨。个人或家族终极控股的上市公司的两权分离度越大，股权资本成本显著降低，这与个人或家族上市公司资金不足有很大关系，一旦融取到足够的资金，良好的经营业绩会使公司的中小投资者看好公司的发展，降低上市公司的股权资本成本；个人或家族通过单链条实现终极控股的上市公司的资本成本显著低于通过多链条实现终极控股的情况。

参考文献：

［1］Adolf Augustus Berle and Gardiner Coit Means. The Modern Corporation and Private Property [M]. McMillan, 1932.

［2］La Porta, R., López de Silanes F., Shleifer, A., Vishny, R.. Corporate Ownership around the World [J]. Journal of Finance, 1999, 54 (4)：471 –518.

［3］Claessens, S., Simeon Djankov, and Larry P. H. Lang. The Separation of Ownership from Control of East Asian Firms [J]. Journal of Financial Economics, 2000 (58)：81 –112.

［4］Faccio, M. and Larry P. H.. Lang. The Ultimate Ownership of Western European Corporations [J]. Journal of Financial Economics, 2002 (65)：305 –395.

［5］Shleifer, A. and Vishny, T. W.. A Survey of Corporate Governance [J]. Journal of Finance, 1997 (52)：737 –783.

［6］Cubbin, J. and Leech, D.. The Effect of Shareholding Dispersion on the Degree of Control in British Companies：Theory and Measurement [J]. Economic Journal, 1983 (93)：351 –369.

［7］丁新娅. 民营上市公司终极控制权与财务决策 [M]. 北京：对外经济贸易大学出版社, 2009.

［8］苏坤，杨淑娥，杨蓓. 终极控制股东超额控制与资本结构决策 [J]. 管理科学, 2005, (4)：58 –64.

［9］许永斌，彭白颖. 控制权、现金流权与公司业绩 [J]. 商业经济与管理, 2007 (4)：75.

［10］甄红线，史永东. 终极所有权结构研究——来自中国上市公司的经验数据 [J]. 中国工业经济, 2008 (11)：108 –118.

［11］俞红海，徐龙炳，陈百助. 终极控制股东控制权与自由现金流过度投资 [J]. 经济研究, 2010 (8)：103 –114.

［12］关鑫，高闯，吴维库. 终极股东社会资本控制链的存在与动用——来自中国60家上市公司 [J]. 南开管理评论, 2010 (6)：97 –105.

［13］刘芍佳，孙霈，刘乃全. 终极所有权、股权结构及公司绩效 [J]. 经济研究, 2003 (4)：51 –61.

[14] 蒲自立, 刘芍佳. 论公司控制权对公司绩效的影响分析 [J]. 财经研究, 2004 (10): 5-14.

[15] 林建秀. 第一大股东性质、控制模式与公司业绩 [J]. 证券市场导报, 2007 (10): 49-54.

[16] 施东晖. 股权结构、公司治理与绩效表现 [J]. 世界经济, 2000 (12): 37-44.

[17] 叶勇, 胡培, 何伟. 上市公司终极控制权、股权结构及公司绩效 [J]. 管理科学, 2005 (4): 58-64.

[18] 许小年, 王燕. 中国上市公司的所有权结构与公司治理, 公司治理结构: 中国的实践与美国的经验 [M]. 北京: 中国人民大学出版社, 2000.

[19] 邓德军, 周仁俊. 公司最终所有权结构与绩效关系研究综述 [J]. 外国经济与管理, 2007, 29 (4): 18-23.

[20] 贺勇, 刘冬荣. 终极产权、股权结构与财务履约差异——基于利益相关者的实证研究 [J]. 审计与经济研究, 2011, 26 (3): 84-91.

[21] 杨德勇, 曹永霞. 中国上市银行股权结构与绩效的实证研究 [J]. 金融研究, 2007 (5): 87-97.

[22] 朱武祥, 宋勇. 股权结构与企业价值——对家电行业上市公司实证分析 [J]. 经济研究, 2001 (12): 67-72.

[23] 赵中伟. 股权结构、控制权的分配与公司价值 [J]. 首都经济贸易大学学报, 2008 (2): 23-28.

[24] Jensen, M. C. and Meckling, W. H.. Theory of the Firm: Managerial Behavior, Agency Costs and Ownership Structure [J]. Journal of Financial Economics, 1976 (3): 305-360.

[25] Shleifer, A. and Vishny, R. W.. Large Shareholders and Corporate Control [J]. Journal of Political Economy, 1986 (94): 461-488.

[26] López de Silanes F., La Porta R., Shleifer A., Vishny, R.. Investor Protection and Corporate Governance [J]. Journal of Financial Economics, 2000 (58): 3-27.

[27] López de Silanes F., La Porta R., Shleifer A., Vishny, R.. Investor Protection and Corporate Valuation [J]. Journal of Finance, 2002 (57): 1147-1170.

[28] Dyck, A. and Zingales, L.. Private Benefits of Control: An International Comparison [J]. Journal of Finance, 2004 (59): 537-601.

[29] Diane K. Denis and John J. McConnell. International Corporate Governance [J]. Journal of Financial and Quantitative Analysis, 2003, 38 (1): 1-36.

[30] Demsets H. and K. Lehn. The Structure of Corporate Ownership: Causes and Consequences [J]. Journal of Political Economy, 1985, 93 (6): 1155-1177.

[31] Mehran, H.. Executive Compensation Structure, Ownership, and Firm Performance [J]. Journal of Financial Economics, 1995 (38): 163-184.

[32] Holderness, C. G.. A Survey of Blockholders and Corporate Control [J]. Economic Policy Review, 2003 (4): 51-64.

[33] 徐莉萍，辛宇，陈工孟. 股权集中度和股权制衡及其对公司经营业绩的影响 [J]. 经济研究，2006 (1)：90 - 98.

[34] 李亚静，朱宏泉，黄登仕，周应峰. 股权结构与公司价值创造 [J]. 管理科学学报，2006，9 (5)：65 - 70.

[35] 吴淑琨. 股权结构与公司绩效的 U 型关系研究——1997～2000 年上市公司的实证研究 [J]. 中国工业经济，2002 (1)：80 - 87.

[36] 沈艺峰，江伟. 资本结构、所有权结构与公司价值关系研究 [J]. 管理评论，2007，19 (11)：49 - 54.

[37] 刘星，安灵. 大股东控制、政府控制层级与公司价值创造. [J]. 会计研究，2010 (1)：69 - 78.

[38] 刘运国，吴小云. 终极控制人、金字塔控制与控股股东的"掏空"行为研究 [J]. 管理学报，2009 (12)：1661 - 1669.

[39] 夏立军，方轶强. 政府控制、治理环境与公司价值——来自中国证券市场的经验证据 [J]. 经济研究，2003 (5)：40 - 51.

[40] 角雪岭. 我国上市公司金字塔持股结构特征研究 [J]. 会计之友，2009 (12) 下：70 - 72.

[41] 何威风. 政府控股、控制层级与代理问题的实证研究 [J]. 中国软科学，2009 (2)：107 - 114.

[42] 王雪梅. 终极控制权、控制层级与经济增加值——基于北京上市公司数据 [J]. 软科学，2012 (2)：113 - 118.

[43] Bebchuk, L. A., Kraakman, R., and Triantis, G.. Stock Pyramids, Cross-Ownership, and Dual Class Equity: The Mechanisms and Agency Costs of Separating Control From Cashflow Rights [M]. Chicago: University of Chicago Press, 2000.

[44] 安青松，祝晓辉. 民营企业控股多家上市公司的问题探讨 [J]. 证券市场导报，2004 (12)：57 - 61.

[45] López de Silanes F., La Porta R., Shleifer A., Vishny, R.. Law and Finance [J]. Journal of Political Economy, 1998, 106：1113 - 1155.

[46] Attig, N., Gadhoum, Y., and Lang, H. P. L.. Bid-Ask Spread, Asymmetric Information and Ultimate Ownership. Working Paper, Saint Mary's University, University of Quebec in Montreal and Chinese University of Hong Kong, 2003.

[47] 夏冬林，朱松. 金字塔层级与上市公司业绩 [J]. 管理学家（学术版），2008 (2)：120 - 129.

[48] 程仲鸣. 制度环境、金字塔结构与企业投资——来自中国资本市场的经验证据 [M]. 北京：经济科学出版社，2010.

[49] 毛世平，吴敬学. 金字塔结构控制与公司价值——来自于中国资本市场的经验证据 [J]. 经济管理，2008 (14)：34 - 44.

[50] 邵丽丽. 民营企业金字塔控股结构对 IPO 抑价的影响——两种理论的检验 [J]. 山

西财经大学学报, 2007 (10): 72 - 77.

[51] Claessens S. , Fan J. P. H. , and Lang L. H. P. . The Benefits and Costs of Group Affilia-tions: Evidence from East Asia [J]. Emerging Markets Review, 2006, 7 (1): 1 - 26.

[52] Lins, K. V. . Equity Ownership and Firm Value in Emerging Markets [J]. Journal of Financial and Quantitative Analysis, 2003 (38): 159 - 84.

[53] Cronqvist, H. , and M. Nilsson. Agency Costs of Controlling Minority Shareholders [J]. Journal of Financial and Quantitative Analysis, 2003 (38): 695 - 719.

[54] Fan J. P. H. and T. J. Wong. Do External Auditors Perform a Corporate Governance Role in Emerging Markets? Evidence from East Asia [J]. Journal of Accounting Research, 2005 (43): 35 - 72.

[55] 马磊, 徐向艺. 两权分离度与公司治理绩效实证研究 [J]. 中国工业经济, 2010 (12): 12 - 23.

[56] Chang S. J. . Ownership Structure, Expropriation and Performance of Group-Affiliated Companies in Korea [J]. Academy of Management Journal, 2003, 46 (2): 238 - 253.

[57] Attig, N. . Excess Control and the Risk of Corporate Expropriation: Canadian Evidence [J]. Journal of Administrative Sciences, 2007 (24): 94 - 106.

[58] Marianne Bertrand, Mehta P. , and Mullainathan S. . Ferreting out Tunneling: An Application to Indian Business Groups [J]. The Quarterly Journal of Economics, 2002, 117 (1): 121 - 148.

[59] Chu, Sin Yan Teresa. Ultimate Ownership and the Cost of Capital [D]. Hong Kong: The Chinese University of Hong Kong, 2008.

[60] 魏卉, 杨兴全. 终极控制股东、两权分离与股权融资成本 [J]. 经济与管理研究, 2011 (2): 12 - 23.

[61] Fan J. P. H. and T. J. Wong. Corporate Ownership Structure and the Informativeness of Accounting Earning in Ease Asia [J]. Journal of Accounting and Economics, 2002 (33): 401 - 425.

[62] 徐星美. 金字塔结构、舆论监督与股权资本成本 [J]. 学海, 2010 (5): 124 - 127.

[63] Fama, E. F. and K. R. . French. The Cross-section of Expected Stock Returns [J]. Journal of Finance, 1992 (47): 65 - 427.

[64] Gebhardt W. R. , Lee C. M. C. , and Swaminathan B. . Toward an Implied Cost of Capital [J]. Journal of Accounting Research, 2001, 39 (1): 135 - 176.

[65] 叶康涛, 陆正飞. 中国上市公司股权融资成本影响因素分析 [J]. 管理世界, 2004 (5): 128 - 131.

[66] 陈晓, 单鑫. 债务融资是否会增加上市企业的融资成本 [J]. 经济研究, 1999 (9): 39 - 46.

[67] Christine A. Bostosan, and M. A. Plumlee. A Reexamination of Disclosure Level and the Expected Cost of Equity Capital [J]. The Accounting Review, 2002, 40 (1): 21 - 40.

[68] 肖珉. 中小投资者法律保护与股权资本成本 [D]. 厦门: 厦门大学, 2007.

[69] 唐宗明, 蒋位. 中国上市公司大股东侵害度实证分析 [J]. 经济研究, 2002 (4):

44 – 50.

[70] 姜付秀，陆正飞. 多元化与资本成本的关系——来自中国股票市场的证据 [J]. 会计研究，2006 (6)：48 –55.

[71] 沈红波. 市场分割、跨境上市与预期资金成本——来自 Ohlson-Juettner 模型的经验证据 [J]. 金融研究，2007 (2)：146 –155.

[72] 韩录. 基于资本成本的我国企业股东利益保护研究 [D]. 北京：首都经济贸易大学，2011.

第八章 产品市场竞争与股权资本成本

公司治理研究的逐步深入引起一轮从代理问题视角研究股权资本成本的热潮。现有文献大多从股权治理、董事会治理、管理层激励、信息披露等内部治理机制和投资者法律保护、政治关联等外部治理机制角度研究其对股权资本成本的影响,但忽略了一个重要的外部治理机制——产品市场竞争。在委托代理框架下,现有文献研究产品市场竞争对现金持有量、资本结构、投资决策、股利分配等财务政策的影响时,检验结果已经证实了其具有公司治理功能。但同时,产品市场竞争也会带来异质性风险。产品市场竞争分别通过公司治理和异质性风险两条路径影响股权资本成本。产品市场竞争影响股权资本成本的研究提供了产品市场和资本市场的连接纽带,尤其是针对内部治理水平不同的公司而言,有利于全面认识产品市场竞争与内部治理机制的交互作用。

一、文献回顾

(一) 产品市场竞争、公司治理与股权资本成本

1. 产品市场竞争与公司治理

产品市场竞争是公司在行业中试图战胜竞争对手的程度 (Karuna, 2007),[1]会通过影响管理层激励、董事会治理、股权治理和信息披露机制而影响到公司的效率。在竞争市场中,无效公司要么提高公司治理水平和效率,要么被迫退出,而垄断市场进入壁垒的存在保障了垄断企业的生存,即使其治理水平和效率低下。

（1）产品市场竞争与管理层激励。管理层激励不能忽略公司的经营环境。两权分离下，管理层有机会追求个人目标，背离企业目标。马克卢普（Machlup，1967）认为，如果产品市场完全竞争，企业不会有超额利润，管理层为了企业生存必须最大化利润，只有当产品市场不是完全竞争时，高度集中的行业提供了寻租机会，增加了交易成本，道德风险才会出现，[2]因而竞争有助于减少管理松弛。

首先，产品市场竞争通过成本降低的边际收益来影响管理层激励。短期或在管制行业里市场结构是固定的，但长期来看，市场结构取决于公司竞争的基础条件。产品可替代性的增强引起的竞争通过两条途径影响管理层激励：一是偷窃效应，假设竞争对手设定价格，需求弹性较大时，有成本优势的公司可以将竞争对手的客户吸引过来，竞争通过降低成本提高了公司的边际收益；一是规模效应，如果竞争对手降价，公司则会失去市场份额，无法从降低成本中获益，偷窃效应和规模效应相互抵消，影响竞争与激励的关系（Hermalin，1992；①[3] Schmidi，1997[4]）。瑞斯（Raith，2003）在产品市场竞争的寡头垄断框架里构建了代理模型，假设进出自由、市场结构是内生的，这意味着竞争变化引起均衡的市场结构变化，此时竞争程度和最佳管理层激励有赖于行业基本面如产品可替代性、市场规模和进入成本。在内生的市场结构中，如果产品可替代性提高，价格竞争增大，成本劣势公司被迫退出市场，此时竞争的加剧威慑了潜在进入者，行业中公司数量减少，集中度提高。这些幸存的公司面临着产品需求的增大，管理层激励较强，因此偷盗效应总是大于规模效应。[5]

其次，产品市场竞争通过降低信息不对称程度来影响管理层激励。温特（Winter，1971）构建模型，证明了竞争是自然选择过程，技术无效的公司为了避免经营亏损，有动力追求新技术，最终这种改进过程可以有效分配资源，[6]但该模型没有分析为何公司最初选择了无效。哈特（Hart，1983）从信息角度构建了一个竞争与管理松弛的关系模型，从信息角度看，所有者不了解公司成本，不清楚公司业绩差的原因是管理不利造成的还是高成本造成的，所有者和管理层的利益冲突与所有者无法有效监督管理层引起无效，因此即使选择了最佳激励措施，管理松弛仍然存在。但竞争环境中，公司间的业绩相互依存，影响每个公司的成本冲击相互关联，管理层激励不仅根据其自身业绩，其他公司业绩也是重要的决策依据，因此竞争提供了垄断行业无法提供的信息，有利于减少管理层的道德风险。[7]赫姆斯特姆（Holrestrom，1982）、[8]奈尔巴夫和斯蒂格利茨（Nalebuff &

---

① 埃尔马兰（Hermalin，1992）将竞争对管理层激励机制的影响分解为四部分，即竞争降低利润的收入效应、竞争引起利润波动的风险调整效应、管理层回报变化效应和信息披露改善效应。

Stiglitz, 1983）[9]也分析了相对业绩评估，认为如果生产效率变化涉及到所有公司，则行业内企业数量的增加提供了更多信息。由于竞争的信息充分效应，德方达和帕克（DeFonda & Parkh，1999）研究发现竞争增强了相对业绩识别的有用性，相对业绩评价有助于董事会识别不称职的 CEO，竞争程度高的行业 CEO 更换频率高，[10]费和哈德洛克（Fee & Hadlock，2000）以 1950～1993 年美国报刊行业为样本研究发现得出同样的结论。[11]

产品市场竞争也会通过清算威胁影响管理层积极性。施密特（Schmidt，1997）放松了哈特（1983）对管理层风险厌恶的假设，假设管理层风险中性，收入效用函数是准线性的，认为竞争对管理层激励的影响有两个效应：一个是清算威胁效应，当竞争程度提高时，管理层为避免失去工作的负效应发生会积极工作，因此管理层激励的成本降低；一个是成本降低的边际价值效应，竞争会降低利润，公司所有者支付给管理层的报酬则有减少趋势，削弱了管理层降低边际成本的积极性。因此，竞争与管理层激励的关系并不是单调的。经过数理推导建立模型，施密特（1997）认为当从垄断市场向竞争市场过渡，管理层积极性随竞争程度的提高而提高，但当竞争程度很高时，管理层积极性随竞争程度的提高而降低[12]。

（2）产品市场竞争与股权治理、董事会治理。竞争程度高迫使企业高效经营，降低信息不对称程度，楚和桑（Chu & Song，2010）以 180 个马来西亚制造业企业为样本，研究发现竞争程度低的行业中，尽管中小股东也分享到部分垄断租金，但内部大股东会加重信息不对称程度以保护个人利益。[13]产品市场竞争加剧，第一大股东持股比例增加，并表现出积极的监督作用，有助于抑制控股股东的掏空行为（高雷等，2006；[14]张功富，2009；[15]姜付秀，2009[16]）。

董事会具有控制监督功能和资源分配功能，如果考虑外部竞争环境因素，在竞争程度低的市场，监督功能重要，而竞争程度高的市场，资源分配功能重要。董事会效率的关键是董事的独立性，但董事数量多增大了代理成本，影响到董事监督职能的有效发挥。兰德和詹森（Randy & Jenssen，2004）利用瑞典上市公司的数据研究发现，在竞争程度不高的行业，董事独立性高有助于企业业绩的增加，而竞争程度高的行业董事会独立性的增强反而有损于企业业绩。[17]塞马（Seema,2009）利用印度上市公司数据同样证明，高竞争行业中的公司受到市场竞争的监督，竞争程度与董事会独立性之间是替代关系。[18]

（3）产品市场竞争与信息披露水平。高度集中的行业提供寻租机会，增加交易成本，与公司治理机制相矛盾，在这种环境下，内部人汲取个人利益的倾向提高。为保护个人利益，内部人可能会加重信息不对称程度以控制公司政策，由于没有竞争，这些公司利润高，避免了外部股东的监督。竞争提高披露水平，如纽曼和塞星（Newman & Sansing，1993）、[19]吉格莱尔（Gigler，1994）[20]的模型表明，随着专有成本（用竞争作为替代变量）提高，自愿披露意愿增强，达罗格和斯托顿（Darrough & Stoughton，1990）认为，在竞争行业中，在位者为阻止新进入者而披露更多信息，他们的结论适用于竞争对手根据公司信息披露而调整产品策略的竞争行业。[21]杨华荣等（2008）建立理论模型证明，产品市场竞争越激烈，上市公司为传递其公司价值高于同行竞争者，自愿性披露的概率越高。[22]但李远勤等（2007）认为，竞争对手可利用上市公司自愿披露的信息作出对企业不利的生产经营决策，这种竞争劣势成本会导致信息披露水平的下降，引起外部融资成本的提高，若存在大股东控制，则管理层会在竞争劣势成本的基础上，以大股东利益最大化为目标调整披露政策。因此，产品市场竞争与信息披露质量的理论关系并不明晰。[23]

行业中如果是价格竞争，则企业对成本和盈利更敏感，此时公司自愿发布盈利预测的意愿低，因为盈利预测披露了公司的盈利能力。如果是非价格竞争，则投资预测的发布会给潜在和现存竞争者透露出公司的关键信息。达罗格和斯托顿（1990）研究了来自潜在进入者的竞争威胁对自愿披露的影响；克林奇和韦雷基亚（Clinch & Verrecchia，1997）研究了来自现有竞争对手的竞争威胁对自愿披露的影响；[24]李（Li，2010）同时考察了潜在进入者和现有竞争对手的威胁如何影响管理层对盈利预测和投资预测的信息披露数量和质量，研究发现，竞争主要通过降低盈利预测乐观和降低投资预测悲观来提高披露质量，潜在进入者的竞争提高披露质量而现有竞争对手的竞争降低披露质量，由于竞争压力小，因而行业中有市场势力的企业不存在以上关系。[25]申（Shin，2002）研究了竞争类型对专有信息披露的影响，认为公司披露要权衡财务市场估值收益和保护产品市场长期优势，通过判断反应曲线斜率的符号来区别竞争类型，发现能力竞争促使公司披露更多，以降低股权资本成本，而由于专有成本高，价格竞争促使公司披露更少。[26]

国外文献对竞争类型和信息披露类型的研究很深入，我国文献相对研究较为宽泛。王雄元和刘焱（2009）研究发现，市场竞争有利于提高信息透明度，但若按竞争程度分行业检验的话，竞争程度较高的行业中，处于竞争劣势的公司更有动机提高信息披露质量；竞争程度较低的行业中，竞争加剧不会显著提高信息披露质量。[27]

（4）产品市场竞争与治理机制的交互作用。产品市场竞争是外部治理机制的一种，更多文献关注其与治理机制之间的交互作用。

首先，产品市场竞争与股权治理的交互作用。伊志宏等（2010）[28]发现，在约束管理层在职消费等代理成本和提高信息披露质量方面，竞争程度与大股东持股之间呈互补关系。申景奇和伊志宏（2010）研究盈余管理时发现，低或高竞争组中，产品市场竞争与机构投资者持股水平间呈替代关系，中竞争组中，二者呈互补关系。[29]施东晖（2003）、[30]牛建波和李维安（2007）、[31]姚佳和陈国进（2009）[32]分别以产出增长率、企业绩效为判断标准，以第一大股东持股比例20%、50%作为股权分散、股权中度集中和股权高度集中的分界线，发现产品市场竞争与分散的股权之间存在互补关系，与中度集中的股权之间存在互补关系或关系不显著，与高度集中的股权之间存在着替代关系。

在市场竞争与股权性质方面，陈晓和江东（2000）以接近完全竞争的电子电器行业、垄断竞争性商业行业、自然垄断程度很高的公用事业行业为研究对象，发现法人股和流通股对企业业绩有正面影响，国有股有负面影响的预期只在电子电器行业成立，在公用事业行业中，保持国有股的控股地位不会影响企业绩效。[33]张玲等（2003）发现类似结论，即垄断行业的股权结构对企业价值没有影响，一般竞争行业的高比例法人股能有效提高企业价值，而高比例国有股则相反。[34]冯根福等（2008）发现，对股改后的上市公司绩效而言，在竞争程度不足的条件下，民营企业并不优于国有企业，在高度竞争行业中民营企业绩效明显优于国有企业。[35]胡一帆等（2005）发现，在企业生产状况和绩效方面，竞争与民营股权存在替代关系，因此不同产权属性的公司绩效取决于竞争环境，国有股应该尽快从竞争程度较高的行业中退出或减持。[36]而施东晖（2003）以产出增长率作为判断标准，发现市场竞争对国有和民营企业的影响并不存在显著差异。

其次，产品市场竞争与董事会结构的交互作用。在提高企业生产力、公司绩效、信息披露质量方面，产品市场竞争与董事会结构（如董事会规模、独立董事比例、董事长持股比例、领薪董事比例、董事长兼任CEO）之间存在替代关系，即产品市场竞争较激烈时，市场监管比董事会的监管作用更有用，而产品市场竞争较弱时，董事会监管的强化可以减少代理问题，提高生产力、绩效或信息质量（牛建波和李维安，2007；[31]宋常等，2008；[37]宋增基等，2009；[38]伊志宏等，2010）。但也有不同观点，牛建波和李胜楠（2008）、[39]肖浩和夏新平（2011）[40]实证发现，在提高企业价值和降低股价同步性方面，产品市场竞争与董事会治理之间存在互补关系，即在强化董事会治理的同时还需建立有效的外部市场竞争机制，并且这种关系在民营企业比在国有企业更显著。

最后，产品市场竞争与管理层激励的交互作用。理论证明竞争越激烈，管理层激励的改善对于提高公司绩效的边际效率越高，即产品市场竞争与管理层激励在提高企业绩效方面互为补充，并得到实证检验（牛建波和李维安，2007；谭云清等，2008[41]）。与国企相比，产品市场竞争对民营企业高管报酬激励效果的提高更为显著（刘金岩和牛建波，2008；[42]梁英，2011[43]）。在不同的竞争程度下，管理层激励的效果并不完全一样。在低竞争行业中，管理层持股不利于降低代理成本，管理层持股的激励效果差，但竞争强度的进一步增加有助于提高对公司高管的监督效率；在中度竞争和高度竞争行业下，管理层持股没有起到应有的激励效应，竞争强度的进一步增加并没带来治理效应的同步增加（蒋荣和陈丽蓉，2007；[44]姜付秀等，2009）。刘凤委等（2007）、[45]伊志宏等（2010）、李辉和张晓明（2011）[46]钊发现，竞争程度越高的行业，管理层薪酬在提高企业绩效和信息披露质量方面的激励效果越好，二者间存在互补效应。

2. 公司治理与股权资本成本

（1）股权治理与股权资本成本。早期的公司治理研究围绕着管理层的机会主义行为（包括侵害股东利益和错配资源）与股东的利益冲突问题展开。葛门斯和刘（Garmaise & Liu，2005）从公司治理（控制权属于管理层还是股东）和代理问题（管理层是否诚实）出发、在信息不对称（管理层拥有投资质量的私有信息并在报告中修正私有信息）的情况下构建理论模型认为，当管理层的控制权较大时，管理层会过度投资而获得更多私利，风险随之增大；当股东的控制权较大时，股东意识到管理层会掩盖投资信息，因而会减少投资水平，风险和股权资本成本随之降低[47]。在葛门斯和刘（2005）的模型中，股东控制权的强大意味着公司治理水平较高。但鉴于前文分析，随着公司大股东控制权的增加，公司治理的研究热点开始转向大股东与中小股东之间的利益冲突。控股股东有动机有能力通过自利交易或其他财务手段转移企业资源，侵害其他股东利益。控制权与现金流权的分离是控股股东谋取私利、侵害中小股东利益的根源，分离程度越大，则信息不对称程度越大、买卖差价越大、流动性越差、股权资本成本越高[楚（Chu，2008）；[48]格哈姆和米什拉（Guedhami & Mishra，2009）[49]]。多个大股东相互制衡的股权结构是防止控股股东侵占行为的有效内部治理机制，艾特阁等（Attig et al.，2008）使用东亚和西欧国家的数据，研究发现除了控股股东以外的大股东数量和投票权的增加减轻了代理成本，降低了股权资本成本，对投资者法律保护较差的东亚国家的公司而言，多个大股东的制衡作用更显著，[50]因而股权制衡可以弥补外部法制环境不健全的缺陷。

股权结构、控股股东与股权资本成本之间的相关关系已在本书的相关章节中进行了分析和论证。

（2）董事会治理、管理层激励与股权资本成本。除了股权结构以外，董事会监督和管理层激励也是解决代理冲突的有效机制。董事会为股东服务，主要功能是监督管理层行为，完善的董事会治理有利于解决代理问题，降低代理成本。阿什博等（Ashbaughet et al，2004）研究发现，董事会的独立性、董事持股比例与股权资本成本负相关，[51]证实了理论预期。根据激励相容理论，管理层激励有利于促使管理层与股东利益的趋同。黄（Huang，2005）研究证实，强股权可以降低代理成本进而降低股权资本成本，但强股权的股权资本成本降低效应对CEO 持股比例高的企业不明显，证实了管理层激励机制的有效性。[52]

我国文献也有相关研究。从股权集中度看，一股独大提高或降低或不影响股权资本成本，而多股同大起到了制衡作用，降低了股权资本成本或对股权资本成本没有影响；从股权性质看，国有控股企业股权资本成本高或低，终极控制人控制权与现金流权偏离度越大，公司股权资本成本越高（沈艺峰等，2005；[53]蒋琰和陆正飞，2009；[54]黄登仕和刘海雁，2010；[55]闫华红，2011[56]）。对董事会监督与股权资本成本的关系研究发现，董事会规模能够降低股权资本成本，董事长和总经理两职分离时股权资本成本比较低，或者对股权资本成本没有影响，而高管持股比例及高管薪酬与股权资本成本没有显著的关系，即激励机制没有起到降低股权资本成本的作用（吕暖纱等，2007；[57]蒋琰和陆正飞，2009；闫华红，2011）。

（3）信息披露机制与股权资本成本。① 信息披露是有效资本市场"公平、公开、公正"三大原则之一——公开原则的必然要求，是消除上市公司与投资者间信息不对称的重要手段，公司信息披露机制的制定与执行直接影响到信息披露的数量和质量。信息不对称理论、信息不完全理论和估值风险理论分别从不同角度讨论了信息披露与股权资本成本的内在关系。

阿德马蒂（Admati，1985）把理性预期均衡的分析推广到多资产状态，研究发现信息不对称引起交易者不同的风险回报预期。[58]王（Wang，1993）构建了跨期资产定价模型，考虑了信息不对称的两种股权资本成本效应。一方面，有信息优势的交易者会诱导产生逆向选择，因此不知情的交易者与有信息优势的知情交易者交易时要求额外风险溢价；另一方面，知情交易者的交易使得股价更有信息含量，从而降低不确定性。这两种效应对股权资本成本的影响方向相反，但由于该模型只考虑了一种风险资产，信息对资产回报的综合影响并不明确。[59]伊斯利和欧哈拉（Easley & O'Hara，2004）从信息可获取性角度构建了一个公开信息

---

① 本章根据白重恩等（2005）的观点，把财务信息披露机制也归为公司治理机制。

和私有信息影响资产报酬的定价模型，认为拥有私有信息的知情投资者能够根据新信息调整股票组合，而没有私有信息的投资者总是选择错误，这种风险无法分散，均衡状态下投资者对持有私有信息较多的股票要求更高的期望回报。[60]企业可以通过信息披露机制提高公开信息披露的数量和质量，公开信息披露减少了搜寻私有信息的动机和搜寻成本（Diamond，1985），[61]可以降低投资者要求的风险溢价。

不完全但对称的信息也会影响资产定价，参与交易的投资者持有相同的信息，不存在信息风险，但并不是所有投资者都了解每项资产，一些投资者面临持有某些资产的参与约束，在这种情况下，回报的截面差异仅仅是因为投资者没有持有他们不了解的资产，对不知情资产的需求不足导致均衡时要求更高的回报（Merton，1987；[62]Basak & Cuoco，1998[63]）。

估值风险理论采用贝叶斯决策模型，分析投资者如何在历史数据基础上预测股票报酬的分布参数。该理论认为信息越多则估值风险越小，定价越低，而传统CAPM模型的市场贝塔假设分布参数已知，不考虑估值风险，因而对信息披露水平低的股票而言，其贝塔值估计过低（Barry&Btown，1985）。[64]

各学者采用权威机构设计或自行设计的披露指数、盈余透明度等作为信息披露水平的度量指标，实证结果表明信息披露水平与股权资本成本负相关（Botosan，1997；[65]Francis et al.，2004[66]）。但也有不同的研究结论，博托尚和普拉姆利（Botosan & Plumlee，2002）实证研究发现股权资本成本随年报披露水平的提高而降低、随及时披露水平的提高而增加、与投资者关系披露无关；[67]博托尚和普拉姆利（2004）从公开信息和私有信息角度实证研究发现，公开信息精确度与股权资本成本显著负相关，私有信息精确度与股权资本成本显著正相关，并且公开信息精确度的股权资本成本效应几乎被私有信息精确度的股权资本成本反向效应完全抵消，因此得出高质量的公开信息披露并不一定能降低公司股权资本成本的结论。[68]高（Gao，2010）在投资者之间完全竞争假设下构建理论模型证实，当信息披露提高了企业现金流的方差水平且方差的变化大于股价的变化时，股权资本成本会随着披露质量的提高而增加。[69]

我国对信息披露与股权资本成本的关系研究较多。很多文献采用我国深交所的信息披露考核评级、自行设计的披露指数、盈余透明度、盈余特征或财务重述等作为信息披露质量的度量指标，实证检验发现无论国有还是民营企业，信息披露质量较高的上市公司具有较低的股权资本成本（曾颖和陆正飞，2006；[70]黄娟娟和肖珉，2006；[71]支晓强和何天芮，2010[72]）。此外，随着企业社会责任研究的兴起，一些文献还发现，环境信息披露能够降低股权资本成本（沈洪涛等，

2010），[73]但股权资本成本水平也会影响环境这类社会责任的信息披露，例如股权资本成本高的企业为筹集低成本资金，社会责任信息披露的动机很强。也有不同结论，吴文锋等（2007）以深市上市公司为样本研究发现，由于投资者没有把信息披露质量作为交易和判断股票价值的影响因素，因此信息披露质量的提高并没有增加股票流动性、降低风险进而降低股权资本成本；[74]王燕（2006）分析发现，股利公告后期信息披露的价格和流动性效应持续存在，得出在我国股票市场上私有信息和公开信息存在互补效应、信息披露并没有减少不对称信息的结论。[75]

以上研究结论表明，高质量的信息披露提高了投资者对被投资企业的知情权，降低了信息不对称现象的存在，因此信息披露水平的提高可以降低股权资本成本。但信息披露的股权资本成本降低效应可能受披露内容、披露时间、披露后果等多重因素的影响，例如较低的企业风险被高质量地披露出来，无疑可以降低投资者的要求报酬率水平，而较高的企业风险被高质量地披露出来，投资者必然会提高其要求报酬率，进而提高企业的股权资本成本，因此改善信息披露机制的制定和执行水平并不一定能必然降低企业股权资本成本。

（二）产品市场竞争、异质性风险与股权资本成本

1. 产品市场竞争与异质性风险

组合理论用收益的标准差或方差来描述风险，把可以通过市场组合消除掉的风险称为非系统风险、可分散风险或企业特有风险，本章称之为异质性风险（idiosyncratic risk）。并用 CAPM 模型或三因子模型的残差的方差或标准差及其时间序列模型的预测值来度量。①

坎贝尔等（Campbell et al., 2001）的研究表明，过去 40 年里，美国公司层面的收益波动呈增长趋势，而市场和行业的回报波动趋于稳定，个股回报间的相关性下降，有效组合所需的股票数量增加，CAPM 模型的解释力下降，这表明公司的异质性风险显著增大[76]。随后的大量文献研究了异质性风险增大的原因，包括风险行业的增加和纳斯达克上市公司的日趋重要（Bennett & Sias, 2006）、机构所有权提高（Xu & Malkiel, 2001）、大量风险大的年轻公司上市（Fink et

---

① 帕斯特和韦罗内西（Pástor & Vemnesi, 2003）采用了 CAPM 模型的残差方差度量异质性风险，加斯帕和马萨（Gaspar & Massa, 2006）采用了 CAPM 模型的残差平方度量异质性风险，福（Fu）在三因素模型基础上采用了广义自回归条件异方差模型（EGARCH）时间序列来预测异质性风险。

al. ,2006)、新上市公司的现金流风险提高（Brown & Kapadia，2007)、盈利不确定性的增加（Wei & Zharlg，2006；Pástclr & Veronesi，2003)、日益增加的产品市场竞争（Irvine & Pontiff，2009)、公司增长期权的提高与变化（Cao et al. ，2008)。① 本章将产品市场与资本市场联系起来，关注产品市场竞争对异质性风险的影响。产品市场竞争分别通过提高公司盈余波动、创新风险、困境风险和降低公司间的现金流相关性等途径提高了公司的异质性风险。

（1）产品市场竞争提高公司的盈利波动和盈利的不确定性。帕斯特和韦罗内西（Pástor & Veronesi，2003）构建的模型包含两个异质性波动源——盈利的波动和盈利能力的不确定，[77]加斯帕和马萨（Gaspar & Massa，2006）认为竞争正是通过这两个波动源影响了公司的异质性风险，并用产品市场势力作为产品市场竞争的代理变量[78]。

首先，市场势力可以作为自然对冲工具将成本冲击转移给客户，平滑掉异质性风险,降低企业盈余波动，其理论基础来源于经济学。公司股票受系统风险和异质性风险的影响，整个市场的需求变化会影响一个行业，因而是系统风险，但成本冲击是特有的。成本冲击对盈余波动的影响因市场势力的不同而不同。假设两个其他方面都一样的公司 A 和公司 B，公司 A 的产品市场需求相对刚性，因而有更多的定价权，可以通过提价获得更多利润，而公司 B 的产品市场需求相对有弹性，不能采取同样的提价策略获得额外收益。面临异质性成本冲击，公司 A 有更多的利润，受冲击小。更重要的是，公司 A 的产品需求是刚性的，客户群固定，面临成本提升时，可以提价而不必担心客户流失，面临成本降低时，不必像需求弹性较大的公司 B 那样降低价格、扩大产出。因此公司 A 可以将大部分成本冲击转移给客户，需求刚性的公司的盈利变化小于需求有弹性的公司。

其次，市场势力提高股价信息含量、降低投资者信息不确定性。建立以下假设：公司在垄断竞争的产品市场上生产销售产品；产品需求弹性不完全；公司具有一定的市场势力；在竞争的资本市场中交易；投资者厌恶风险。皮尔斯（Peress,2010）在以上假设下构建理性预期模型研究产品市场竞争与信息不对称的互动，认为有市场势力的公司可以将产品市场冲击转移给客户，因而利润风险小，利润预期高，股票交易量大，加快了私人信息融入股价的速度，股价更有信息含量,公开信息准确性的提高进一步促进了交易，这使得利润预测分歧更小，股票流动性提高，即产品市场的无效促进资本市场的有效。[79]此外，帕斯特和韦

---

① 转引自 Rubin，A，smifh，D. R. comparing Diffrent Explanations of the Volatility Trend［J］. Joumal of Banking and Finance，2011（35）：1581－1597

罗内西（2003）构建了公司价值模型，认为异质性风险会随着公司盈利能力的不确定而提高，投资者更了解市场势力强大公司的盈利能力，而分析师预测竞争激烈公司的未来现金流和盈利能力更困难，竞争提高了平均盈利情况的不确定性，因而也会提高异质性风险，这条渠道意味着市场势力通过降低公司盈利情况的不确定进而降低股票收益率的波动。

（2）产品市场竞争引起公司的创新风险。熊彼特的创造性破坏理论认为，创新最可能发生在竞争行业或行业边缘的小公司里，他们通过技术革新最终改变市场结构，因而小企业推动了行业中的革新和技术进步。虽然熊彼特后期认为，垄断企业可以通过创新获得经济利润，因而垄断企业比竞争行业中的企业有更多的创新动力，但该观点受到批评。吉罗斯基（Geroski，1990）发现了反对竞争会阻碍革新的经验证据，[80]雷恩格纳姆（Reinganum，1985）假设某行业现有一个垄断企业和多个竞争者，构建的创造性破坏连续过程模型表明，创新性公司可以暂时获得垄断利润和垄断势力，但很快会被新的挑战者超越，即竞争企业的创新动力更大。[81]但创新是把双刃剑，同时伴随着技术风险、人才风险、资金风险、管理风险等，因此创造性破坏描述了市场结构与有风险的创新行为的联系。这意味着越集中的行业、市场势力越大的公司创新越少，因而创新风险越小。

（3）产品市场竞争提高公司的困境风险。贝恩将外生性的行业产品特征与公司定价行为、公司绩效联系起来。在规模经济、政策法规等原因形成的进入壁垒保护下，现存企业可以定价高于边际成本，获得超正常经济利润，可以通过改变价格或产量应对市场需求变化而不必担心竞争者的进入。竞争性行业中的公司面临市场需求变化时，可能会由于定价风险而退出行业。因此高进入壁垒行业的公司面临的困境风险小。

（4）产品市场竞争降低行业内公司间的现金流相关性。尔文和庞蒂芙（Irvine & Pontiff，2009）创造了一种行业内竞争，消费者在行业内的公司间转移需求，而不改变对本行业的整体需求。当消费者停止购买某一家公司的商品而开始与第二家公司建立联系，则第一家公司受损而第二家公司受益，两家公司间的现金流相关性降低，异质性风险增大。[82]

此外，霍贝格和菲利普斯（Hoberg & Philliips，2010）研究了行业繁荣和萧条背景下，产品市场竞争对公司现金流和股票收益率的影响。研究发现，竞争行业大规模融资和高估值之后，现金流量和剩余股票收益率显著为负，分析师对这些行业的每股收益预期更易乐观，但集中度高的行业里这些关系不显著，其原因是竞争行业的企业缺乏合作，不能完全内部化行业竞争对现金流和股票收益率的负面影响。[83]

我国学者吴昊曼（2012）以沪深 A 股上市公司 2000～2010 年为研究样本，实证发现，我国上市公司异质性风险近十年也呈现出显著增加的趋势，异质性风险与市场风险的背离是股市的投机性和政策性造成的，产品市场竞争的加剧提高了异质性风险水平，相对集中的行业结构和显著的市场势力可以降低异质性风险。[84]

2. 异质性风险与股权资本成本

CAPM 模型建立在组合理论的基础上，假设均衡时所有投资者都持有市场组合，但由于收入水平、行为偏见、风险偏好等投资者因素和信息成本、交易成本或不完全市场等市场因素的存在，投资者并不能如 CAPM 理论假设的那样持有分散性股票组合。

若投资者不能持有有效组合，则股票回报会受市场风险和异质性风险的共同影响，不能完全分散风险的投资者需要为承担异质性风险而索要风险补偿（Merton，1987；Levy，1978[85]），① 即也应当为异质性风险定价。自此，异质性风险的定价问题再次成为财务学与金融学的关注热点，大量理论和经验文献研究了异质性风险与股票回报的关系并得出不同的观点。

观点之一：异质性风险与股票收益正相关。徐和麦基尔（Xu & Malkiel，2001）用数据检验理论模型，表明异质性风险能够解释横截面期望收益的差异，在加入规模、账面市值比和流动性变量后，其解释力仍然较强，并采用日本资本市场样本做了检验。[86]戈雅和圣克拉拉（Goyal & Satlta－clara，2003）以 1963 年 8 月至 1999 年 12 月作为研究期间，将平均股票风险分解为系统风险和异质性风险，异质性风险是可分散的，但在等权重的平均股票风险中占 85%，研究发现滞后一期的股票平均风险与市场收益之间正相关，表明系统风险并不是决定期望收益的唯一重要因素，他们还引入人力资本、异质性收入冲击、交易成本、期望理论等来解释这种正相关关系，并采用三因素模型残差的方差度量异质性波动，进行了谨慎性检验。[87]布朗和费雷拉（Brown & Ferreira，2003）采用 CAPM 模型、三因素模型和行业模型预测异质性风险，研究发现小公司异质性风险与股票收益显著正相关。[88]福（2009）用三因素模型回归残差的标准差和指数广义自回归条件异方差（GARCH）模型预测期望异质性风险，以体现异质性风险随时间变化的特点，构建了个股月收益截面回归，研究发现个股的期望异质性风险与个

---

① 利维（Levy，1978）从贝塔估值可能存在的偏见和异质性风险角度，修正了 CAPM 模型，莫顿（Merton，1987）从回报的构成因素出发，假设投资者投资于有关未来收益、贝塔载荷和波动等方面信息确切的股票，并认为股票间异质性风险无关的假设过于严格。

股的月股票收益正相关。[89]

观点之二：异质性风险与股票收益无关。魏和张（2005）将戈雅和圣克拉拉（2003）的研究样本期间延长了 3 年，重新考察异质性风险与股票收益的关系，发现二者关系并不显著，认为戈雅和圣克拉拉（2003）的结论主要受 20 世纪 90 年代长时期经济繁荣的影响。[90]百利等（Bali et al.，2005）将戈雅和圣克拉拉（2003）的样本期间延长了 2 年，研究发现以价值为权重的异质性风险不能解释市场收益的时间序列变化，等权重异质性风险与市场收益的正相关关系仅在短时间样本期间成立，而从样本中排除掉规模最小、流动性最差、价格最低的股票后，整体风险和异质性风险与市场收益问无论在长时间样本期间还是短时间样本期间都不存在显著性关系，认为戈雅和圣克拉拉（2003）的结论受纳斯达克市场小股票交易和流动性溢价的影响。[91]

观点之三：异质性风险与股票回报负相关。在跨期 CAPM 模型框架下，假定期望市场回报和市场波动随时间变化，以反映投资机会的变化，资产的期望回报依赖于市场回报的风险、未来市场回报预测变化和未来市场波动，安等（Ang et al.，2006）在上述理论基础上认为，厌恶风险的投资者在市场回报不确定的风险增大时会减少当前投资，以增加预防性储蓄，因而高异质性风险的股票期望平均回报低，并利用 1986～2002 年美国上市公司数据、按异质性风险构建组合进行检验，发现异质性波动最低的前五分之一组合的月平均回报比异质性波动最高的前五分之一组合的月平均回报高了 1%，得出异质性风险高的股票平均回报低的结论，[92]他们的结论不符合财务理论预期，但目前还没有一种理论可以很好地解释这种现象，被称为"异质性风险之谜"。该结论在最大的七个资本市场数据和 23 个发达资本市场数据基础上也得到了验证（Ang et al.，2009）。[93]

但安等（2006，2009）的结论不符合异质性波动与期望回报的财务理论预期，对计算异质性波动的数据频率和组合分类的标准敏感因而结果不稳健，由于异质性波动随时间变化，他们用滞后一个月的异质性波动作为期望异质性波动的替代变量并不合适。在控制了最近一个月的回报差异后，负相关关系不再存在，因此福（2009）认为安等（2006）的研究结果受月股票回报反转效应的影响。

我国文献也证实了异质性风险的存在，并认为其应该被定价。例如，赵贞玉等（2006）认为承担异质性风险也应当获得风险报酬，并指出了计量异质性风险回报率的规划方法。[94]陈健等（2009）假设投资者没有持有有效的市场投资组合建立的理论模型证明，均衡时，没有被分散的异质性风险也被定价。[95]陈健（2010）以坎贝尔（Campbell）模型为基础，证明了异质性风险对市场超额收益率具有显著的正预测能力。[96]陈健（2011）还证实了开放式基金投资组合中，异质性风险对基金超额收益率有显著的正效应，表明开放式基金承担的异质性风险可以获得收益补偿。[97]与国外文献一样，我国文献在证实异质性风险的定价问题时也采用了股票的实际收益来代替期望回报。吴吴曼（2011）在研究我国上市公司异质性风险的变化趋势及其诱因时，用投资者的期望回报——股权资本成本衡量资本市场效率，实证发现产品市场竞争越激烈、股权资本成本越高，[98]体现了异质性风险的传导作用。国内研究异质性风险与股票收益关系的文献普遍认为，我国资本市场也存在异质性风险之谜现象，控制住表征异质信念的换手率后，异质性风险与股票收益的负相关关系减弱甚至消失，并认为我国资本市场大量散户投资者的存在、卖空限制、投资者异质信念及偏好彩票型股票的投机行为严重等是出现异质性风险之谜的原因（杨华蔚和韩立岩，2009；[99]徐小君，2010；[100]左浩苗等，2011[101]）。

二、产品市场竞争影响股权资本成本的机理分析及研究假设

产品市场竞争作为一种公司治理机制，通过改善股权治理、董事会治理、高管激励和信息披露等公司治理机制缓解了代理冲突；而作为一种市场竞争机制，通过提高盈利波动及其不确定性、创新风险、困境风险和降低公司间现金流的相关性等途径提高了异质性风险。代理冲突和异质性风险都会影响到投资者要求报酬率的高低，如图8-1所示。本章基于产品市场竞争的相关理论，提出产品市

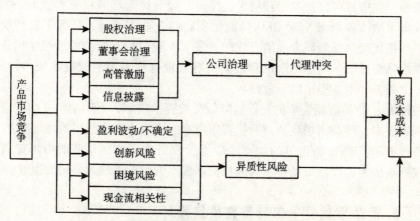

图8-1　产品市场竞争影响股权资本成本的理论框架

场竞争影响股权资本成本的两大效应：产品市场竞争的公司治理效应和异质性风险效应。其中，产品市场竞争可以从行业竞争程度和企业市场势力两个角度描述，行业竞争程度反映了某行业由于政策壁垒、资本要求、技术难度、生产成本等因素引起的进入壁垒的高低，行业竞争程度越高，表明行业进入壁垒越低，行业内企业数量越多。企业市场势力反映了行业内某企业的竞争地位，处于竞争优势的企业竞争力强，面临的竞争环境较为宽松。

（一）产品市场竞争的公司治理效应

产品市场竞争对股权资本成本的影响路径是利用其公司治理效应、通过影响投资者的风险预期来实现的。产品市场不是完全竞争时，高度集中的行业提供了寻租机会，此时道德风险才会出现。在委托代理利益趋同的理论框架下，产品市场竞争是内部公司治理机制的有益补充。一方面，竞争提供了相对业绩评价信息。竞争环境中，影响每个公司的成本冲击相互关联，公司间的业绩相互依存，管理层激励不仅以本公司的业绩为依据，其他公司业绩也是重要参考，因此竞争提供了垄断行业无法提供的信息。相对业绩评价有助于董事会识别不称职的CEO，竞争程度高的行业CEO更换频率高。另一方面，竞争带来了清算破产威胁。当竞争程度提高时，企业破产风险增大，管理层为保住经理人声誉、避免公司被清算而失去工作往往会付出更多努力。

以上分析表明，产品市场竞争是一种有效的外部治理机制，缓解了委托代理问题，而委托代理成本的降低促使了投资者预期风险的降低。文献回顾部分的分析也表明，强股权可以抑制管理层无效投资、降低风险和股权资本成本。强股权的股权资本成本降低效应对CEO持股比例高的企业不明显，证实了管理层激励在促进委托代理利益趋同方面的有效性。多个大股东相互制衡的股权结构、董事会独立性强并持股、内部综合治理机制的有效也都促进了股权资本成本的降低。根据以上分析，本章提出以下假设：

假设1a：产品市场竞争的加剧能降低股权资本成本，集中的行业结构会提高股权资本成本，产品市场竞争对股权资本成本的影响表现为公司治理效应。

假设1b：产品市场竞争的加剧能降低股权资本成本，显著的市场势力会提高股权资本成本，产品市场竞争对股权资本成本的影响表现为公司治理效应。

（二）产品市场竞争的异质性风险效应

现有文献指出，产品市场竞争影响公司的盈利波动及其不确定性、创新风险、困境风险和公司间现金流，进而影响异质性风险，这些影响因素可以归结为行业竞争和企业竞争两大类。

行业竞争方面，熊彼特的创造性破坏理论描述了市场结构与有风险的创新行为的关系，认为竞争行业最容易发生创新行为，但创新的同时伴随着技术风险、人才风险、资金风险、管理风险等异质性风险，这意味着越集中的行业创新越少，企业的异质性风险越小。结构行为绩效理论认为，在规模经济、政策法规等原因形成的进入壁垒保护下，现存企业可以定价高于边际成本，获得超额经济利润，可以通过改变价格或产量应对市场需求变化而不必担心竞争者的进入，而竞争性行业中的公司面临市场需求变化时，可能会由于定价风险而退出行业，因此进入壁垒高的行业内公司面临困境的可能性小。

企业竞争方面，处于竞争优势的公司的产品市场需求相对刚性，客户群相对固定，因而公司拥有更多的定价权，面临成本冲击时可以通过提价确保利润，将异质性风险转移给客户，因此市场势力是一种自然对冲工具。这些公司的盈利波动小，投资者更了解它们的盈利能力，分析师预测也较为容易，股票交易量大，私有信息融入股价的速度加快，股价更有信息含量，进一步促进交易，这使得利润预测分歧更小，股票流动性提高，即产品市场的无效促进了资本市场的有效。

以上分析表明，行业进入壁垒通过减少企业创新行为和困境的可能性而降低了异质性风险，企业市场势力通过转嫁市场冲击、降低公司盈利的不确定性、提高股价信息含量和股票流动性等途径降低了异质性风险，这意味着行业竞争程度越低、企业市场势力越强，则公司面临的异质性风险越小。接下来的问题是，异质性风险能在资本市场中定价吗？

对于异质性风险与期望收益的关系，国内外实证研究的结论并不一致，其中一个可能的原因是期望收益的计量方法问题。这些研究主要采用已实现的股票收益来代替期望收益，这种方法受到了普遍质疑，埃尔顿（Elton，1999）认为在没有意外信息（Surprise Information）的前提下，已实现收益才是期望收益的无偏估计，但意外信息大量存在，已实现收益并不能代表综合体现现金流信息和风险信息的期望收益。[102]本章预期，异质性风险与采用事前模型估算的股权资本成本的关系应当符合财务理论预期，即异质性风险越小，股权资本成本越小。综合以上分析，本章提出以下假设：

假设2a：产品市场竞争的加剧会提高股权资本成本，集中的行业结构能够有效降低股权资本成本，产品市场竞争对股权资本成本的影响表现为异质性风险效应。

假设 2b：产品市场竞争的加剧会提高股权资本成本，显著的市场势力能够有效降低股权资本成本，产品市场竞争对股权资本成本的影响表现为异质性风险效应。

（三）产品市场竞争、内部综合治理水平与股权资本成本

在缓解委托代理问题方面，产品市场竞争作为一种外部治理机制，其与单一内部治理机制间呈现出互补或替代两种效应。单一内部治理机制发挥作用的效率有差异，且边际效应递减，它们之间相互作用，因而内部综合机制的治理功能应当更有效，产品市场竞争与其的关系也较为明确。

吉鲁和米勒（Giroud & Mueller，2011）利用公司治理 C 指数研究发现，在非竞争行业中，治理差的公司管理层约束少、劳动生产率低、投入成本高、毁灭价值的并购行为多，其经济后果是股票回报低、公司价值低、经营业绩差，而治理完善的公司股票回报高，因此非竞争行业中的公司从完善的公司治理中获益多，而竞争行业中的公司从完善的公司治理中获益少。[103] 曹廷求和田金秀（2012）采用主成分分析法整合出内部公司治理 I 指数，实证发现，强竞争组和中竞争组的 I 指数与公司价值不相关，而弱竞争度的 I 指数与公司价值显著正相关，因而认为对垄断性较强的公司而言，高的公司价值往往与好的内部公司治理相关，而对竞争性较强的公司而言，高的公司价值不一定与好的内部公司治理相关。[104] 这些研究结论意味着，产品市场竞争与内部综合治理机制之间存在替代关系，即当内部综合治理水平较高时，产品市场竞争的治理功能退居其次，当内部综合治理水平较低时，产品市场竞争的治理功能得以发挥，缓解了委托代理问题。

以上分析都以产品市场竞争的公司治理效应为前提，当产品市场竞争对股权资本成本的影响表现为异质性风险效应时则不然。一般认为，材料人工成本上升、市场需求下降、新技术的出现等事件都会引起异质性风险，进入壁垒高的行业异质性风险小、有市场势力的企业可以转嫁异质性风险，进而降低股权资本成本。若内部治理水平高的公司处于进入壁垒高的行业内或内部治理水平高的公司有市场势力，则这类公司委托代理成本低，其应对异质性风险的能力应当更强。根据以上分析，本章提出以下假设：

假设 3a：当产品市场竞争对股权资本成本的影响表现为公司治理效应时，在降低股权资本成本方面，产品市场竞争与综合治理水平之间存在替代关系。

假设 3b：当产品市场竞争对股权资本成本的影响表现为异质性风险效应

时，在降低股权资本成本方面，产品市场竞争与综合治理水平之间存在互补关系。

三、实证研究模型构建及变量设计

（一）模型构建

为了考察行业竞争程度和企业市场势力对股权资本成本的影响，建立如下模型：

$$R_e = \delta_0 + \delta_1 PMC + \delta_2 Control + \sum Industry + \sum Year + \varepsilon \qquad (1)$$

式（1）中变量 PMc 为产品市场竞争变量，具体包括反映行业竞争程度的赫芬达尔指数（HHI）、行业主营业务利润率（RMOP）和反映企业市场势力的市场份额（SHARE）、勒纳指数（LENA）；Control 为控制变量，包括企业特征类指标和公司治理类指标，企业特征类指标包括贝塔系数（BETA）、企业规模（SIZE）、财务杠杆（LEV）、账面市值比（BM），公司治理类指标包括第一大股东持股比例（FIRST）、第二至第十大股东持股比例（EQUIL）、产权性质（STATA）、独董比例（IND）、董事长总经理两职是否合一（DuAL）、高管薪酬（SAL），Industry 和 Year 是行业及年份虚拟变量。

（二）变量设计

1. 股权资本成本

近年来，国内外文献经常采用依赖于分析师预测的 CLS（2001）模型、CT（2001）模型、OJ（2005）模型、PEG 模型（2004）等事前模型估算股权资本成本。由于不同数据库提供的预测数据质量有差异，不同模型的样本选取存在偏见，国外文献对各种估算模型的有效性评价并没有统一结论。我国文献已经广泛采用各种事前估算模型，但往往由于估算的复杂而只采用一种模型。为了减少单个模型的估算误差，本章借鉴楚（Chu，2008）、格哈姆和米什拉（Guedhami & Mishra，2009）等的做法，采用 GLS 模型（2001）、OJ 模型（2005）、PEG 模型

（2004）三种模型估算值的平均数来估算股权资本成本。[①]

2. 产品市场竞争

本章用行业竞争程度和企业市场势力两类指标分别反映行业间竞争和行业内竞争，行业间竞争程度的指标描述行业整体竞争程度的差异，用赫芬达尔指数（HHI）和行业主营业务利润率（RMOP）来度量。企业市场势力指标描述个体公司垄断势力的差异，用勒纳指数（LENA）和市场份额（SHARE）来度量。[②]

（1）行业竞争程度变量——赫芬达尔指数和行业主营业务利润率。赫芬达尔指数是行业中各企业占行业销售额百分比的平方和，反映行业中厂商规模的离散情况。计算公式如下：$HHI_j = \sum_{i=1}^{n} (X_{ij}/X_j)^2$。其中，$X_{ij}$ 是行业 j 中企业 i 的销售额，n 是行业中的企业数量。[③] 行业内企业规模越接近、企业数量越多，则 HHI 指数越接近 0，表明行业内竞争越激烈。反映市场结构的指标无法反映经济租，本章采用行业平均主营业务利润率指标，从竞争绩效角度来衡量行业竞争程度。主营业务利润可以视为垄断租金，垄断租金越高，意味着进入壁垒越高，行业竞争程度越低。

（2）企业市场势力——勒纳指数和市场份额。国内外文献经常采用市场势力指标作为产品市场竞争的代理变量，市场势力体现了企业的定价能力，市场势力越大，则企业面临的产品市场竞争程度越低、处于竞争优势地位。本章采用勒纳指数（LENA）和市场份额（sHARE）来度量产品市场势力。勒纳指数又称为价格成本边际，其计算公式为：$LENA = (P - MC)/P$，其中 P 是产品价格，MC 是边际成本。价格与边际成本的偏离程度体现了企业在边际成本之上的定价能力，勒纳指数越大，则企业市场势力越大。本章分别用主营业务收入和主营业务成本来代替公式中的 P 和 MC。为便于不同行业间的比较，将单个企业的勒纳指数减去行业内各企业勒纳指数的平均值，以此作为勒纳指数指标。反垄断法通常

---

① 楚（2008）、格哈姆和米什拉（2009）采用了 GLS 模型（2001）、CT 模型（2001）、OJ 模型（2005）、PEC模型（2004）的估算值衡量股权资本成本。由于根据我国上市公司数据应用 CT（2001）模型估算得到的股权资本成本数值大于 0 小于 1 的有效值过少，因而本章没有采用该模型。

② 反垄断法中经常用市场份额来考察企业的市场势力。

③ 由于本章选取行业较多，难以与统计年鉴中的企业分类——对应以计算行业内上市和非上市公司的全部主营业务收入，因此简便处理，不考虑非上市公司的数量和收入。

以市场份额来判断企业的市场势力,本章用企业主营业务收入占行业主营业务收入的比来计算市场份额,计算公式为:Share = x_{ij}/x_j。其中 x_j 为 j 行业的主营业务收入之和。一般而言,市场份额越大,企业市场势力越大。

3. 控制变量的选择

本章选用企业特征类指标和公司治理类指标来控制其他因素对股权资本成本的影响,并用年份和行业虚拟变量控制时间和行业的影响。各变量定义如表8-1所示。

表8-1   变量选取及定义

		变量	定义
被解释变量		股权资本成本（R_e）	GLS 模型、OJ 模型、PEG 模型估算值的平均数
解释变量	行业竞争程度	赫芬达尔指数（HHI）	行业中所有公司主营业务收入份额的平方和
		行业平均主营业务利润率（RMOP）	行业中所有公司主营业务利润率的平均值
	企业市场势力	市场份额（SHARE）	公司主营业务收入与行业主营业务总收入的比
		勒纳指数（LENA）	主营业务收入与主营业务成本之差与主营业务收入的比
控制变量	公司特征因素	市场风险（BETA）	公司的贝塔系数
		公司规模（SIZE）	资产总额的自然对数
		财务杠杆（LEV）	负债与资产的比值
		账面市值比（BM）	总资产的账面价值与市场价值的比值
	公司治理因素	第一大股东持股比例（FIRST）	第一大股东持股占总股本的比例
		股权集中度（EQUIL）	第二至第十大股东持股比例
		产权性质（STATE）	当实际控制人为国家、机关和事业单位时,取1;否则取0
		独董比例（IND）	独立董事人数/董事会总人数
		两职合一（DUAL）	董事长兼任总经理时,取1;否则取0
		高管薪酬（SAL）	高管薪酬的自然对数
	年度	年份因素（YEAR）	8 个年份哑变量
	行业	行业因素（INDUSTRY）	18 个行业哑变量

四、实证检验及结果分析

（一）样本选择

本章选取 2003～2011 年沪深两市的非金融类上市公司为研究样本，并进行了如下筛选：（1）剔除了 2003～2011 年任何一年中被 ST、*ST 的公司和财务数据不全的公司；（2）为了比较行业间和行业内的竞争程度，剔除了 2003～2011 年行业发生变化的上市公司；（3）行业内公司数量过少不能反映行业的竞争情况，剔除了公司数量较少的 C2 行业，并剔除了行业属性模糊的 M（综合类）行业。按照证监会 2001 年的《上市公司行业分类指引》，本章将样本公司划分为 19 个行业（制造业取两位代码分类，其他行业取一位代码分类），最后获得 3376 个公司年的非平衡面板数据。所有财务数据和公司治理数据均来自国泰安（CS-MAR）数据库，部分变量数据来自手工计算。

（二）主要变量的描述性统计和组间检验

1. 我国产品市场竞争现状

表 8-2 和表 8-3 是我国 A 股上市公司制造业的各细分行业（取两位代码分类，行业分类代码为 CO 至 C9）前 4 家和前 8 家企业的集中率（CR4 或 CR8）指标。表 8-2 显示，CR4 不到 30% 的行业为 7 个，其中销售收入占比 2001 年为 93.13%、2006 年为 97.71%、2011 年为 94.27%；CR4 在 50% 以上的行业只有 1 个，其中销售占比 2001 年为 0.17%、2006 年为 0.16%、2011 年为 0.67%；10 个行业中有 8 个行业集中在 10～40 的低集中度区间内，销售占比 2001 年为 99.37%、2006 年为 99.49%、2011 年为 99.02%。

表 8-3 显示，2001 年和 2006 年分别有 1 个行业的 CR8 不到 20%，而 2011 年的 CR8 都大于 20%，CR8 大于 60% 的有 2 个行业，销售占比为 0.98，与 2001 年和 2006 年相比，2011 年集中度高的行业的销售占比有所提高，但有 8 个行业集中在 20～50 的低集中度区间，销售占比为 99.02%。以上分析可知，近 10 年来，我国制造业细分行业呈现出向中度集中发展的趋势。

表 8-2　　　　　　　我国 A 股上市公司制造业的行业集中度（CR4）

集中度（%）	2001 年			2006 年			2011 年		
	行业数（个）	销售收入		行业数（个）	销售收入		行业数（个）	销售收入	
		数量（亿元）	分布（%）		数量（亿元）	分布（%）		数量（亿元）	分布（%）
0～9.9	0	0.00	0.00	0	0.00	0.00	0	0.00	0.00
10～19.9	4	8360.85	63.87	3	15341.22	33.51	4	92270.54	82.98
20～29.9	3	3829.68	29.26	4	29395.05	64.20	3	12556.69	11.29
30～39.9	1	817.63	6.25	1	814.07	1.78	1	5285.80	4.75
40～49.9	1	60.68	0.46	1	161.49	0.35	1	344.59	0.31
50～59.9	0	0.00	0.00	1	71.85	0.16	1	741.94	0.67
60～69.9	0	0.00	0.00	0	0.00	0.00	0	0.00	0.00
70～79.9	0	0.00	0.00	0	0.00	0.00	0	0.00	0.00
80～89.9	1	21.69	0.17	0	0.00	0.00	0	0.00	0.00
90 以上	0	0.00	0.00	0	0.00	0.00	0	0.00	0.00
合计	10	13090.54	100.00	10	45783.68	100.00	10	111199.55	100.00

表 8-3　　　　　　　我国 A 股上市公司制造业的行业集中度（CR8）

集中度（%）	2001 年			2006 年			2011 年		
	行业数（个）	销售收入		行业数（个）	销售收入		行业数（个）	销售收入	
		数量（亿元）	分布（%）		数量（亿元）	分布（%）		数量（亿元）	分布（%）
0～9.9	0	0.00	0.00	0	0.00	0.00	0	0.00	0.00
10～19.9	1	3300.72	25.21	1	12295.91	26.86	0	0.00	0.00
20～29.9	3	5060.13	38.65	3	8793.30	19.21	5	96764.07	87.02
30～39.9	2	3592.60	27.44	1	19204.19	41.95	0	0.00	0.00
40～49.9	1	237.08	1.81	2	4442.88	9.70	3	13348.95	12.00
50～59.9	1	817.63	6.25	1	814.07	1.78	0	0.00	0.00
60～69.9	0	0.00	0.00	0	0.00	0.00	2	1086.52	0.98
70～79.9	1	60.68	0.46	1	161.49	0.35	0	0.00	0.00
80～89.9	0	0.00	0.00	1	71.85	0.16	0	0.00	0.00
90 以上	1	21.69	0.17	0	0.00	0.00	0	0.00	0.00
合计	10	13090.54	100.00	10	45783.68	100.00	10	111199.55	100.00

表 8-4 中我国 A 股上市公司制造业总体集中程度的 CR4 和 CR8 指标显示，

2005年之前，行业集中度有所提高，尤其是2003年和2005年期间提高较快，但2007年和2009年行业集中度日趋分散，2010年和2011年又有所提高，反映出我国近些年兼并重组、产业结构调整等政策的出台推动了制造业的集中趋势。

表8-4　　　　　　　　我国A股上市公司制造业总体集中程度　　　　　　　单位：%

指标	2001年	2003年	2005年	2007年	2009年	2010年	2011年
CR4	6.17	6.68	9.15	8.67	7.00	8.77	8.80
CR8	9.90	10.88	13.68	13.43	11.18	13.01	13.12

表8-5　　　　　　　我国A股上市公司2011年行业的市场集中度

按HHI分类*	行业分布		公司分布		营业收入	
	数量（个）	比例（%）	数量（个）	比例（%）	总额（亿元）	比例（%）
1~49	0	0.00	0	0.00	0.00	0.00
50~99	0	0.00	0	0.00	0.00	0.00
100~199	0	0.00	0	0.00	0.00	0.00
200~299	1（C4）	5.26	155	10.34	6026.16	3.76
300~399	3（C1, C6, H）	15.79	257	17.14	27908.12	17.41
400~499	2（C7, C8）	10.53	444	29.62	23608.81	14.73
500~599	3（C0, J, L）	15.79	136	9.07	7071.55	4.41
600~699	1（C5）	5.26	98	6.54	3046.80	1.90
700~799	2（C3, F）	10.53	79	5.27	6863.01	4.28
800~899	2（A, D）	10.53	67	4.47	5551.23	3.46
900~999	0	0.00	0	0.00	0.00	0.00
1000~1999	2（E, K）	10.53	83	5.54	16955.68	10.58
2000~2999	2（C9, G）	10.53	136	9.07	9506.63	5.93
3000以上	1（B）	5.26	44	2.94	53717.64	33.52
合计	19**	100	1499	100	160255.61	100

注：＊这里的HHI扩大了10000倍，以方便细致考察行业竞争情况。

＊＊根据2001年《上市公司行业分类指引》，剔除了金融保险类上市公司和C2类上市公司，制造业取两位代码分类，其他行业取一位代码分类。

表8-5我国A股上市公司2011年行业的市场集中度显示，HHI在200以下的高分散区域内已经没有公司分布，HHI在2000以上的集中区域中的公司占比12.01%，营业收入占比高达39.45%，与1995年相比[①]，行业集中趋势较为明

---

① 魏后凯的文章《中国制造业集中状况及其国际比较》中有其计算的1995年相对应的数据。

显，绩效较为显著。

2. 总样本和分行业变量的描述性统计

表 8 – 6　　　　　　　　　　　　　总样本各变量的描述性统计

变量	均值	中位数	最大值	最小值	标准差
R_e	0.108	0.104	0.368	0.025	0.041
HHI	0.069	0.043	0.869	0.000	0.092
RMOP	0.273	0.261	0.459	0.138	0.084
SHARE	0.014	0.004	0.932	0.000	0.040
LENA	0.023	0.003	0.708	-0.619	0.151
BETA	1.013	1.015	4.313	0.075	0.227
SIZE	21.821	21.600	28.282	0.016	1.305
LEV	0.424	0.426	0.929	0.015	0.210
BM	0.532	0.495	1.477	0.030	0.252
FIRST	0.390	0.383	0.894	0.036	0.155
EQUIL	0.238	0.225	0.656	0.005	0.140
STATE	0.502	1.000	1.000	0.000	0.500
IND	0.363	0.333	0.750	0.091	0.053
DUAL	0.221	0.000	1.000	0.000	0.415
SAL	2.632	2.634	2.812	2.333	0.055

由表 8 – 6 可知，我国各行业上市公司 2003 ~ 2011 年股权资本成本的均值为 10.82%，中位数为 10.36%。楚（2008）的估算均值为 10.89%、中位数为 10.26%，格哈姆和米什拉（2009）的估算均值为 11.1%、中位数为 10%，海利和卢茨（2006）的估算均值为 12.97%、中位数为 11.63%。[105]虽然这些文献的样本期间不同，研究对象包括的国家和地区差异较大，但估算的均值和中位数基本在 10% 左右，与本章的估算结果相似。

表 8 – 7 分行业主要变量 2003 ~ 2011 年均值表显示，房地产业的股权资本成本最高，传播与文化产业的股权资本成本最低，衡量行业竞争程度的指标并不完全相同，就 HHI 而言，采掘业竞争程度最低，HHI 指数最高，达到 0.3874，制造业中的石油化学塑胶塑料行业竞争最激烈，HHI 指数最小，仅为 0.0241。就行业平均主营业务利润率而言，医药制造业最高，达到 0.4231，建筑业最低，为 0.1575。因此产品市场竞争与股权资本成本的关系还有待进一步验证。

3. 内部综合治理指数分类样本变量的描述性统计与组间检验

为了有效对比内部治理水平高与内部治理水平低的公司的差异，本章选取了反映股权治理、董事会治理和管理层激励三方面的内部治理指标，其中股权治理包括第一大股东持股比例、第二到第十大股东持股比例、最终控制人性质指标，董事会治理包括独立董事比例、董事会人数、董事会年度内开会次数、董事会持股比例、董事会薪酬、董事会与总经理是否两职合一指标，管理层激励包括高管持股比例、高管薪酬指标。本章借鉴蒋琰和陆正飞（2009）的做法，针对以上11个指标进行了主成分分析，将第一主成分作为内部综合治理水平指数，内部综合治理水平指数高意味着内部综合治理水平高。根据内部综合治理指数的大小进行二分位划分，数值较小部分为内部综合治理水平低的公司，数值较大部分为内部综合治理水平高的公司。根据选取的变量，本章对其进行描述性统计和组间检验，以反映两类公司某些财务特征和内部公司治理特征的差异。

表 8 - 7　　　　　　　　分行业主要变量 2003 ~ 2011 年均值表

行业	N	HHI	RMOP	SHARE	LENA	R_e
农、林、牧、渔业	47	0.064	0.241	0.035	0.014	0.100
采掘业	127	0.387	0.327	0.029	-0.0012	0.111
食品饮料	159	0.048	0.306	0.022	0.060	0.106
纺织服装、皮毛	103	0.029	0.203	0.021	0.071	0.113
造纸印刷	56	0.063	0.218	0.038	0.049	0.100
石油、化学、塑胶、塑料	367	0.024	0.199	0.008	0.030	0.112
电子	193	0.071	0.252	0.009	0.037	0.109
金属非金属	321	0.026	0.187	0.007	0.018	0.115
机械设备仪表	717	0.037	0.248	0.004	0.008	0.109
医药制造业	286	0.030	0.423	0.010	0.034	0.096
其他制造业	41	0.224	0.261	0.077	-0.003	0.099
电力、煤气及水的生产和供应业	66	0.073	0.229	0.017	0.010	0.113
建筑业	92	0.159	0.158	0.030	-0.011	0.116
交通运输仓储业	115	0.070	0.370	0.019	0.003	0.107
信息技术业	265	0.162	0.348	0.008	0.042	0.097
批发和零售贸易	156	0.034	0.188	0.012	-0.001	0.107
房地产业	147	0.046	0.384	0.016	0.023	0.136
社会服务业	75	0.076	0.410	0.020	0.0083	0.090
传播与文化产业	27	0.052	0.361	0.041	-0.0175	0.088

表8-8显示，从产品市场竞争程度看，公司治理水平高的行业 HHI 和 RMOP 偏大，表明治理水平高的公司大多处于集中度高的行业中，公司治理水平高的行业SHARE 和 LENA 偏大，表明治理水平高的公司大多市场势力较大。从财务特征看，治理水平高的公司的贝塔系数和财务杠杆显著小于治理水平低的公司，表明治理水平高的公司的市场风险和财务风险更小，符合基本财务理论。从内部公司治理变量看，治理水平高的公司的第一大股东持股比例显著小于治理水平低的公司，而第二大至第十大股东持股比例、独立董事比例和高管薪酬显著高于治理水平低的公司。从股权资本成本看，两类公司的均值和中位数都没有显著差异，这不符合公司治理水平高的公司股权资本成本低的理论分析，表明股权资本成本还会受到其他变量的影响。接下来，从多变量回归分析中寻求其原因。

表8-8　　按照内部综合治理指数分类样本公司变量的描述性统计及组间检验

变量	内部公司治理水平高			内部公司治理水平低			组间检验	
	均值	中位数	标准差	均值	中位数	标准差	均值-t 检验	中位数-Wilcoxon 检验
R_e	0.108	0.104	0.001	0.108	0.102	0.001	-0.481	0.777
HHI	0.073	0.045	0.002	0.065	0.034	0.003	2.482 **	10.615 ***
RMOP	0.282	0.266	0.085	0.264	0.236	0.081	6.207 ***	6.861 ***
SHARE	0.015	0.003	0.001	0.011	0.004	0.001	2.928 ***	3.283 ***
LENA	0.039	0.018	0.152	0.006	-0.013	0.148	3.920 ***	4.382 ***
BEAT	1.001	1.015	0.006	1.024	1.026	0.005	-3.041 ***	4.772 ***
SIZE	21.877	21.537	0.034	21.763	21.658	0.029	2.529 **	0.703
LEV	0.382	0.374	0.005	0.467	0.475	0.005	-11.943 ***	11.633 ***
BM	0.256	0.461	0.006	0.246	0.535	0.006	-5.698 ***	6.574 ***
FIRST	0.369	0.355	0.155	0.411	0.408	0.154	-7.942 ***	7.974 ***
EQUIL	0.290	0.291	0.139	0.185	0.161	0.120	23.462 ***	21.593 ***
STATE	0.310	1.000	0.463	0.696	0.000	0.460	-24.271 ***	19.390 ***
IND	0.377	0.364	0.001	0.349	0.333	0.001	15.806 ***	12.429 ***
DUAL	0.315	0.000	0.465	0.127	0.000	0.333	13.476 ***	9.441 ***
SAL	2.659	2.663	0.001	2.605	2.613	0.001	32.707 ***	29.329 ***

注：* 、** 、*** 分别表示变量估计系数在10%、5%和1%置信水平上显著。

（三）实证结果分析

1. 产品市场竞争与股权资本成本的回归分析

表8-9产品市场竞争与股权资本成本的回归结果显示，反映行业竞争程度的 HHl 和 RMOP 与股权资本成本之间呈现显著正相关关系，但反映企业市场势力的勒纳指数 LENA 和市场份额 SHARE 与股权资本成本之间呈现显著负相关关系。也就是说，随着 HHI 和 RMOP 的降低、行业竞争程度的提高，股权资本成本降低，行业竞争对股权资本成本的影响更多地表现为公司治理效应，符合假设1a 的理论分析；随着企业垄断势力的提高，股权资本成本降低，企业竞争对股权资本成本的影响更多地表现为异质性风险效应，这意味着针对个体公司而言，公司所占市场份额和定价权越大，越有竞争实力，面临市场冲击时，可以将异质性风险转嫁给需求相对刚性的客户，降低盈余波动，而且市场势力可以促进信息传递、提高股票流动性和股价中的信息含量，进而有助于降低股权资本成本，符合假设 2b 的理论分析。

表8-9　　　　　　　　　产品市场竞争与股权资本成本的回归结果

变量	预期符号	(1)	(2)	(3)	(4)
C		0.044 (1.237)	0.027 (0.701)	0.036 (0.998)	0.050 (0.162)
HHI	?	0.050 *** (2.628)			
RMOP	?		0.063 ** (2.193)		
SHARE	?			− 0.039 ** (− 2.075)	
LENA	?				− 0.008 ** (− 1.969)
BETA	+	0.003 (1.166)	0.003 (1.189)	0.003 (1.059)	0.003 (1.162)
SIZE	−	0.000 (− 0.055)	0.000 (− 0.137)	0.001 (0.725)	0.001 (0.004)
LEV	+	0.011 ** (2.486)	0.011 *** (2.668)	0.010 ** (2.392)	0.010 ** (2.317)

续表

变量	预期符号	（1）	（2）	（3）	（4）
BM	+	0.056 *** (13.928)	0.056 *** (13.970)	0.056 *** (13.873)	0.056 *** (13.352)
FIRST	−	− 0.015 *** (− 2.959)	− 0.015 *** (− 2.934)	− 0.014 *** (− 2.786)	− 0.015 *** (− 2.962)
EQUIL	−	− 0.012 ** (− 1.971)	− 0.012 * (− 1.930)	− 0.011 * (− 1.848)	− 0.012 ** (− 1.974)
STATE	−	− 0.003 ** (− 1.971)	− 0.003 ** (− 2.018)	− 0.003 * (− 1.929)	− 0.003 ** (− 2.008)
IND	−	0.009 (0.745)	0.009 (0.772)	0.010 (0.837)	0.009 (0.765)
DUAL	+	0.002 * (1.662)	0.002 (1.623)	0.003 * (1.757)	0.002 (1.620)
SAL	−	0.009 (0.615)	0.008 (0.567)	0.008 (0.569)	0.007 (0.510)
行业年份		YES	YES	YES	YES
Adj. R^2		0.251	0.249	0.250	0.248
F		31.429	31.056	31.185	30.880
DW		1.976	1.980	1.977	1.975
Obs.		3360	3360	3360	3360

注：表中上行数字为回归系数，括号内数字为 t 值，回归时使用经怀特异方差修正的标准误差，下同。

　　控制变量中的账面市值比、财务杠杆分别与股权资本成本显著正相关，表明账面市值比高，企业风险大，股东要求报酬率会增大，股权资本成本也会随债务增加而增加；股权治理的三个变量与股权资本成本显著负相关，表明第一大股东有动机和能力监督约束管理层，缓解了委托代理问题，第二大至第十大股东的股权制衡是防止控股股东侵占行为的有效治理机制，也有助于降低股权资本成本，投资者一般认为国有产权公司有政府支持，风险小于非国有产权公司，因而要求的报酬率也低于非国有产权公司；董事会治理中的两职合一与股权资本成本显著正相关，这意味着两职分离避免了董事会被管理层操纵，确保了董事会的独立性，加强了对管理层的监督，有助于降低企业风险和股权资本成本。由此可见，股权资本成本不仅受内部治理水平的影响，还会受到产品市场竞争的影响，并且行业竞争的公司治理效应和企业竞争的异质性风险效应同时存在，且对股权资本成本的影响方向相反，因此表 8 - 8 中内部治理水平高与低的公司间的股权资本成本均值和中位数没有显著差异。

2. 产品市场竞争、内部公司治理与股权资本成本

为进一步了解在降低股权资本成本方面，行业竞争程度、企业市场势力与内部综合治理机制之间的交互作用，本章通过分析不同治理水平下两者间的关系来确认。

表 8 – 10 产品市场竞争、公司治理与股权资本成本的回归结果显示，对于综合治理水平高的公司而言，HHI 和 RMOP 变量的回归系数不显著，而对于综合治理水平低的公司而言，HHI 和 RMOP 的回归系数显著为正，表明在降低股权资本成本方面，行业竞争表现为公司治理效应，与综合治理机制间存在替代关系。也就是说，当综合治理水平不高时，作为外部治理机制的行业竞争起到市场监管作用，促进股权资本成本的降低，当公司治理水平较高时，企业的委托代理问题可以得到有效控制，因而股权资本成本降低，此时激烈的行业竞争对股权资本成本的影响不再显著，符合假设 3a 的理论分析。

表 8 – 10　　　　　　　**产品市场竞争、内部公司治理与股权资本成本的**
回归结果（内部综合治理指数分类）

变量	公司治理指数高				公司治理指数低			
	（1）	（2）	（3）	（4）	（5）	（6）	（7）	（8）
C	0.058 ** (2.554)	0.038 (1.269)	0.036 (1.404)		0.063 *** (3.138)	0.056 ** (2.344)	0.060 *** (2.976)	
HHI	0.024 (0.806)				0.046 ** (2.151)			
RMOP		0.029 (0.761)				0.061 * (1.665)		
SHARE			−0.059 *** (−2.990)				−0.024 (−0.887)	
LENA				−0.056 *** (−2.890)				−0.020 (−0.807)
BETA	0.004 (1.413)	0.004 (1.380)	0.004 (1.136)	0.004 (1.134)	0.006 (1.249)	0.006 (1.228)	0.006 (1.218)	0.006 (1.206)
SIZE	0.001 (0.590)	0.001 (0.596)	0.002 * (1.651)	0.002 * (1.632)	−0.001 (−1.476)	−0.001 (−1.506)	−0.001 (−1.123)	−0.001 (−1.025)
LEV	0.012 ** (2.066)	0.012 ** (2.114)	0.010 * (1.750)	0.010 * (1.736)	0.010 * (1.687)	0.011 * (1.739)	0.010 * (1.745)	0.010 * (1.73)

续表

变量	公司治理指数高				公司治理指数低			
	（1）	（2）	（3）	（4）	（5）	（6）	（7）	（8）
BM	0.053 ***	0.053 ***	0.053 ***	0.053 ***	0.056 ***	0.056 ***	0.056	0.056
	（10.330）	（10.359）	（10.378）	（10.328）	（9.903）	（9.911）	（9.868）	（9.768）
行业年份	YES	YES	YES	YES	YES	YES	YES	YES
Adj. R^2	0.364	0.364	0.366	0.365	0.183	0.179	0.181	0.180
F	31.933 ***	32.000 ***	32.235 ***	32.135 ***	13.139 ***	12.818 ***	12.976 ***	12.877 ***
DW	2.082	2.080	2.084	2.082	2.073	2.069	2.070	2.068
Obs.	1680	1680	1680	1680	1680	1680	1680	1680

反映企业市场势力的 LENA 变量和 SHARE 变量的符号为负且在综合治理水平高的公司中显著，表明针对综合治理水平高的单个企业而言，市场势力越大股权资本成本越低，产品市场竞争作为一种竞争机制，表现为异质性风险效应，该效应的发挥与综合治理机制之间存在相互促进作用，符合假设 3b 的理论分析。

（四）进一步分析及稳健性检验

1. 按行业竞争程度分组的回归分析

前文分析认为，行业竞争与内部综合治理机制间存在替代关系，为进一步验证这种替代关系，本章分别按照 HHI 和 RMOP 的中位数，将所有样本公司划分为高竞争和低竞争两组，进行回归分析，结果如表 8 - 111 所示。为便于比较，表 8 - 11 同时列出了全样本的回归结果。

表 8 - 11　　产品市场竞争、内部公司治理与股权资本成本的回归结果（行业竞争程度分类）

变量	全样本	划分标准：HHI		划分标准：RMOP	
		低竞争	高竞争	低竞争	高竞争
C	0.057	-0.064	0.151 ***	-0.049	0.162 ***
	（1.634）	（-1.128）	（3.370）	（-0.978）	（3.411）
BETA	0.008 ***	0.009 *	0.007 **	0.014 ***	0.003
	（2.709）	（1.895）	（1.971）	（3.487）	（0.855）

续表

变量	全样本	划分标准：HHI		划分标准：RMOP	
		低竞争	高竞争	低竞争	高竞争
SIZE	0.000 (0.600)	0.002 * (1.718)	−0.001 (−1.260)	0.002 * (1.705)	−0.001 (−0.623)
LEV	0.013 *** (3.223)	0.015 ** (2.492)	0.012 ** (2.039)	0.022 *** (3.927)	0.003 (0.482)
BM	0.054 *** (14.438)	0.049 *** (9.949)	0.060 *** (10.024)	0.048 *** (9.701)	0.058 *** (9.700)
FIRST	−0.014 *** (−2.707)	−0.015 ** (−2.166)	−0.013 (−1.540)	−0.015 ** (−2.189)	−0.013 (−1.640)
EQUIL	−0.012 ** (−2.067)	−0.014 (−1.572)	−0.014 (−1.582)	−0.012 (−1.506)	−0.011 (−1.236)
STATE	−0.005 *** (−2.943)	−0.009 *** (−3.742)	−0.002 (−1.001)	−0.009 *** (−4.030)	−0.001 (−0.241)
IND	0.009 (0.752)	0.007 (0.458)	0.011 (0.587)	0.006 (0.420)	0.013 (0.727)
DUAL	0.003 * (1.723)	0.003 * (1.658)	0.001 (0.571)	0.005 ** (2.484)	−0.001 (−0.209)
SAL	0.005 (0.340)	0.027 (1.219)	−0.020 (−1.172)	0.032 (1.563)	−0.027 (−1.450)
行业年份	YES	YES	YES	YES	YES
Adj. R^2	0.230	0.204	0.250	0.247	0.220
F	56.629	25.020	31.930	32.831	26.325
DW	1.960	1.924	1.938	1.920	1.989
Obs.	3360	1690	1670	1748	1612

以 HHI 为划分标准的回归结果显示，在低竞争样本中，第一大股东持股比例、产权性质、董事长总经理两职合一的回归系数依然显著，且回归系数符号与全样本的相同。在高竞争样本中，各种治理机制的回归系数不再显著。这意味着行业竞争与第一大股东持股比例、第二至第十大股东持股比例、产权性质、董事长总经理两职合一之间存在替代关系。当采用 RMOP 为划分标准时，上述结论基本保持不变。

2. 内生性检验

统计学中，如果残差项影响了因变量的取值，因变量的变化又会对自变量构成影响，从而造成自变量与残差项的相关，就会引起内生性问题。前文证实，行业竞争程度越高，股权资本成本越低，体现了公司治理效应；企业市场势力越大，股权资本越低，体现了异质性风险效应。但反过来，股权资本成本的降低可能吸引更多的企业上市融资，从而可能加剧行业竞争程度、影响行业内的企业竞争，因而出现内生性问题，即自变量与因变量之间的交互影响。因此，本章对产品市场竞争与股权资本成本的双向交互内生性进行了检验。方法是对模型回归，得到残差项，残差项与自变量赫芬达尔指数 HHl、行业主营业务利润率 RMOP、市场份额 SHARE 和勒纳指数 LENA 的相关系数均显著为零，说明自变量与残差项不相关，自变量与因变量之间不存在交互内生性问题。

此外，本章用 GLS 模型、OJ 模型、PEG 模型单个模型的估算值来代替平均值，进行回归分析，结果显示，虽然回归结果中系数的显著性水平和大小有所变化，但主要结论保持不变。

五、结 论

本章在竞争理论、公司治理理论和定价理论的基础上，分析了产品市场竞争对股权资本成本的公司治理效应和异质性风险效应。通过采用我国 19 个行业上市公司 2003～2011 年共 3376 个公司年的非平衡面板数据，利用行业竞争程度和企业市场势力两个维度的产品市场竞争变量，实证分析了产品市场竞争对股权资本成本的综合影响，并分析了产品市场竞争与内部综合治理机制间的交互作用。这不仅丰富和补充了股权资本成本影响因素的相关研究，而且为企业降低股权资本成本提供了实践支持。

具体研究结论主要包括三个方面：（1）行业竞争越激烈，股权资本成本越低，行业竞争对股权资本成本的影响主要表现为公司治理效应。也就是说，随着行业竞争程度的提高，委托代理问题逐渐削弱，表现为股权资本成本的逐渐降低。（2）企业市场势力越大，股权资本成本越低，企业竞争对股权资本成本的影响主要表现为异质性风险效应；针对单个公司而言，异质性风险效应凸显。有垄断势力的公司可以借助其客户需求相对刚性的优势，将市场冲击转嫁给其客户，降低盈余波动，吸引投资，提高股价信息含量和股票流动性，进而降低股权资本成本。（3）行业竞争与内部综合治理机制之间存在一定的替代关系，具体而言，行业竞争与第一大股东持股比例、第二至第十大股东持股比例、产权性质、董事长总经理两职合一之间存在替代关系。企业市场势力与内部综合治理机制之间存在一定的互补关系，对内部综合治理水平高的公司而言，竞争地位降低股权资本成本的作用更有效。

本章的研究表明，促进行业竞争有利于促进外部治理机制作用的发挥，由于缺少外部竞争机制的约束，对处于竞争程度不高的行业的公司而言，提高内部公司治理水平更重要。对于单个企业而言，提高其在产品市场的竞争力和垄断势力有利于增强抵制异质性风险的能力。因此产品市场改革应当考虑到行业竞争改革和行业内企业竞争改革不同的财务效应，并顾及资本市场的发展。

本章研究中存在以下局限：我国产品市场是不完全竞争市场，部分行业受政府的政策影响很大，例如房地产行业，按照行业受政策的影响程度和行业内企业的数量多少等标准，上市公司所属的行业大体可以划分为垄断行业、垄断竞争行业和竞争性行业三大类，不同性质行业的竞争程度对股权资本成本的影响可能存在差异。但现有文献的此类划分较为主观，由于缺少具体的行业划分标准，本章只是采用传统的方法，按照 2001 年《上市公司行业分类指引》将样本公司划分为 19 个行业（制造业取两位代码分类，其他行业取一位代码分类），没有按照行业的性质来划分。后续研究可以深入分析不同行业的竞争特点及其对股权资本成本的影响。

参考文献：

［1］Karuna C. Industry Product Market Competition and Managerial Incentives ［J］. Journal of Accounting and Economics，2007，43（2 – 3）：275 – 297.

［2］Machlup，F. Theories of the Firm：Marginalist，Behavioral，Managerial ［J］. American Economic Review，1967，57（1）：1 – 33.

［3］Hermalin，B. The Effects of Competition on Executive Behavior ［J］. Rand Journal of Economics，1992，23（3）：350 – 365.

［4］Schmidt，K. Managerial Incentives and Product Market Competition ［J］. Review of Economic Studies，1997，64（2）：191 – 213.

［5］Raith，M. Competition，Risk and Managerial Incentives ［J］. American Economic Review，2003，93（4）：1425 – 1436.

［6］Winter，S. G. Satisficing，Selection，and the Innovating Remnant ［J］. Quarterly Journal of Economics，1971，85（2）：237 – 261.

［7］Hart，O. D. The Market Mechanism as an Incentive Scheme ［J］. The Bell Journal of Economics, 1983, 14 (2): 366 – 382.

[8] Holmstrom, B. Moral Hazard in Teams [J]. The Bell Journal of Economics, 1982, 13 (2): 324 – 340.

[9] Nalebuff, B. and J. Stiglitz. Information, Competition, and Markets [J]. American Economic Review, 1983, 73 (2): 278 – 283.

[10] DeFond, M. L. and C. H. Park. The Effect of Competition on CEO Turnover [J]. Journal of Accounting and Economics, 1999, 27 (1): 35 – 56.

[11] Fee, C. and C. Hadlock. Management Turnover and Product Market Competition: Empirical Evidence from the U. S. Newspaper Industry [J]. Journal of Business, 2000, 73 (2): 205 – 243.

[12] Schmidt, K. M. Managerial Incentives and Product Market Competition [J]. The Review of Economic Studies, 1997, 64 (2): 191 – 213.

[13] Chu, E. Y. and S. I. Song. Insider Ownership and Industrial Competition Causes and Consequences of Information Asymmetry [J]. ASEAN Economic Bulletin, 2010, 27 (3): 263 – 280.

[14] 高雷, 何少华, 黄志忠. 公司治理与掏空 [J]. 经济学季刊, 2006, 5 (4): 1157 – 1178.

[15] 张功富. 产品市场竞争、大股东持股与企业过度投资 [J]. 华东经济管理, 2009 (7): 68 – 75.

[16] 姜付秀, 黄磊, 张敏. 产品市场竞争、公司治理与代理成本 [J]. 世界经济, 2009 (10): 46 – 59.

[17] Randy, T. and J. I. Jenssen. Board Independence and Product Market Competition in Swedish Firms Corporate Governance: An International Review [J]. 2004, 12 (3): 281 – 289.

[18] Seema, L. Product Market Competition and Corporate Governance [J]. The Icfai University Journal of Corporate Governance, 2009, 8 (2 – 4): 109 – 118.

[19] Newman, P. and R. Sansing. Disclosure Policies with Multiple Users [J]. Journal of Accounting Research, 1993, 31 (1): 92 – 112.

[20] Gigler, F. Self – Enforcing Voluntary Disclosures [J]. Journal of Accounting Research, 1994, 32 (2): 224 – 240.

[21] Darrough, M. and N. Stoughton. Financial Disclosure Policy in an Entry Game [J]. Journal of Accounting and Economics, 1990, 12 (1 – 3): 219 – 243.

[22] 杨华荣, 陈军, 陈金贤. 产品市场竞争度对上市公司自愿性信息披露影响研究 [J]. 预测, 2008 (1): 41 – 45.

[23] 李远勤, 欧阳令南, 徐晋. 产品市场竞争与大股东控制下的自愿披露决策 [J]. 系统管理学报, 2007 (2): 61 – 64.

[24] Clinch, G. and R. Verrecchia. Competitive Disadvantage and Discretionary Disclosure in Industries [J]. Australian Journal of Management, 1997, 22 (2): 125 – 137.

[25] Li, X. The Impacts of Product Market Competition on the Quantity and Quality of Voluntary Disclosures [J]. Review of Accounting Studies. 2010, 15 (3): 663 – 711.

［26］Shin，Yong－Chul. The Effect of Product Market Competition on Corporate Voluntary Disclosure Decisions ［EB/OL］. 2001－11－04 ［2012－06－30］. http：//ssrn. com/abstract＝338361.

［27］王雄元，刘焱. 产品市场竞争与信息披露质量的实证研究 ［J］. 经济科学，2008（1）：92－103.

［28］伊志宏，姜付秀，秦义虎. 产品市场竞争、公司治理与信息披露质量 ［J］. 管理世界，2010（1）133－141.

［29］申景奇，伊志宏. 产品市场竞争与机构投资者的治理效应 ［J］. 山西财经大学学报，2010（11）：50－59.

［30］施东晖. 转轨经济中的所有权与竞争：来自中国上市公司的经验证据 ［J］. 2003（8）46－54.

［31］牛建波，李维安. 产品市场竞争和公司治理的交互关系研究——基于中国制造业上市公司1998～2003年数据 ［J］. 南大商学评论，2007（12）：83－103.

［32］姚佳，陈国进. 公司治理、产品市场竞争和企业绩效的交互关系——基于中国制造业上市公司的实证研究 ［J］. 当代财经，2009（8）：56－61.

［33］陈晓，江东. 股权多元化、公司业绩与行业竞争性 ［J］. 经济研究，2000（8）：28－35.

［34］张玲，陈收，廖峰. 不同竞争态势下的公司股权结构与价值的实证研究 ［J］. 财经理论与实践，2003（3）：32－36.

［35］冯根福，刘志勇，王新霞. 股权分置改革、产权属性、竞争环境与公司绩效——来自2005～2008年中国上市公司的证据 ［J］. 当代经济科学，2008（9）：1－8.

［36］胡一帆，宋敏，张俊喜. 竞争、产权、公司治理三大理论的相对重要性及交互关系 ［J］. 经济研究，2005（9）：44－57.

［37］宋常，黄蕾，钟震. 产品市场竞争、董事会结构与公司绩效——基于中国上市公司的实证分析 ［J］. 审计研究，2008，（5）：55－60.

［38］宋增基，李春红，卢溢洪. 董事会治理、产品市场竞争与公司绩效——理论分析与实证研究 ［J］. 管理评论，2009（9）：120－128.

［39］牛建波，李胜楠. 产品市场竞争对董事会治理效果影响的研究 ［J］. 山西财经大学，2008（7）69－75.

［40］肖浩，夏新平. 产品市场竞争、董事会治理与股价同步性——基于中国制造业上市公司的实证研究 ［J］. 贵州财经学院学报，2011（1）：62－67.

［41］谭云清，刘志刚，朱荣林. 产品市场竞争、管理者激励与公司绩效的理论与实证研究 ［J］. 上海交通大学学报，2008（11）：1823－1826.

［42］刘金岩，牛建波. 产品市场竞争对经理层激励效果的影响研究 ［J］. 财贸研究，2008（3）：95－104.

［43］梁英. 产品市场竞争对高管激励效应影响的实证研究 ［J］. 当代经济研究，2011（6）：60－64.

［44］蒋荣，陈丽蓉. 产品市场竞争治理效应的实证研究——基于CEO变更视角 ［J］. 经

济科学，2007（2）：60-64.

[45] 刘凤委，孙铮，李增泉. 政府干预、行业竞争与薪酬契约——来自国有上市公司的经验证据 [J]. 管理世界，2007（9）：76-85.

[46] 李辉，张晓明. 基于产品市场竞争的管理层持股激励效应研究 [J]. 西安邮电学院学报，2011（7）：118-123.

[47] Garmaise, M. J. and J. Liu. Corruption, Firm Governance, and the Cost of Capital [EB/OL]. 2005-01-05 [2012-06-30], http://ssrn.com/abstract=644017.

[48] Chu, Sin Yan Teresa. Ultimate Ownership and the Cost of Capital [D]. The Chinese University of Hong Kong, 2008.

[49] Guedhami, O. and D. Mishra. Excess Control, Corporate Governance and Implied Cost of Equity: International Evidence [J]. The Financial Review, 2009, 44 (4): 489-524.

[50] Attig, N., O. Guedhami, and D. Mishra. Multiple Large Shareholders, Control Contests, and Implied Cost of Equity [J]. Journal of Corporate Finance, 2008, 14 (5): 721-737.

[51] Ashbaugh, H., D. W. Collins, and R. Lafond. Corporate Governance and the Cost of Equity Capital [EB/OL]. 2004-10 [2012-06-30] http://tippie.uiowa.edu.

[52] Huang, H. H. Shareholder Rights and the Cost of Equity Capital [D]. University of Houston, 2005.

[53] 沈艺峰，肖珉，黄娟娟，中小投资者法律保护与公司权益股权资本成本 [J]. 经济研究，2005（6）：115-124.

[54] 蒋琰，陆正飞. 公司治理与股权融资成本——单一与综合机制的治理效应研究. 数量经济技术经济研究 [J]. 2009（2）：60-75.

[55] 黄登仕，刘海雁. 终极所有权结构对权益股权资本成本的影响 [J]. 统计与决策，2010（16）：144-147.

[56] 闫华红. 内部治理与股权资本成本的关系研究 [J]. 财政研究，2011（6）：54-58.

[57] 吕暖纱，杨锋，陆正华，陈远志. 权益股权资本成本与公司治理的相关性研究——来自中国民营科技上市公司的经验证据 [J]. 工业技术经济，2007，26（1）：143-145.

[58] Admati, A. R. A Noisy Rational Expectations Equilibrium for Multi-Asset Securities Markets [J]. Econometrica, 1985, 53 (3): 629-658.

[59] Wang, J. A Model of Intertemporal Asset Prices under Asymmetric Information [J]. Review of Economic Studies, 1993, 60 (2): 249-282.

[60] Easley, D. and M. O'hara. Information and the Cost of Capital [J]. The Journal of Finance, 2004, 59 (4): 1553-1583.

[61] Diamond, M. Optimal Release of Information by Firms [J]. The Journal of Finance, 1985, 40 (4): 1071-1094.

[62] Merton, R. C. A Simple Model of Capital Market Equilibrium with Incomplete Information [J]. The Journal of Finance, 1987, 42 (3): 483-510.

[63] Basak, S. and D. Cuoco. An Equilibrium Model with Restricted Stock Market Participation

[J]. Review of Financial Studies, 1998, 11 (2): 309 – 341.

[64] Barry, C. and S. Brown. Differential Information and Security Market Equilibrium [J]. Journal of Financial and Quantitative Analysis, 1985, 20 (4): 407 – 422.

[65] Botosan, C. A. Disclosure Level and the Cost of Equity Capital [J]. The Accounting Review, 1997, 72 (3): 323 – 349.

[66] Francis, J., R. Lafond, P. M. Olsson, and K. Schipper. Cost of Equity and Earnings Attribute [J]. The Accounting Review, 2004, 79 (4): 967 – 1010.

[67] Botosan, C. A. and M. A. Plumlee. A Re – examination of Disclosure Level and the Expected Cost of Equity Capital [J]. Journal of Accounting Research, 2002, 40 (1): 21 – 40.

[68] Botosan, C. A. and M. A. Plumlee. The Role of Information Precision in Determining the Cost of Equity Capital [J]. Review of Accounting Studies, 2004, 9 (2 – 3): 233 – 259.

[69] Gao P. Y. Disclosure Quality, Cost of Capital, and Investor Welfare [J]. The Accounting Review, 2010, 85 (1): 1 – 29.

[70] 曾颖, 陆正飞. 信息披露质量与股权融资成本 [J]. 经济研究, 2006 (2): 69 – 91.

[71] 黄娟娟, 肖珉. 信息披露、收益不透明度与权益股权资本成本 [J]. 中国会计评论, 2006 (6): 69 – 84.

[72] 支晓强, 何天芮. 信息披露质量与权益股权资本成本 [J]. 中国软科学, 2010 (12): 125 – 131.

[73] 沈洪涛, 游家兴, 刘江宏. 再融资环保核查、环境信息披露与权益股权资本成本 [J]. 金融研究, 2010 (12): 159 – 172.

[74] 吴文锋, 吴冲锋, 芮萌. 提高信息披露质量真的能降低股权资本成本吗? [J]. 经济学季刊, 2007 (7): 1201 – 1216.

[75] 王燕. 中国股票市场公开信息与私有信息的互补效应 [J]. 金融研究, 2006 (6): 41 – 52.

[76] Campbell, J. Y., M. Lettau, B. G. Malkiel, and Y. Xu. Have Individual Stocks Become More Volatile? An Empirical Exploration of Idiosyncratic Risk [J]. The journal of finance, 2001 (1): 1 – 43.

[77] Pástor, L. and P. Veronesi. Stock Valuation and Learning about Profitability [J]. Journal of Finance, 2003, 58 (5): 1749 – 1789.

[78] Gaspar, J. and M. Massa. Idiosyncratic Volatility and Product Market Competition [J]. Journal of Business, 2006, 79 (6): 3125 – 3152.

[79] Peress, J. Product Market Competition, Insider Trading and Stock Market Efficiency [J]. Journal of Finance, 2010, 65 (1): 1 – 43.

[80] Geroski, P. A. Innovation, Technological Opportunity, and Market Structure [J]. Oxford Economic Papers, 1990, 42: 586 – 602.

[81] Reinganum, J. F. Innovation and Industry Evolution [J]. Quarterly Journal of Economics, 1985, 100 (1): 81 – 99.

[82] Irvine, P. and J. Pontiff. Idiosyncratic Return Volatility, Cash Flows, and Product Market Competition [J]. Review of Financial Studies, 2009, 22 (3): 1149 - 1177.

[83] Hoberg, G. and G. Phillips. Real and Financial Industry Booms and Busts [J]. The Journal of Finance, 2010, 65 (1): 45 - 86.

[84] 吴昊旻. 产品市场竞争与公司股票特质性风险——基于我国上市公司的经验证据 [J]. 经济研究, 2012 (6): 101 - 115.

[85] Levy, H. Equilibrium in an Imperfect Market: A Constraint on the Number of Securities in the Portfolio [J]. American Economic Review, 1978, 68 (4): 643 - 658.

[86] Xu, Y. and B. G. Malkiel. Idiosyncratic Risk and Security Returns [EB/OL]. 2001 - 01 - 24 [2012 - 06 - 30] http: //ssrn. com/abstract = 255303.

[87] Amit Goyal and Pedro Santa - Clara. Idiosyncratic Risk Matters! [J]. The Journal of Finance, 2003, 58 (3): 975 - 1008.

[88] Brown, D. P. and M. A. Ferreira. The Information in the Idiosyncratic Volatility of Small Firms [EB/OL]. 2004 - 12 - 12 [2012 - 06 - 30], http: //ssrn. com/abstract = 475401.

[89] Fu, Fangjian. Idiosyncratic Risk and the Cross - Section of Expected Stock Returns [J]. Journal of Financial Economics, 2009, 91 (1): 24 - 37.

[90] Wei, S. X and C. Zhang. Why did Individual Stocks become More Volatile? [J]. The Journal of Business, 2006, 79 (1): 259 - 291.

[91] Bali, T. G. , N. Cakici, X. Yan, and Z. Zhang. Does Idiosyncratic Risk Really Matter [J]. The Journal of Finance, 2005, 60 (2): 905 - 928.

[92] Ang, A. , R. J. Hodrick, Y. Xing, and X. Zhang. The Cross - Section of Volatility and Expected Returns [J]. The Journal of Finance, 2006, 61, (1): 259 - 299.

[93] Ang, A. , R. J. Hodrick, Y. , Xing, and X. Zhang. High Idiosyncratic Volatility and Low Returns: International and Further U. S. Evidence [J]. Journal of Financial Economics, 2009, 91 (1): 1 - 23.

[94] 赵贞玉, 欧阳令南, 祝波. 非系统风险的回报率及其计量 [J]. 数学的实践与认识, 2006 (2): 89 - 93.

[95] 陈健, 曾世强, 李湛. 基于非系统风险被定价的资本资产定价模型 [J]. 管理工程学报, 2009 (3): 62 - 65.

[96] 陈健. 中国股市非系统风险被定价的实证研究 [J]. 南方经济, 2010 (7): 41 - 49.

[97] 陈健. 开放式基金收益与非系统风险定价 [J]. 经济管理, 2011 (5): 146 - 151.

[98] 吴昊旻. 产品市场竞争与异质性风险——理论模型和实证. 广州: 暨南大学博士论文, 2011.

[99] 杨华蔚, 韩立岩. 中国股票市场特质波动率与横截面收益研究 [J]. 北京航空航天大学学报 (社会科学版), 2009 (3): 6 - 10.

[100] 徐小君. 公司特质风险与股票收益——中国股市投机行为研究 [J]. 经济管理, 2010 (12): 127 - 136.

[101] 左浩苗，郑鸣，张翼. 股票特质波动率与横截面收益：对中国股市"特质波动率之谜"的解释 [J]. 世界经济，2011 (5)：117 – 135.

[102] Elton, E. Expected Return, Realized Return, and Asset Pricing Tests [J]. Journal of Finance, 1999, 54 (4)：1199 – 1220.

[103] Giroud, X. and H. M. Mueller. Corporate Governance, Product Market Competition, and Equity Prices [J]. The Journal of Finance, 2011, 66 (2)：563 – 600.

[104] 曹廷求，田金秀. 产品市场竞争、公司治理与公司价值 [J]. 山西财经大学学报，2012 (1)：94 – 101.

[105] Hail, L. and C. Leuz. International Differences in Cost of Equity Capital：Do Legal Institution and Securities Matter? [J]. Journal of Accounting Research, 2006, 44 (3)：485 – 531.

第九章 我国企业经济附加值的计算与排名

经济附加值的计算与排名已经成为国际上通行的企业绩效评价方法之一。在经营效率与股权资本成本已经明晰的情况下，经济附加值的计算便不是复杂的问题。本章将在第六章我国上市公司股权资本成本估算的基础上，对我国企业的经济附加值进行系统的计算与分析。本章的结构如下：第一部分，详细分析研究期间不同股权资本成本估算方法下，各个年度各个行业的经济附加值估算结果。第二部分，具体分析五种股权资本成本估算方法得到的年度经济附加值估算结果。第三部分，具体分析研究期间混合样本背景下各个行业的经济附加值估算结果。第四部分，根据经济附加值率建立每种股权资本成本估算方法下创造价值与毁损价值榜单，并进行分析。

一、行业经济附加值：年度数据分析

从 2010 年 1 月 1 日起，新修订的《中央企业负责人经营业绩考核暂行办法》正式实行，所有央企将引入经济附加值（EVA）考核机制，共涉及 127 家央企及下属的三级企业共近 2 万户国企。这是我国国有企业绩效考核方面的一次革命，标志着国有企业业绩考核工作进入以价值创造和投资者利益保护为主的历史新阶段。这次考核技术的革命，一方面可以深化对企业绩效评价的认识，完善公司治理和管理行为，另一方面将进一步在我国国企中强化资本成本意识和推行价值创造理念，维护政府股东的利益，保障国有资本的安全和增值。

本章以中国全部 A 股上市公司为研究样本，在采用 GLS（2001）模型、Gordon 模型、OJ（2005）模型、PEG 比率以及这四种方法估算值的平均值（AVERAGE）得到上市公司的股权资本成本的基础上，估算我国企业的 EVA。

本章研究所用的样本规模、行业划分与分步以及数据来源均沿用本书第六章中使用的方法，所用的各个年度、各个行业股权资本成本均是第六章所得的估算结果。

EVA 考核的理论基础已在本书第五章中做了详细阐述，由于企业的税后净利润中已经将债务利息部分扣除，所以本章直接应用如下公式估算我国企业的 EVA 水平：

$$EVA = NI - r_c \times EC \tag{1}$$

式（1）中，NI 表示净利润，取企业当期利润表中的净利润数值；r_c 表示股权资本成本，即第六章估算所得的股权资本成本数值，EC 表示股东投入资本，取前期的股东权益数值。

与理论上 EVA 的计算相比，本章在计算 EVA 时并未对会计净利润进行调整。其原因在于：一方面，EVA 理论上的某些调整并未得到公认，同时需要大量的内部数据；另一方面，本书的目的在于从根本上突出资本成本在 EVA 考核中的重要性，更进一步而言，在于强调股权资本成本在价值创造的评价以及股东利益的保护方面的重要作用。因此，与实务中 EVA 的计算相比，本书并未遵从目前我国统一采用的 5.5% 的资本成本率，而是应用了采用不同股权资本成本估算方法得到的每家公司的股权资本成本估算值。这样计算得出的 EVA 数值才能够真实地反映股东的要求报酬率水平，在公司治理中发挥更大的作用。

需要说明的是，本部分表 9 – 1、表 9 – 3 至表 9 – 6 的每个表中的末列平均数表示 2000 ~ 2008 年 9 年间每个行业 EVA 的平均值，即其前面 9 个数的算术平均数；末行平均数表示 13 个行业每年 EVA 的平均值，即其上面 13 个数的算术平均数。鉴于我国不同行业间上市公司数量差异巨大，以及股权资本成本估算过程中不同方法在不同行业中进行样本筛选时获得的最终样本差异巨大，我们在此并未列示每个行业、每个年度 EVA 的总和。因此，通过本部分的五张表，我们获知的是每个年度、每个行业中公司 EVA 的平均值，表示每个年度、每个行业平均每个公司创造的财富值。

（一）股权资本成本基于 GLS（2001）模型的 EVA 估算结果

根据 GLS（2001）模型获得我国上市公司股权资本成本进而估算的 EVA 结果如表 9 – 1 所示。

表 9 - 1　　　　股权资本成本基于 GLS（2001）模型的 EVA 估算结果　　　　单位：亿元

年份	2000	2001	2002	2003	2004	2005	2006	2007	2008	平均
A	0.66	0.23	0.07	0.24	0.25	0.02	-0.06	0.31	0.35	0.23
B	1.14	0.75	-1.38	-0.94	9.26	6.92	10.96	14.78	44.78	9.59
C	0.43	0.13	0.16	0.49	0.54	0.08	0.37	1.62	0.76	0.51
D	1.57	1.37	1.71	2.00	2.35	1.24	2.11	3.10	-1.86	1.51
E	0.39	0.23	0.28	-0.04	-0.16	-0.32	-0.21	0.52	0.67	0.15
F	0.56	0.85	0.94	0.55	1.71	0.88	1.99	4.66	3.43	1.73
G	0.58	0.43	0.22	-0.03	0.36	-0.41	-0.76	1.90	4.50	0.67
H	0.21	0.23	0.17	0.11	0.20	0.00	0.31	1.21	1.23	0.41
I	0.87	0.68	1.12	2.16	2.28	1.22	5.49	76.59	96.23	20.74
J	0.26	0.13	0.15	0.08	-0.01	-0.17	0.14	1.60	1.86	0.45
K	0.21	0.44	0.33	0.20	0.52	0.21	0.62	1.26	1.19	0.55
L	0.34	0.16	-0.07	0.10	-0.07	-0.14	0.02	0.75	0.48	0.18
M	0.51	0.29	0.02	0.14	0.00	-0.68	-0.18	0.58	0.63	0.15
平均	0.59	0.46	0.29	0.39	1.33	0.68	1.60	8.31	11.87	2.83

　　从表 9 - 1 可以看出，应用 GLS（2001）模型估算 2000 ~ 2008 年 9 年间行业股权资本成本进而得到的行业 EVA 估算结果介于 - 1.86 亿元（2008 年 D 行业即电力、煤气及水的生产和供应业）与 96.23 亿元（2008 年 I 行业即金融、保险业）之间。9 年间中国上市公司 EVA 的均值为 2.83 亿元，中值为 0.43 亿元（2000 年 C 行业的 EVA 数值）。

　　分行业来看：（1）金融、保险业（I）的 EVA 最高，均值为 20.74 亿元，采掘业（B）的 EVA 次高，均值为 9.59 亿元。建筑业（E）和综合类（M）的 EVA 最低，均值均为 0.15 亿元。具体来看，自 2003 年起，金融、保险业（I）与采掘业（B）各有 3 个年度 EVA 稳健地高于其他行业，而 2000 ~ 2002 年这 3 年间，电力、煤气及水的生产和供应业（D）的 EVA 却均高于其他行业。（2）9 年间，我国所有行业的 EVA 均值为 2.83 亿元，只有金融、保险业（I）与采掘业（B）的 EVA 年度均值高于这一水平，正是这两个行业 EVA 值的极高，从而拉动了我国整体 EVA 的均值。（3）9 年间，我国所有行业的 EVA 均值均大于 0，表明从行业整体上看，每个行业都满足了股东要求的报酬率，都能够为股东创造价值。但是不容忽视的是，某些年度某些行业的 EVA 却为负数。2000 ~ 2008 年 13 个行业的 117 个行业 EVA 中有 18 个负值，占比 15.38%。其中建筑业（E）

2003~2006年连续4年EVA为负，这是该行业整体EVA水平偏低的一个重要原因。EVA为负值说明这些行业在这些年度里没有满足股东要求的报酬率，毁损了股东的价值。

分年度来看：（1）2007年和2008年全样本的EVA均值最高，分别为8.31亿元和11.87亿元，而2002年和2003年全样本的EVA均值最低，分别为0.29亿元和0.39亿元。（2）9年间，我国所有行业的EVA均值为2.83亿元，只有2007年与2008年的EVA年度均值高于这一水平，正是这两个年度EVA值的极高，从而拉动了我国整体EVA的均值。（3）9年间，我国企业每年的EVA均值均大于0，表明从年度整体上看，每个年度都满足了股东要求的报酬率，都能够为股东创造价值。但是某些年度某些行业的EVA为负值的情况已在上段予以分析。

为了进一步分析这一结果，我们又对这些行业的净利润进行了分析，详见表9－2。

表9－2　股权资本成本基于GLS（2001）模型的EVA估算中的净利润　　　单位：亿元

年份	2000	2001	2002	2003	2004	2005	2006	2007	2008	平均
A	0.80	0.33	0.22	0.49	0.56	0.41	0.40	0.61	0.52	0.48
B	2.11	1.65	9.06	12.01	21.88	21.56	26.32	27.86	64.70	20.80
C	0.80	0.51	0.66	1.10	1.20	1.03	1.48	2.51	1.36	1.18
D	2.06	1.83	2.50	3.07	3.63	2.99	3.76	5.40	-0.42	2.76
E	0.77	0.51	0.71	0.46	0.39	0.51	0.78	1.34	1.83	0.81
F	1.18	1.37	1.81	1.69	3.04	2.70	4.01	7.48	5.78	3.23
G	0.71	0.54	0.44	0.96	1.28	0.78	1.36	2.21	5.11	1.49
H	0.41	0.39	0.39	0.38	0.62	0.61	0.95	1.71	1.58	0.78
I	1.59	1.71	1.94	3.97	5.51	7.91	11.99	118.31	148.76	33.52
J	0.49	0.33	0.40	0.42	0.50	0.59	0.97	2.38	2.61	0.97
K	0.38	0.59	0.58	0.55	1.07	0.84	1.28	1.86	1.54	0.96
L	0.47	0.36	0.32	0.41	0.38	0.27	0.50	1.17	0.88	0.53
M	0.70	0.48	0.32	0.50	0.42	-0.06	0.55	1.13	1.05	0.57
平均	0.96	0.81	1.49	2.00	3.11	3.09	4.18	13.38	18.10	5.24

表9－2是表9～1中对应行业样本2000~2008年9年间的净利润数据。可以看出，行业净利润介于－0.42亿元（2008年D行业即电力、煤气及水的生产和

供应业）与 148.76 亿元（2008 年 I 行业即金融、保险业）之间。净利润的均值为 5.24 亿元，中值为 0.97 亿元（2006 年 J 行业的 EVA 数值）。

分行业来看：（1）金融、保险业（I）的净利润最高，均值为 33.52 亿元，采掘业（B）的净利润次高，均值为 20.8 亿元。农、林、牧、渔业（A）和传播与文化产业（L）的净利润最低，分别为 0.48 亿元和 0.53 亿元。具体来看，2006 年以前，采掘业（B）有 6 个年度净利润稳健地高于其他行业，金融、保险业（I）则在 2007、2008 年净利润猛增，傲居各行业之首。（2）9 年间，我国所有行业的净利润均值为 5.24 亿元，只有金融、保险业（I）与采掘业（B）的净利润年度均值高于这一水平，正是这两个行业净利润的极高，从而拉动了我国整体净利润的均值。（3）9 年间，我国所有行业的净利润均值均大于 0。2000～2008 年 13 个行业的 117 个行业净利润中有 2 个负值，占比 1.71%。

分年度来看：（1）2007 年和 2008 年全样本的净利润均值最高，分别为 13.38 亿元和 18.10 亿元，而 2000 年和 2001 年全样本的净利润均值最低，分别为 0.96 亿元和 0.81 亿元。（2）9 年间，我国所有行业的净利润均值为 5.24 亿元，只有 2007 年与 2008 年的净利润年度均值高于这一水平，正是这两个年度净利润的极高，从而拉动了我国整体净利润的均值。（3）9 年间，我国企业每年的净利润均值均大于 0。但是某些年度某些行业的净利润为负值的情况已在上段予以分析。

由于 EVA 相较于净利润有个减项，很显然，EVA 的数值必然小于相应的净利润数值。通过上述 EVA 与对应净利润的对比可知，尽管在第六章中我们所估算出来的金融、保险业（I）和采掘业（B）的股权资本成本较其他行业要高，但是由于这两个行业的获利水平（净利润）较其他行业更高，所以在抵减股东投资所要求的报酬额之后，它们的 EVA 水平依然较其他行业要高。这一关系同样适用于本章以下基于其他股权资本成本估算模型所得到 EVA 估算结果的分析结论。但鉴于利润指标的种种弊端，且本书着重于强调资本成本与 EVA 的关系，因此下文将不再将 EVA 估算结果与净利润数据进行对比分析。

（二）股权资本成本基于 Gordon 模型的 EVA 估算结果

根据 Gordon 模型获得我国上市公司股权资本成本进而估算的 EVA 结果如表 9-3 所示。

表 9 – 3　　　　　　　　股权资本成本基于 Gordon 模型的 EVA 估算结果　　　　单位：亿元

年份	2000	2001	2002	2003	2004	2005	2006	2007	2008	平均
A	0.17	0.08	0.10	0.16	0.16	-0.08	0.06	0.54	0.68	0.21
B	0.44	0.75	2.99	-1.14	3.30	3.69	3.21	1.86	40.55	6.18
C	0.21	0.24	0.22	0.21	0.23	0.27	0.05	0.74	1.13	0.37
D	0.48	0.69	0.86	0.69	0.52	1.03	0.37	2.00	2.07	0.97
E	0.12	0.18	0.14	0.17	0.06	-0.04	0.01	0.20	0.63	0.16
F	0.42	0.39	0.51	0.61	0.37	0.52	1.14	1.69	3.35	1.00
G	0.15	0.11	0.11	0.11	0.17	0.08	-0.10	0.33	5.10	0.67
H	0.11	0.14	0.14	0.11	0.10	0.14	0.07	0.54	0.71	0.23
I	0.10	0.05	0.01	-0.02	0.01	-0.01	-0.09	2.32	52.62	6.11
J	0.13	0.09	0.10	0.09	0.07	0.11	0.08	0.69	1.04	0.27
K	0.19	0.39	0.30	0.28	0.23	0.21	0.35	0.78	1.01	0.42
L	0.21	0.05	0.12	0.02	0.17	0.05	0.23	0.26	0.48	0.18
M	0.18	0.10	0.08	0.05	0.10	0.07	0.07	0.36	0.45	0.16
平均	0.22	0.25	0.44	0.10	0.42	0.47	0.42	0.95	8.45	1.30

从表 9 – 3 中可以看出，应用 Gordon 模型估算 2000 ~ 2008 年 9 年间行业股权资本成本进而得到的行业 EVA 估算结果介于 – 1.14 亿元（2003 年 B 行业即采掘业）与 52.62 亿元（2008 年 I 行业即金融、保险业）之间。9 年间中国上市公司 EVA 的均值为 1.30 亿元，中值为 0.21 亿元（2000 年 C 行业的 EVA 数值）。

分行业来看：（1）采掘业（B）的 EVA 最高，均值为 6.18 亿元，金融、保险业（I）的 EVA 次高，均值为 6.11 亿元。建筑业（E）和综合类（M）的 EVA 最低，均值均为 0.16 亿元。具体来看，采掘业（B）在 2001 ~ 2006 年间，除 2003 年外，其 EVA 均稳健地高于其他行业，金融、保险业（I）则在 2007 年、2008 年这两年间中，其 EVA 均稳健地高于其他行业，而 2000 年和 2003 年，电力、煤气及水的生产和供应业（D）的 EVA 却均高于其他行业。（2）9 年间，我国所有行业的 EVA 均值为 1.30 亿元，只有金融、保险业（I）与采掘业（B）的 EVA 年度均值高于这一水平，正是这两个行业 EVA 值的极高，从而拉动了我国整体 EVA 的均值。（3）9 年间，我国所有行业的 EVA 均值均大于 0，表明从行业整体上看，每个行业都满足了股东要求的报酬率，都能够为股东创造价值。但是不容忽视的是，某些年度某些行业的 EVA 却为负数。2000 ~ 2008 年 13 个行业的 117 个行业 EVA 中有 7 个负值，占比 5.98%。EVA 为负值说明这些行业在这些年度里没有满足股东要求的报酬率，毁损了股东的价值。

分年度来看：（1）2007 年和 2008 年全样本的 EVA 均值最高，分别为 0.95 亿元和 8.45 亿元，而 2001 年和 2003 年全样本的 EVA 均值最低，分别为 0.25 亿元和 0.10 亿元。（2）9 年间，我国所有行业的 EVA 均值为 1.30 亿元，只有 2008 年的 EVA 年度均值高于这一水平，正是这一年度 EVA 值的极高，从而拉动了我国整体 EVA 的均值。（3）9 年间，我国企业每年的 EVA 均值均大于 0，表明从年度整体上看，每个年度都满足了股东要求的报酬率，都能够为股东创造价值。但是某些年度某些行业的 EVA 为负值的情况已在上段予以分析。

（三）股权资本成本基于 OJ（2005）模型的 EVA 估算结果

根据 OJ（2005）模型获得我国上市公司股权资本成本进而估算的 EVA 结果如表 9 - 4 所示。

表 9 - 4　　　　　股权资本成本基于 OJ（2005）模型的 EVA 估算结果　　　　　单位：亿元

年份	2000	2001	2002	2003	2004	2005	2006	2007	2008	平均
A	0.51	− 0.08	− 0.41	− 0.47	− 0.09	− 0.34	− 0.27	0.11	− 0.04	− 0.12
B	1.00	0.98	− 5.37	− 12.05	4.93	1.51	9.09	15.30	36.53	5.77
C	0.24	− 0.39	− 0.64	− 0.17	0.35	− 0.46	− 0.86	1.46	− 0.15	− 0.07
D	1.44	1.06	0.34	1.93	1.97	− 0.07	− 0.32	3.37	− 5.47	0.47
E	0.32	0.10	0.03	− 0.32	− 0.53	− 0.37	− 1.40	0.29	− 3.22	− 0.57
F	0.26	0.31	0.34	− 0.52	0.70	− 0.07	− 1.72	3.58	− 0.33	0.28
G	0.42	0.17	− 0.18	− 0.21	− 0.79	− 1.77	− 2.31	− 2.14	3.75	− 0.34
H	0.03	− 0.15	− 0.06	− 0.14	− 0.05	− 0.53	− 0.78	1.09	0.95	0.04
I	0.65	0.49	0.68	1.42	2.03	0.08	− 4.80	38.26	49.74	9.84
J	0.09	− 0.22	− 0.25	− 0.29	− 0.46	− 0.56	− 0.95	1.39	0.84	− 0.04
K	− 0.03	0.09	0.07	− 0.49	− 0.06	− 0.43	− 0.29	1.15	0.39	0.04
L	0.29	− 0.21	− 0.28	− 0.92	− 0.11	− 0.03	− 0.73	0.54	0.12	− 0.19
M	0.23	0.06	− 0.31	− 0.20	− 0.35	− 1.17	− 1.12	0.39	− 0.47	− 0.33
平均	0.42	0.17	− 0.46	− 0.96	0.58	− 0.35	− 0.50	4.98	6.36	1.14

从表 9 - 4 可以看出，应用 OJ（2005）模型估算 2000 ~ 2008 年 9 年间行业股权资本成本进而得到的行业 EVA 估算结果介于 − 12.05 亿元（2003 年 B 行业即采掘业）与 49.74 亿元（2008 年 I 行业即金融、保险业）之间。9 年间中国上市公司 EVA 的均值为 1.14 亿元，中值为 − 0.06 亿元（2002 年 H 行业的 EVA 数

值）。

分行業來看：（1）金融、保險業（I）的 EVA 最高，均值為 9.84 億元，采掘業（B）的 EVA 次高，均值為 5.77 億元。建築業（E）的 EVA 最低，均值為 -0.57 億元，信息技術業（G）和綜合類（M）的 EVA 次低，均值分別為 -0.34 億元和 -0.33 億元。具體來看，金融、保險業（I）和采掘業（B）在 2002～2008 年 7 年中，分別有 4 年和 3 年的 EVA 均穩健地高於其他行業，而 2000 年和 2001 年，電力、煤氣及水的生產和供應業（D）的 EVA 卻均高於其他行業，這一結果類似於股權資本成本基於 GLS（2001）模型的。EVA 估算結果。（2）9 年間，我國所有行業的 EVA 均值為 1.14 億元，只有金融、保險業（I）與采掘業（B）的 EVA 年度均值高於這一水平，正是這兩個行業 EVA 值的極高，從而拉動了我國整體 EVA 的均值。（3）9 年間，我國全部行業中只有 6 個行業的 EVA 均值大於 0，表明這些行業整體上看，滿足了股東要求的報酬率，能夠為股東創造價值。其餘 7 個行業的 EVA 均值小於 0，2000～2008 年 13 個行業的 117 個行業 EVA 中有 63 個負值，占比 53.85%。農、林、牧、漁業（A）在 9 年間有 7 年的 EVA 均為負值，另有 6 個行業有 6 年的 EVA 均為負值。EVA 為負值說明這些行業在這些年度裡沒有滿足股東要求的報酬率，毀損了股東的價值。

分年度來看：（1）2007 年和 2008 年全樣本的 EVA 均值最高，分別為 4.98 億元和 6.36 億元，而 2003 年和 2006 年全樣本的 EVA 均值最低，分別為 -0.96 億元和 -0.5 億元。（2）9 年間，我國所有行業的 EVA 均值為 1.14 億元，只有 2007 年與 2008 年的 EVA 年度均值高於這一水平，正是這一年度 EVA 值的極高，從而拉動了我國整體 EVA 的均值。（3）9 年間，我國企業只有 5 年的 EVA 均值大於 0，表明這些年度整體上看，滿足了股東要求的報酬率，能夠為股東創造價值。其餘 4 年的 EVA 均值小於 0，2006 年有 12 個行業的 EVA 均為負值，2003 年和 2005 年也均有 11 個行業的 EVA 均為負值。這種大面積的負值 EVA 表明股東價值毀損嚴重。

（四）股權資本成本基於 PEG 比率的 EVA 估算結果

根據 PEG 比率獲得我國上市公司股權資本成本進而估算的 EVA 結果如表 9-5 所示。

表9-5　　　　　　　　股权资本成本基于PEG比率的EVA估算结果　　　　　单位：亿元

年份	2000	2001	2002	2003	2004	2005	2006	2007	2008	平均
A	-0.15	-0.74	-0.66	-1.04	-0.66	-1.26	-0.52	-1.50	-0.85	-0.82
B	0.41	1.03	-3.78	-10.71	8.52	2.93	11.30	-2.93	12.31	2.12
C	-0.24	-1.42	-1.13	-0.62	-0.98	-1.36	-1.79	-0.42	-1.36	-1.04
D	2.78	1.75	0.63	0.00	1.56	0.35	0.15	-0.86	-10.11	-0.42
E	-4.32	-0.86	0.09	-0.09	-0.61	-0.76	-1.67	0.19	-3.01	-1.23
F	0.22	0.40	0.07	-3.34	1.07	-1.99	-2.58	4.83	-12.99	-1.59
G	-0.26	-0.34	-0.08	-0.58	-1.36	-2.68	-2.43	-7.16	-0.10	-1.67
H	-0.57	-0.76	-0.15	-0.40	-0.39	-0.81	-0.85	0.09	0.36	-0.39
I	0.25	-0.32	1.16	2.41	-1.46	2.69	-4.58	71.05	69.62	15.65
J	-0.52	-0.40	-0.52	-0.71	-1.76	-0.95	-1.50	-0.26	0.95	-0.63
K	-0.20	0.13	-0.08	-0.97	-0.62	-1.12	-0.12	0.90	0.22	-0.21
L	-0.01	0.23	0.00	-2.69	-0.32	0.02	-1.05	0.95	-0.06	-0.33
M	-0.37	-0.89	-0.92	-0.58	-0.86	-2.24	-2.01	-0.54	-0.56	-0.99
平均	-0.23	-0.17	-0.41	-1.49	0.16	-0.55	-0.59	4.95	4.19	0.65

从表9-5可以看出，应用PEG比率估算2000～2008年9年间行业股权资本成本进而得到的行业EVA估算结果介于-12.99亿元（2008年F行业即交通运输、仓储业）与71.05亿元（2007年I行业即金融、保险业）之间。9年间中国上市公司EVA的均值为0.65亿元，中值为-0.52亿元（2006年A行业的EVA数值）。

分行业来看：（1）金融、保险业（I）的EVA最高，均值为15.65亿元，采掘业（B）的EVA次高，均值为2.12亿元。信息技术业（G）的EVA最低，均值为-1.67亿元，交通运输、仓储业（F）次低，均值为-1.59亿元。具体来看，金融、保险业（I）和采掘业（B）在2002～2008年7年中，分别有4年和3年的EVA均稳健地高于其他行业，而2000年和2001年，电力、煤气及水的生产和供应业（D）的EVA却均高于其他行业，这一结果与股权资本成本基于OJ（2005）模型的EVA估算结果完全一致。（2）9年间，我国所有行业的EVA均值为0.65亿元，只有金融、保险业（I）与采掘业（B）的EVA年度均值高于这一水平，正是这两个行业EVA值的极高，从而拉动了我国整体EVA的均值。（3）9年间，我国全部行业中只有金融、保险业（I）与采掘业（B）的EVA均值大于0，表明这2个行业整体上看，满足了股东要求的报酬率，能够为股东创造价值。其余11个行业的EVA均值小于0，2000～2008年13个行业的117个行业 EVA 中有 81 个负值，占比 69.23%。农、林、牧、渔业（A）、制造业（C）、信息技术业（G）和综合类（M）在 9 年间的 EVA 均为负值。EVA 为负值说明这些行业在本书研究期间里均没有满足股东要求的报酬率，毁损了股东的价值。

分年度来看：（1）2007 年和 2008 年全样本的 EVA 均值最高，分别为 4.95 亿元和 4.19 亿元，而 2003 年和 2006 年全样本的 EVA 均值最低，分别为 -1.49 亿元和 -0.59 亿元。（2）9 年间，我国所有行业的 EVA 均值为 0.65 亿元，只有 2007 年与 2008 年的 EVA 年度均值高于这一水平，正是这一年度 EVA 值的极高，从而拉动了我国整体 EVA 的均值。（3）9 年间，我国企业只有 3 年的 EvA 均值大于 0，表明这些年度整体上看，满足了股东要求的报酬率，能够为股东创造价值。其余 6 年的 EVA 均值小于 0，2003 年和 2006 年均有 11 个行业的 EVA 为负值。这种大面积的负值 EVA 表明股东价值毁损严重。

（五）小结

以上四个部分分别根据第六章中所用的四种股权资本成本估算方法获得的我国上市公司股权资本成本估算了 2000 ~ 2008 年 13 个行业的 EVA 水平。正如第六章中所证明的那样，不同估算方法得到的股权资本成本存在一定的差异，这种差异必然进一步导致了 EVA 估算结果的差异。仅就 9 年间 13 个行业的 EVA 均值而言，存在如下关系：GLS（2001）模型 > GorcIon 模型 > OJ（2005）模型 > PEG 比率。但是由于四种估算方法得到的股权资本成本存在差异，进一步而言，每种方法在样本筛选原则的不同导致不同方法的样本间存在差异，因此直接比较各个方法下 EVA 的绝对值水平有失公允性和合理性。股权资本成本估算值的科学性与合理性是正确使用 EVA 指标的基本前提保障，这也正是本书强调资本成本这一核心概念的根本原因。

尽管如此，我们通过上述分析，依然可以得到较为一致的结论。

（1）分行业来看：①无论采用哪种股权资本成本的估算技术，金融、保险业（I）和采掘业（B）的 EVA 水平均显著地高于其他行业。这似乎与第六章中我们所得到的这两个行业的股权资本成本相对于其他行业较高的结论是矛盾的，毕竟股权资本成本在 EVA 计算中是减项。但是，前文已述，这两个行业的净利润水平远高于其他行业，而股东投入却比较低，这是使得它们的 EVA 水平高企的主要原因。②除了 PEG 比率以外，建筑业（E）和综合类（M）的 EVA 水平均显著地低于其他行业。③2003 年以前（含 2003 年），电力、煤气及水的生产和供应业（D）的 EVA 较其他行业要高些，特别是 2000 年，无论采用哪种股权资本成本的估算技术，该行业的 EVA 水平均要高于其他行业。

（2）分年度来看：无论采用哪种股权资本成本的估算技术，2007 年和 2008 年全样本的 EVA 水平均最高，① 而 2003 年全样本的 EVA 均值最低。

（六）股权资本成本基于四种方法的均值的 EVA 估算结果

根据以上四种方法所得股权资本成本估算值的均值（AVERAGE）获得我国上市公司股权资本成本进而估算的 EVA 结果如表 9-6 所示。

表 9-6　　　　股权资本成本基于 AVERAGE 的 EVA 估算结果　　　单位：亿元

年份	2000	2001	2002	2003	2004	2005	2006	2007	2008	平均
A	0.24	-0.01	-0.06	0.17	-0.23	0.02	-0.25	0.87	0.23	0.11
B	0.35	2.61	-2.70	-8.06	10.46	6.41	10.44	-1.35	49.91	7.56
C	0.22	-0.09	-0.11	0.06	0.19	0.00	-0.45	1.52	1.11	0.27
D	2.21	1.77	1.56	0.21	1.57	1.44	1.03	-0.73	1.03	1.12
E	0.00	0.66	0.04	0.02	-0.28	-0.36	-0.99	0.26	0.77	0.01
F	0.64	0.85	0.27	0.18	1.15	1.46	0.24	6.68	0.82	1.37
G	0.28	0.17	0.23	0.80	0.41	-0.98	-1.74	-0.13	1.04	0.01
H	0.06	0.21	0.09	0.05	-0.33	-0.28	0.45	0.71	0.10
I	0.00	-0.26	-0.36	-0.09	-0.04	0.00	-0.79	3.62	88.57	10.07
J	0.10	0.12	0.00	0.08	0.01	-0.27	0.38	2.91	0.37
K	0.23	0.59	0.31	0.07	0.16	0.18	0.18	1.24	0.98	0.44
L	0.18	0.14	0.15	-0.08	0.06	0.10	-0.62	0.34	0.82	0.12
M	0.23	0.06	0.20	0.01	0.16	-0.53	-0.58	0.52	0.80	0.10
平均	0.37	0.52	-0.03	-0.51	1.04	0.58	0.46	1.05	11.51	1.67

从表 9-6 可以看出，应用四种估算技术的均值（AVERAGE）估算 2000~2008 年 9 年间行业股权资本成本进而得到的行业 EVA 估算结果介于 -8.06 亿元（2003 年 B 行业即采掘业）与 88.57 亿元（2008 年 I 行业即金融、保险业）之间。9 年间中国上市公司 EVA 的均值为 1.67 亿元，中值为 0.18 亿元（2003 年 F 行业的 EVA 数值）。

分行业来看：（1）金融、保险业（I）的 EVA 最高，均值为 10.07 亿元，采

① 除 PEG 比率外，另外三种方法均估算出 2008 年全样本 EVA 均值最高。

掘业（B）的 EVA 次高，均值为 7.56 亿元。建筑业（E）和信息技术业（G）的。EVA 最低，均值均为 0.01 亿元。具体来看，采掘业（B）和金融、保险业（I）在 2000 ~ 2008 年 9 年中，分别有 4 年和 2 年的 EVA 均稳健地高于其他行业，而 2000 年和 2002 年，电力、煤气及水的生产和供应业（D）的 EVA 却均高于其他行业。（2）9 年间，我国所有行业的 EVA 均值为 1.67 亿元，只有金融、保险业（I）与采掘业（B）的 EVA 年度均值高于这一水平，正是这两个行业 EVA 值的极高，从而拉动了我国整体 EVA 的均值。（3）9 年间，我国所有行业的 EVA 均值均大于 0，表明从行业整体上看，每个行业都满足了股东要求的报酬率，都能够为股东创造价值。但是不容忽视的是，某些年度某些行业的 EVA 却为负数。2000 ~ 2008 年 13 个行业的 117 个行业 EVA 中有 31 个负值，占比 26.50%。EVA 为负值说明这些行业在这些年度里没有满足股东要求的报酬率，毁损了股东的价值。这里尤其需要关注的是，金融、保险业（I）在 2000 ~ 2006 年连续 7 年 EVA 为负或为 0，只有 2007 年和 2008 年 EVA 为正，且这两年的 EVA 明显高于其他行业。

分年度来看：（1）2007 年和 2008 年全样本的 EVA 均值最高，分别为 1.05 亿元和 11.51 亿元，而 2002 年和 2003 年全样本的 EVA 均值最低，分别为 - 0.03 亿元和 - 0.51 亿元。（2）9 年间，我国所有行业的 EVA 均值为 1.67 亿元，只有 2008 年的 EVA 年度均值高于这一水平，正是这一年度 EVA 值的极高，从而拉动了我国整体 EVA 的均值。（3）9 年间，除 2002 年和 2003 年外，我国企业的 EVA 均值大于 0，表明整体上看，绝大部分年度满足了股东要求的报酬率，能够为股东创造价值。

二、各方法年度经济附加值

在本章的第一部分中，我们着重分析了五种股权资本成本估算方法下，2000 ~ 2008 年各年度 13 个行业的 EVA 估算结果。第二部分，我们将着重考虑 GLS（2001）模型、Gordon 模型、OJ（2005）模型、PEG 比率以及这四种方法的平均值（AVERAGE）下，2000 ~ 2008 年各年不分行业的 EVA 估算结果。鉴于每种方法下最终样本规模不同，直接加总 EVA 会使得各方法间的结果不具有可比性，因此本部分列示的年度 EVA 是每种模型每年所有最终样本公司 EVA 的平均值。

表 9-7 和图 9-1 分别列示了我国企业按照四种股权资本成本估算技术得到

的估算值以及四种技术估算值的平均值获得的年度 EVA 数值。经过对比分析，我们可以得到如下几点结论：

表 9－7　　　　　　　　　　年度 EVA 估算结果对比表　　　　　　　　　单位：亿元

年份	GLS（2001）模型	Gordon 模型	OJ（2005）模型	PEG 比率	AVERAGE
2000	0.48	0.21	0.28	－0.16	0.33
2001	0.28	0.23	－0.14	－0.86	0.15
2002	0.25	0.28	－0.46	－0.79	－0.01
2003	0.43	0.19	－0.32	－0.96	－0.17
2004	0.73	0.28	0.31	－0.47	0.55
2005	0.22	0.34	－0.50	－1.19	0.20
2006	0.66	0.19	－0.81	－1.36	－0.12
2007	2.90	0.85	2.02	0.66	1.25
2008	3.94	4.13	1.74	0.18	5.32
平均	1.10	0.75	0.24	－0.55	0.83

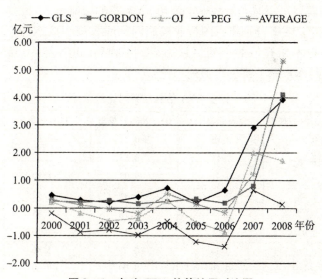

图 9－1　年度 EVA 估算结果对比图

（1）对于年度 EVA 的估算，GLS（2001）模型得到的估算值最大，PEG 比率得到的估算值最小，Gordon 模型和四种方法的均值（AVERAGE）基本处于同一水平。

（2）应用 GLS（2001）模型和 Cordon 模型，所有年度的 EVA 均大于 0，而应用 OJ（2005）模型和 PEG 比率，则多数年度的 EVA 小于 0。

（3）2000～2006 年，各种股权资本成本估算技术最终获得的 EVA 水平均较低，且呈现不规则的震荡趋势。2006 年以后，各种股权资本成本估算技术最终获得的 EVA 水平均显著高于其各自历史最高值。这表明 2006 年以后，我国上市公司为股东创造的财富有所增加，股东利益保护问题有所改善。

三、行业经济附加值：全样本数据分析

本章的第一部分按照五种股权资本成本估算方法的估算值估算了 2000～2008 年 13 个行业的 EVA 数值。在第三部分，我们将着重考虑 GLS（2001）模型、Gordon 模型、OJ（2005）模型、PEG 比率以及这四种方法的平均值（AVER - AGE）下，9 年间各个行业全部样本的 EVA 估算结果，即利用 2000～2008 年的混合样本数据得到各行业的 EVA 的平均值。与第二部分相同，本部分列示的行业 EVA 是每种模型每年所有最终样本公司 EVA 的平均值。

表 9 - 8 和图 9 - 2 分别将我国行业按照四种股权资本成本估算技术得到的估算值以及四种技术估算值的平均值计算得到的 EVA 进行对比。经过对比分析，我们可以得到与本章第二部分类似的结论：

表 9 - 8   **行业 EVA 估算结果对比表**   单位：亿元

年份	GLS（2001）模型	Gordon 模型	OJ（2005）模型	PEG 比率	AVERAGE
A	0.21	0.16	- 0.14	- 0.85	0.02
B	12.74	7.11	8.63	1.88	4.83
C	0.54	0.31	- 0.05	- 1.17	0.09
D	1.48	0.87	0.35	- 1.42	1.23
E	0.17	0.15	- 0.78	- 1.25	- 0.10
F	1.91	1.01	0.32	- 2.16	1.13
G	0.79	0.54	- 0.31	- 1.80	- 0.24
H	0.42	0.19	0.05	- 0.39	0.02
I	30.11	15.55	14.44	24.79	39.65
J	0.46	0.20	- 0.04	- 0.65	0.24
K	0.58	0.38	0.06	- 0.25	0.37
L	0.18	0.15	- 0.20	- 0.44	- 0.03
M	0.15	0.12	- 0.32	- 1.10	- 0.05
平均	3.83	2.06	1.69	1.17	3.63

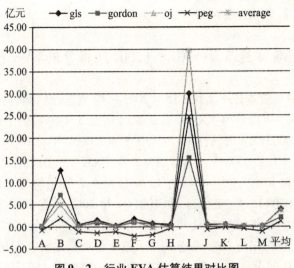

图 9 – 2　行业 EVA 估算结果对比图

（1）对于行业 EVA 的估算，GLS（2001）模型得到的估算值最大，PEG 比率得到的估算值最小，Gordon 模型和四种方法的均值（AVERAGE）基本处于同一水平。Gordon 模型、OJ（2005）模型和四种方法的均值（AVERAGE）得到的 EVA 数值介于 PEG 比率与 GLS（2001）模型的估算值之间。

（2）应用 GLS（2001）模型和 Gordon 模型，所有行业的 EVA 均大于 0，而应用 OJ（2005）模型和 PEc 比率，则多数行业的 EVA 小于 0。

（3）采掘业（B）和金融、保险业（I），各种股权资本成本估算技术最终获得的 EVA 水平均显著地高于其他行业。

四、我国企业经济附加值排名

本章前面三个部分分别按照分年度分行业、仅分年度和仅分行业三方面展示了 GLS（2001）模型、Gordon 模型、OJ（2005）模型、PEG 比率和四种方法估算值的均值（AVERAGE）这种方法下 EVA 的估算结果，但是这些估算结果并未具体到单个样本公司。在第四部分中，我们将创建 2000 ~ 2008 年我国上市公司的 EVA 榜单，鉴于篇幅有限，仅分别列示每种方法下每年创造价值的前 10 家公司和毁损价值的后 10 家公司。榜单中对 EVA 排序的依据是 EVA 率，即当年的

EVA 除以上年的股东权益总额。①

（一）股权资本成本基于 GLS（2001）模型的 EVA 排行榜

表 9-9 是股权资本成本采用 GLS（2001）模型进行估算时公司 EVA 排名前10 位的公司名单。可以看出：（1）有 2 家公司在 3 年中均处于创造价值榜的前十位，它们是：000572（海马汽车）在 2003 年、2004 年与 2005 年分布位于第一位、第五位和第十位；000619（海螺型材）在 2000 年、2001 年与 2002 年分别于第三位、第四位和第九位。（2）有 10 家公司在 2 年中均处于创造价值榜的前十位，它们是：000402（金融街）在 2001 年与 2002 年分别位于第二位和第十位；000416（民生投资）在 2002 年与 2003 年分别位于第七位和第九位；000617（石油济柴）在 2004 年与 2005 年分别位于第十位和第七位；001696（宗申动力）在 2001 年与 2003 年分别位于第三位和第九位；002024（苏宁电器）在 2005 年与 2006 年分别位于第三位和第十位；600057（象屿股份）在 2002 年与 2003 年分别位于第三位和第五位；600083（＊ST 博信）在 2002 年与 2007 年分别位于第一位和第八位；600109（国金证券）在 2002 年与 2007 年分别位于第五位和第六位；600629（棱光实业）在 2007 年与 2008 年分别位于第一位和第十位；600786（东方锅炉）在 2003 年与 2004 年均位于第四位。（3）除了以上 12 家公司外，其余 64 家公司在 2000～2008 年 9 年间，都只在创造价值榜前十名中出现了 1 次。

表 9-9　　　　　GLS（2001）模型下创造价值前十位公司名单

年份	2000	2001	2002	2003	2004	2005	2006	2007	2008
1	000034	000014	600083	000572	600647	000552	600807	600629	600743
2	000540	000402	600610	000544	000566	000309	000650	000545	600657
3	000619	000522	600057	001696	000008	002024	600497	600735	600248
4	000406	000619	000603	600786	600786	002025	600331	600837	600503
5	000636	600256	600109	600057	000572	000617	600781	000728	600259
6	600795	600658	600818	000533	000951	000022	000505	600109	002001

---

① 本书之所以不直接采用 EVA 进行排序，是因为 EVA 是绝对额，受公司规模的影响，不便于在不同规模的公司间进行价值创造量的比较。而 EVA 率是相对数，排除了公司规模的影响，表示股东投入单位资本所创造的 EVA 水平。

续表

年份	2000	2001	2002	2003	2004	2005	2006	2007	2008
7	600892	000078	000416	600656	600182	000617	600844	600150	600551
8	600862	600097	000546	600660	600005	600627	600840	600083	000685
9	600651	001696	000619	000416	600792	600875	000060	600536	600216
10	000682	000518	000402	000037	000617	000572	002024	000686	600629

表 9 - 10 是股权资本成本采用 GLS（2001）模型进行估算时公司 EVA 排名前 10 位的公司所在行业分布情况。可以看出：（1）13 个行业中均有公司进入创造价值榜的前十名；（2）农、林、牧、渔业（A）、建筑业（E）、交通运输仓储业（F）和传播与文化产业（L）四个行业 9 年间每个行业仅有 1 家公司进入创造价值榜的前十名；（3）制造业（C）在 9 年中进入创造价值榜的前十名的次数最多，共计出现了 47 次。前文所说的在 3 年中均处于创造价值榜前十位的000572（海马汽车）和 000619（海螺型材）两家公司都是制造业企业。制造业上榜公司数量较多，这与行业规模大、样本数量多是直接相关的。

表 9 - 10　　　　　　GLS（2001）模型下创造价值前十位行业分布

年份	2000	2001	2002	2003	2004	2005	2006	2007	2008
1	M	J	M	C	M	B	H	C	J
2	M	J	C	K	C	C	C	C	J
3	C	C	C	C	H	H	B	C	E
4	B	C	C	C	C	C	C	I	J
5	C	J	I	C	C	C	C	I	B
6	D	G	C	C	C	F	J	I	C
7	H	C	H	K	C	C	C	C	L
8	C	A	J	C	C	C	C	J	D
9	M	C	C	H	C	C	C	C	C
10	G	C	J	D	C	C	H	I	C

表 9 - 11 是股权资本成本采用 GLS（2001）模型进行估算时公司 EVA 排名后 10 位的公司名单。可以看出：所有公司在 9 年中，都只在毁损价值榜后 10 名中出现了 1 次。

表9－11　　　　　　GLS（2001）模型下毁损价值前十位公司名单

年份	2000	2001	2002	2003	2004	2005	2006	2007	2008
1	000560	600763	000638	000622	600807	000545	600722	000578	600773
2	600743	000533	000572	600338	600745	600515	600743	600369	600609
3	000411	000585	600715	600691	000403	000633	000783	600792	600372
4	000048	000603	000529	600735	600844	600735	600259	000628	600373
5	000007	600786	600862	600751	000622	000880	000038	600365	600185
6	600685	000572	600766	600617	000766	000403	000787	600336	000813
7	000662	000514	000776	000537	600272	600094	000545	600180	000981
8	000025	000567	000788	000552	600617	600807	600800	000971	000856
9	600848	000766	000682	600221	000650	600505	600610	000727	600716
10	000430	000723	600784	600615	000979	000979	000693	600604	600894

　　表9－12是股权资本成本采用GLS（2001）模型进行估算时公司EVA排名后10位的公司所在行业分布情况。可以看出：（1）除了建筑业（E）外，其余12个行业均有公司进入毁损价值榜的前十名；（2）农、林、牧、渔业（A）和电力煤气及水的生产和供应业（D）两个行业9年间每个行业仅有1家公司进入毁损价值榜的前十名；（3）制造业（C）在9年中进入毁损价值榜的前十名的次数最多，共计出现了48次（48家公司）。这也是与该行业规模大、样本数量多是直接相关的。

表9－12　　　　　　GLS（2001）模型下毁损价值前十位行业分布

年份	2000	2001	2002	2003	2004	2005	2006	2007	2008
1	H	K	J	C	H	C	C	H	J
2	J	C	C	C	M	H	J	I	C
3	H	C	C	C	C	M	I	C	C
4	C	C	C	C	C	C	B	J	L
5	K	C	C	F	C	C	J	C	G
6	C	C	J	C	C	C	G	C	C
7	C	J	I	J	C	C	C	A	G
8	H	J	C	B	C	H	C	C	C
9	C	C	G	F	C	D	C	C	J
10	K	C	M	J	J	J	L	C	C

（二）股权资本成本基于 Gordon 模型的 EVA 排行榜

表 9 – 13 是股权资本成本采用 Gordon 模型进行估算时公司 EVA 排名前 10 位的公司名单。可以看出，所有公司在 2000～2008 年 9 年中，都只在创造价值榜前十位中出现了 1 次。

表 9 – 13   Gordon 模型下创造价值前十位公司名单

年份	2000	2001	2002	2003	2004	2005	2006	2007	2008
1	000839	600097	000603	000088	000572	600428	600497	600150	002050
2	600205	000037	000037	600057	000037	600500	600519	001696	600547
3	000583	000892	000792	000037	600500	600475	600844	000600	000861
4	000540	000088	000895	000538	600792	600521	600018	600739	600162
5	000078	600651	000807	000717	000968	600886	600208	600791	000835
6	600660	600724	600161	600309	600096	600845	600758	600376	000869
7	600081	000807	000538	000933	600469	000157	600202	600497	002128
8	000810	600135	600309	600660	000538	600900	002025	000829	000792
9	600642	600210	600660	600104	600660	002022	600456	600725	000983
10	600729	000063	000778	600662	000817	002033	600415	600888	600348

表 9 – 14 是股权资本成本采用 Gordon 模型进行估算时公司 EVA 排名前 10 位的公司所在行业分布情况。可以看出：（1）除了建筑业（E）、金融、保险业（I）和传播与文化产业（L）这三个行业外，其余 9 个行业中均有公司进入创造价值榜的前十名；（2）农、林、牧、渔业（A）9 年间仅有 1 家公司进入创造价值榜的前十名；（3）制造业（C）在 9 年中进入创造价值榜的前十名的次数最多，共计出现了 48 次（48 家公司）。

表 9 – 14   Gordon 模型下创造价值前十位行业分布

年份	2000	2001	2002	2003	2004	2005	2006	2007	2008
1	M	A	C	F	C	F	B	C	C
2	C	D	D	C	D	H	C	C	B
3	G	G	C	D	H	C	C	D	H
4	M	F	C	C	C	C	F	H	C
5	C	M	C	C	B	D	M	J	C

续表

年份	2000	2001	2002	2003	2004	2005	2006	2007	2008
6	C	C	C	C	C	G	B	J	C
7	C	C	C	B	C	C	C	B	B
8	C	C	C	C	C	D	C	H	C
9	D	C	C	C	C	C	C	C	B
10	H	G	C	K	B	K	H	C	B

表 9-15 是股权资本成本采用 Gordon 模型进行估算时公司 EVA 排名后 10 位的公司名单。可以看出：所有公司在 9 年中，都只在毁损价值榜后 10 名中出现了 1 次。

表 9-15　　　　　　　　Gordon 模型下毁损价值前十位公司名单

年份	2000	2001	2002	2003	2004	2005	2006	2007	2008
1	000014	000613	000035	600159	000778	600743	600051	000761	600664
2	000030	001696	000048	600743	000911	600056	000911	600102	002003
3	000035	000662	600811	600698	000763	600202	600321	000989	600736
4	600137	000542	600129	000866	600581	600598	600773	600126	600829
5	600795	000078	600786	000913	000900	000800	600357	000429	600079
6	600706	600610	000548	600761	600261	000589	000060	600810	000948
7	600609	000035	000585	600758	600550	600062	600961	000024	002131
8	000736	000011	600853	600066	600428	600512	000626	600800	600518
9	600002	000682	600785	000848	600064	600266	000807	000900	600886
10	600793	000007	000019	000911	600480	600539	000301	002085	600020

表 9-16 是股权资本成本采用 Gordon 模型进行估算时公司 EVA 排名后 10 位的公司所在行业分布情况。可以看出：（1）除了采掘业（B）、金融、保险业（I）和传播与文化产业（L）外，其余 10 个行业均有公司进入毁损价值榜的前十名；（2）农、林、牧、渔业（A）9 年间仅有 1 家公司进入毁损价值榜的前十名；（3）制造业（C）在 9 年中进入毁损价值榜的前十名的次数最多，共计出现了 52 次（52 家公司）。

表 9 – 16　　　　　　　　Gordon 模型下毁损价值前十位行业分布

年份	2000	2001	2002	2003	2004	2005	2006	2007	2008
1	J	K	G	C	C	J	M	C	C
2	C	C	C	J	C	H	C	C	C
3	G	C	M	C	C	C	C	C	J
4	C	G	C	C	C	A	J	C	C
5	D	C	C	C	F	C	C	F	C
6	G	C	F	C	C	C	C	C	G
7	C	G	C	D	C	C	C	J	C
8	J	J	E	C	F	E	H	C	C
9	C	G	H	C	J	E	C	F	D
10	C	K	C	C	C	D	M	C	F

（三）股权资本成本基于 OJ（2005）模型的 EVA 排行榜

表 9 – 17 是股权资本成本采用 OJ（2005）模型进行估算时公司 EVA 排名前 10 位的公司名单。可以看出，所有公司在 2000 ~ 2008 年 9 年中，都只在创造价值榜前十位中出现了 1 次。

表 9 – 17　　　　　　OJ（2005）模型下创造价值前十位公司名单

年份	2000	2001	2002	2003	2004	2005	2006	2007	2008
1	600818	000014	600083	000572	600647	000560	600892	600094	600703
2	000034	000402	600610	000544	000566	600385	600807	600629	600722
3	000540	000619	000536	001696	000008	000583	000650	600862	600743
4	600137	000522	600057	600786	600786	600187	600083	000545	000403
5	000406	600256	000603	600057	000572	600786	000863	600735	600870
6	000636	600658	000416	000533	000951	000592	600614	600837	000007
7	600795	000078	600818	600660	600182	000034	600136	600728	600057
8	600862	600097	000535	600656	000866	600751	000555	600892	600657
9	600651	001696	600109	000416	600837	600234	600497	600109	600248
10	600892	000518	000402	000546	000617	600759	600331	600751	600503

表 9 – 18 是股权资本成本采用 OJ（2005）模型进行估算时公司 EVA 排名前 10 位的公司所在行业分布情况。可以看出：（1）除了传播与文化产业（L）外，其余 12 个行业中均有公司进入创造价值榜的前十名；（2）电力煤气及水的生产

和供应（D）和建筑业（E）两个行业9年间每个行业仅有1家公司进入创造价值榜的前十名；（3）制造业（C）在9年中进入创造价值榜的前十名的次数最多，共计出现了42次（42家公司）。

表9-18　　　　　　OJ（2005）模型下创造价值前十位行业分布

年份	2000	2001	2002	2003	2004	2005	2006	2007	2008
1	C	J	M	C	M	H	H	C	C
2	M	J	M	K	C	C	H	C	C
3	M	C	C	C	H	G	C	C	J
4	C	C	C	C	C	K	M	C	C
5	B	J	C	C	C	C	G	C	C
6	C	G	H	C	C	A	I	I	K
7	D	C	C	C	C	M	M	I	C
8	C	A	C	K	C	F	C	H	J
9	M	C	I	H	I	H	B	I	E
10	H	C	J	J	C	M	C	F	J

表9-19是股权资本成本采用OJ（2005）模型进行估算时公司EVA排名后10位的公司名单。可以看出：只有1家公司，000017（＊ST中华A），在2000年与2001年连续两年分别位于倒数第一位和第十位。

表9-19　　　　　　OJ（2005）模型下毁损价值前十位公司名单

年份	2000	2001	2002	2003	2004	2005	2006	2007	2008
1	600633	000017	600603	600053	000592	600745	000757	000498	600369
2	000653	000030	000560	000536	000035	000622	600691	000633	000578
3	000003	600629	600842	600159	000805	000620	600139	000979	600817
4	000536	000013	600137	000613	000736	000156	600225	000783	600421
5	000522	600647	600698	000638	000832	000699	000892	000403	600691
6	000535	000566	000412	000561	000718	000863	000038	600705	600757
7	000546	000008	000660	600681	600745	600715	600751	600515	600115
8	600083	600603	600159	600090	600892	000732	600722	000613	600988
9	000658	000412	000638	600700	600234	000688	600381	000578	000693
10	000017	000560	600715	000555	000583	600083	000506	000672	600556

表9-20是股权资本成本采用OJ（2005）模型进行估算时公司EVA排名后10

位的公司所在行业分布情况。可以看出：（1）除了电力煤气及水的生产和供应（D）和建筑业（E）外，其余 11 个行业均有公司进入毁损价值榜的前十名；（2）农、林、牧、渔业（A）9 年间仅有 1 家公司进入毁损价值榜的前十名；（3）制造业（C）在 9 年中进入毁损价值榜的前十名的次数最多，共计出现了 33 次。

表 9 - 20　　　　　　　　OJ（2005）模型下毁损价值前十位行业分布

年份	2000	2001	2002	2003	2004	2005	2006	2007	2008
1	C	C	J	J	A	M	C	C	I
2	H	C	H	C	G	C	C	M	H
3	M	C	C	C	G	J	B	J	M
4	C	H	C	K	J	C	J	I	C
5	C	M	C	J	C	C	G	C	C
6	C	C	M	G	J	G	J	M	C
7	J	H	M	L	M	C	F	H	F
8	M	J	C	C	C	C	C	K	C
9	M	M	J	C	C	C	C	B	L
10	C	H	C	G	G	M	J	H	C

（四）股权资本成本基于 PEG 比率的 EVA 排行榜

表 9 - 21 是股权资本成本采用 PEG 比率模型进行估算时公司 EVA 排名前 10 位的公司名单。可以看出，只有 1 家公司，000014（沙河股份），在 2000 年与 2001 年分别位于第十位和第一位，其他公司都只在创造价值榜前十位中出现了 1 次。

表 9 - 21　　　　　　　PEG 比率下创造价值前十位公司名单

年份	2000	2001	2002	2003	2004	2005	2006	2007	2008
1	600818	000014	000536	000572	600786	600187	600892	600094	600703
2	600795	000522	000109	001696	000572	000583	600807	600892	600722
3	600892	000662	000546	600786	600005	000034	600083	600109	600870
4	000619	600879	000535	600309	600205	000592	600614	600150	000007
5	000583	600660	000037	000662	600309	000552	600136	600751	600248

续表

年份	2000	2001	2002	2003	2004	2005	2006	2007	2008
6	000518	600083	000602	600231	600886	000022	000555	600338	600057
7	000806	000626	000088	600817	600660	001696	600781	000719	600259
8	600098	000416	600768	600818	000088	000951	600840	600259	000587
9	600879	000895	000514	600016	000829	600026	600863	000885	000685
10	000014	000037	600686	600845	600270	600019	600844	600840	000935

表9-22是股权资本成本采用PEG比率进行估算时公司EVA排名前10位的公司所在行业分布情况。可以看出：（1）除了传播与文化产业（L）外，其余12个行业中均有公司进入创造价值榜的前十名；（2）农、林、牧、渔业（A）和建筑业（E）两个行业9年间每个行业仅有1家公司进入创造价值榜的前十名；（3）制造业（C）在9年中进入创造价值榜的前十名的次数最多，共计出现了42次（42家公司）。

表9-22 **PEG比率下创造价值前十位行业分布**

年份	2000	2001	2002	2003	2004	2005	2006	2007	2008
1	C	J	C	C	C	K	H	C	C
2	D	C	I	C	C	G	H	H	C
3	H	C	J	C	C	M	M	I	C
4	C	C	C	C	C	A	J	C	K
5	G	C	D	C	C	B	M	F	E
6	C	M	G	C	D	F	G	C	C
7	C	H	F	M	C	C	C	C	B
8	D	H	F	C	F	C	J	B	C
9	C	C	J	I	H	F	G	C	D
10	J	D	C	G	F	C	C	J	C

表9-23是股权资本成本采用PEC比率进行估算时公司EVA排名后10位的公司名单。可以看出：所有公司在9年中，都只在毁损价值榜后10名中出现了1次。

表 9－23　　　　　　　　　　　PEG 比率下毁损价值前十位公司名单

年份	2000	2001	2002	2003	2004	2005	2006	2007	2008
1	600633	000017	600603	600053	000035	600745	000757	000498	600369
2	000653	000030	000560	000536	000805	000622	600139	000979	600817
3	000003	600629	600842	000613	000736	000620	600691	000403	600421
4	000536	000013	600137	000638	000718	000156	600225	600705	600757
5	000535	600647	600698	600681	000832	000699	000892	000578	600115
6	000546	000566	000412	000561	000583	000732	600722	600771	600556
7	600083	000008	600159	600090	000034	600715	000038	600369	002075
8	600685	000533	000529	600700	600892	000688	000506	600421	600773
9	600743	000585	600878	600182	600187	600737	600381	600057	000506
10	000007	000405	600715	000555	600272	000925	600155	000628	600372

表 9－24 是股权资本成本采用 PEG 比率进行估算时公司 EVA 排名后 10 位的公司所在行业分布情况。可以看出：（1）除了农、林、牧、渔业（A）、电力煤气及水的生产和供应（D）和建筑业（E）外，其余 10 个行业均有公司进入毁损价值榜的前十名；（2）交通运输仓储业（F）和传播与文化产业（L）9 年间每个行业仅有 1 家公司进入毁损价值榜的前十名；（3）制造业（C）在 9 年中进入毁损价值榜的前十名的次数最多，共计出现了 44 次（44 家公司）。

表 9－24　　　　　　　　　　　PEG 比率下毁损价值前十位行业分布

年份	2000	2001	2002	2003	2004	2005	2006	2007	2008
1	C	C	J	J	G	M	C	C	I
2	H	C	H	C	G	C	B	J	M
3	M	C	C	K	J	J	C	C	C
4	C	H	C	J	J	C	J	M	C
5	C	M	C	L	C	C	G	H	F
6	J	C	C	G	G	C	C	C	C
7	M	H	C	C	M	C	J	I	C
8	C	C	C	M	H	G	J	C	J
9	J	C	C	C	K	C	B	C	J
10	K	C	C	G	C	C	C	J	C

（五）股权资本成本基于四种方法的均值（AVERAGE）的 EVA 排行榜

表 9-25 是股权资本成本采用四种方法的均值（AVERAGE）进行估算时公司 EVA 排名前 10 位的公司名单。可以看出，所有公司在 2000 ~ 2008 年 9 年中，都只在创造价值榜前十位中出现了 1 次。

表 9-25　　　　　　　　AVERAGE 下创造价值前十位公司名单

年份	2000	2001	2002	2003	2004	2005	2006	2007	2008
1	600795	000014	600109	600309	000572	000552	600781	600150	600162
2	000619	600660	000037	000662	600005	000022	600844	001696	000568
3	000583	600879	000546	600231	600205	001696	600840	600309	600519
4	000518	000037	000602	600817	600309	000951	002024	600202	600348
5	000806	600083	000088	600205	600886	600026	000792	000933	000157
6	000089	000626	600660	600818	600660	600019	600309	000792	000869
7	600098	000416	600768	600232	000538	600627	600456	600519	002128
8	600177	000088	000514	000538	000066	000792	000552	000568	600970
9	600879	000895	600686	000022	000096	600875	600018	600376	002038
10	000539	000892	000680	000778	600432	600426	000766	600066	600089

表 9-26 是股权资本成本采用四种方法的均值（AVERAGE）进行估算时公司 EVA 排名前 10 位的公司所在行业分布情况。可以看出：（1）除了农、林、牧、渔业（A）、社会服务业（K）和传播与文化产业（L）外，其余 10 个行业中均有公司进入创造价值榜的前十名；（2）建筑业（E）和金融、保险业（I）两个行业 9 年间每个行业仅有 1 家公司进入创造价值榜的前十名；（3）制造业（C）在 9 年中进入创造价值榜的前十名的次数最多，共计出现了 55 次（55 家公司）。

表 9-26　　　　　　　　AVERAGE 下创造价值前十位行业分布

年份	2000	2001	2002	2003	2004	2005	2006	2007	2008
1	D	J	I	C	C	B	C	C	C
2	C	C	D	C	C	F	C	C	C
3	G	C	J	C	C	C	J	C	C

续表

年份	2000	2001	2002	2003	2004	2005	2006	2007	2008
4	C	D	G	M	C	C	H	C	B
5	C	M	F	C	D	F	C	B	C
6	F	H	C	C	C	C	C	C	C
7	D	H	F	C	C	C	C	C	B
8	C	F	J	C	G	C	B	C	E
9	C	C	C	F	C	C	F	J	C
10	D	G	C	C	C	C	C	C	C

　　表9-27是股权资本成本采用四种方法的均值（AVERAGE）进行估算时公司 EVA 排名后 10 位的公司名单。可以看出：所有公司在 9 年中，都只在毁损价值榜后 10 名中出现了 1 次。

表9-27　　　　　　　　AVERAGE 下毁损价值前十位公司名单

年份	2000	2001	2002	2003	2004	2005	2006	2007	2008
1	600658	000866	600808	600875	000042	600739	000686	002001	000589
2	600610	000625	600002	000960	000708	000623	600249	600216	600366
3	000715	000528	000866	600688	000006	600497	000831	600395	600805
4	000680	600688	600823	000059	000900	600615	600173	000937	000425
5	000528	600167	600894	000866	600896	600051	000952	000685	000001
6	600634	000667	600786	000616	600075	000568	000418	000679	000619
7	000088	600768	000898	600650	000818	000911	000887	601001	600375
8	000513	000550	600307	000983	600299	600859	600335	600449	600060
9	600711	600710	000502	000511	000802	600826	000534	600389	000756
10	000049	000708	000829	000410	600332	600240	600864	000800	600303

　　表9-28是股权资本成本采用四种方法的均值（AVERAGE）进行估算时公司 EVA 排名后 10 位的公司所在行业分布情况。可以看出：（1）除了建筑业（E）和传播与文化产业（L）外，其余 11 个行业均有公司进入毁损价值榜的前十名；（2）农、林、牧、渔业（A）和信息技术业（G）9 年间每个行业仅有 1 家公司进入毁损价值榜的前十名；（3）制造业（C）在 9 年中进入毁损价值榜的前十名的次数最多，共计出现了 51 次（51 家公司）。

表9-28 AVERAGE 下毁损价值前十位行业分布

年份	2000	2001	2002	2003	2004	2005	2006	2007	2008
1	G	C	C	C	J	H	I	C	C
2	C	C	C	C	C	C	C	C	C
3	H	C	C	C	J	B	C	B	M
4	C	C	J	C	F	J	J	B	C
5	C	J	C	C	F	M	C	D	I
6	J	J	C	J	A	C	C	H	C
7	F	F	C	K	C	C	C	B	C
8	C	C	C	B	C	H	C	C	C
9	M	C	J	J	K	H	J	C	C
10	C	C	H	C	C	J	D	C	C

　　以上对我国企业在不同股权资本成本估算技术下的经济附加值排名进行了分析。单纯就数据本身而言，无论是创造价值的榜单还是毁损价值的榜单都是制造业中的企业居多数，这与制造业企业样本数量最多是紧密关联的。经济附加值的高低，既与企业的经营效率相关，又与企业的资本成本相关，单纯的比较最后的结果可能会产生一些评价中的困惑。

　　从性质上讲，在企业经营效率、盈利水平等既定的情况下，经济附加值指标所反映的其实是公司治理的质量。站在比较的角度，哪个企业的经济附加值为正值且较高，表明这个企业顺利地实现了股东财富最大化的公司治理目标，其公司治理质量是较高的。

参考文献：

　　[1] 黄娟娟，肖珉. 信息披露、报酬不透明度与权益资本成本 [J]. 中国会计评论，2006，4 (1)：69-84.

　　[2] 沈红波. 市场分割、跨境上市与预期资金成本——来自 Ohlson - Juettner 模型的经验证据 [J]. 金融研究，2007，320 (2)：146-155.

　　[3] Ole - Kristian Hope, Tony Kang, Wayne B. Thomas, and Yong Keun Yoo. Impact of Excess Auditor Remuneration on the Cost of Equity Capital around the World [J]. Journal of Accounting, Auditing and Finance, 2009, 24 (2)：177-210.

　　[4] Hail L, Leuz C. International Differences in the Cost of Equity Capital：Do Legal Institutions and Securities Regulation Matter? [J]. Journal of Accounting Research, 2006, 44 (3)：485-531.

　　[5] Gebhardt W R, Lee C M C, and Swaminathan B. Toward an Implied Cost of Capital [J].

Journal of Accounting Research, 2001, 39 (1): 135 – 176.

[6] Ohlson J A and Juettner – Nauroth B E. Expected EPS and EPS Growth as Determinants of Value [J]. Review of Accounting Studies. 2005, 10 (2 – 3): 349 – 365.

[7] Easton P. PE Ratios, PEG Ratios, and Estimating the Implied Expected Rate of Return on Equity Capital [J]. The Accounting Review. 2004, 79 (1): 73 – 95.

[8] [美] 贝内特·思特三世 (G. Bennett Stewart, III), 康雁等译. 探寻价值 [M]. 北京: 中国财政经济出版社, 2004 年。

后　记

　　北京的深秋，浓重的雾霾让人喘不上气来，间或有几日能够看到明媚的阳光和湛蓝的天空。在一个秋末冬初的日子里，本书稿送至经济科学出版社印制出版。想想近三年来我们在资本成本、经济附加值方面所做的研究，不禁想要记录下如下的文字。

　　企业绩效问题是一个古老的问题，而且是一个历史性的问题。在不同的历史发展阶段，人们对于绩效问题的认识往往有着很大的差异，尽管其中一些根本性的因素是不容改变的。从关注会计绩效比如各种利润率的高低，到关注市场价值（比如托宾Q、市账率等）的波动，构成了企业绩效评价在20世纪70年代以后演进的主格调。这是人们对企业本质认识深化的结果，也是绩效评价趋于成熟的重要表现。

　　概括而言，企业的绩效可以划分为如下两个层面：

　　第一，管理层层面，亦即经营绩效层面，主要的原则有二：一是有足够多的现金流量；二是获得足够高的盈利水平。传统财务会计所计算的经营利润以及各种利润率是评价这种绩效水平的有效工具。不容否认，这是一个较为成熟的领域。

　　第二，董事会层面，亦即公司治理层面，主要的原则同样有二：一是保护股东利益；二是实现股东财富最大化目标。毫无疑问的是，公司治理层面的绩效是建立在经营绩效实现的基础之上的。就是说，我们要合理地分配"饼"，但前提是首先要有"饼"，而且这个"饼"还要足够大。

　　会计利润与资本成本是两个性质完全不同的概念，它们在公司治理以及公司管理中所起的作用也有着重大差异。经过一个多世纪的演进和发展，财务会计已经成为一个非常成熟、非常规范的系统，其确认、计量和报告的原则性之强使得其很难在短期内发生重大的变革，这也正是财务会计的价值之所在。会计利润作为一个传统的绩效评价指标，其严谨性、延续性和规范性是其他指标难以替代的。而建立在资本成本基础上的股东利益保护以及股东财富最大化目标则会受到企业内外部环境的很大影响，比如，我国企业界对于这些理念的正确理解以及科学应用尚处于初级阶段。

很明显，经济附加值将两个不同领域中的概念糅合在了一个指标中，以混淆公司治理与公司管理之间的本质区别为前提，铸就了一个新的绩效评价指标。

经济附加值指标的优势在于在会计利润的基础上，将股东对于报酬率的要求纳入到企业绩效的评价之中，提高了股东利益在企业绩效评价中的地位，加重了绩效评价的公司治理色彩。在分散持股的情况下，对于众多的中小投资者而言，能够通过会计系统直观地了解自身利益的被保护程度以及要求报酬率的实现程度，这是一个重大的历史进步。正是由于这种进步，经济附加值指标的出现很快就受到了股票市场和投资者的追捧。

经济附加值指标的缺陷正是该指标混淆了经营效率与治理质量之间的差异，混淆了经营利润与投资者要求报酬即资本成本之间的差异，无助于人们对于企业绩效的准确考察与评价。正如前述，我们应当分两个层面即公司治理亦即投资者利益保护的层面以及生产经营效率的层面，运用与其性质相吻合的概念与技术分别评价其绩效水平。唯有如此，才能够切实评价企业的绩效水平，为改善公司治理与公司管理提供依据和建议。

经济附加值指标是一个过渡性的绩效评价指标，它的最大贡献是将股东利益从公司治理的后台拉到了绩效评价的前台，让各方人士、各方利益相关者切实地感受到股东利益的核心地位。随着对于股东利益以及股东财富最大化目标实现程度的计量技术逐渐完善并获得大量运用之后，人们还是应当严格地区分公司治理绩效与公司经营绩效而科学地进行绩效评价。这是一个历史发展的过程，同时，也是一个人们认识逐渐深化的过程。

在经济附加值指标的计算中，一个核心的问题就是股权资本成本的估算。按照现代财务理论，股权资本成本是股东根据其承担的风险程度而提出的报酬率要求，是企业进行资本投资时所必须达到的最低报酬率水平。不同的企业，由于其企业规模、风险程度、价值创造实力以及盈利模式等均有很大差异，股东的要求报酬率自然也会出现明显的差异。从国际上看，虽说资本资产定价模型（CAPM）已经成为企业界所普遍采用的股权资本成本估算技术，但与此同时，尚有许多其他的估算技术仍然在使用。这种估算技术的多样化直接造成了估算结果的多样化，这种情形已经构成现代公司财务中的最大的一个谜，彻底解决这个谜目前还没有看到端倪。而让经济附加值指标真正发挥出其原本追求的功用，其前提就是合理、科学地解决股权资本成本的估算问题。我国目前对于国有企业采取的是使用一个等一的数值来替代股权资本成本，这样做的直接结果就是在原来会计利润的基础上，人为地增加一个减项，而这个减项所应该有的本质含义却被严重的忽视了。

从目前的情况看，我国企业对于经济附加值指标的运用主要是在国有企业中，这就会涉及一些其他更为复杂的问题。比如，在绩效评价中如何对待政府股东？政府股东的利益以及报酬率要求如何受到保护？政府股东的要求报酬率与一般股票投资者（我们通常所谓的散户）的要求报酬率有无差异？这种差异如何反映在股权资本成本的估算当中？政府股东对于被投资企业的报酬率要求是以股东的身份提出还是以管制者的身份提出？进一步，资本成本在政府规制中如何发挥其作用？等等。这些问题就像传说中的尼斯湖怪一样，逐渐地显露在了人们的面前，需要我们面对并进一步地了解它们。这也是我们下一步研究的努力方向。

汪平博士

财务学教授，博士生导师

2013 - 9 - 10，北京